Mujeres en el ministerio
Cuatro puntos de vista

Mujeres en el ministerio
Cuatro puntos de vista

Robert D. Culver, postura tradicionalista
Susan Foh, una postura en pro del liderazgo masculino
Walter Liefeld, una postura en pro del ministerio plural
Alvera Mickelsen, una postura en pro de la igualdad

Editores: Bonnidell Clouse y Robert G. Clouse

EDITORIAL CLIE
Ferrocarril, 8
08232 VILADECAVALLS (Barcelona)
E-mail: libros@clie.es
http://www.clie.es

MUJERES EN EL MINISTERIO
Cuatro puntos de vista
Bonnidell Clouse y Robert G. Clouse, eds.

Publicado originalmente en inglés por InterVarsity Press
con el título Women in Ministry: Four Vieus, editado por Bonnidell Clouse y Robert G. Clouse

©1989 by Bonnidell Clouse y Robert G. Clouse.
Traducido e impreso con el permiso de InterVarsity Press,
P.O. Box, 1400, Downers Grove, IL 60515, USA.

© 2005 por Editorial Clie para esta edición en castellano.

Todos los derechos reservados.

Director de la colección: Dr. Matt Williams

Traducción:
Ismael López Medel

Equipo editorial (revisión y corrección):
Nelson Araujo Ozuna
Anabel Fernández Ortiz
Dorcas González Bataller

Diseño de cubiertas: Ismael López Medel

ISBN: 978-84-8267-485-8

Printed in USA

Clasifíquese: 56 TEOLOGÍA: Teología contemporánea
C.T.C. 01-01-0056-16

Referencia: 22.46.02

*A los miembros y amigos
de la First Brethren Church
(Primera Iglesia de Hermanos)
de Clay City, Indiana,
cuya comunión y fidelidad
han sido nuestra delicia e inspiración
durante un cuarto de siglo.*

COLECCIÓN TEOLÓGICA CONTEMPORÁNEA:
libros publicados

Estudios bíblicos

Michael J. Wilkins & J.P. Moreland (editores), *Jesús bajo sospecha*

F.F. Bruce, *Comentario de la Epístola a los Gálatas*

Peter H. Davids, *La Primera Epístola de Pedro*

Murray J. Harris, *3 preguntas clave sobre Jesús*

Leon Morris, *Comentario del Evangelio de Juan*

Estudios teológicos

Richard Bauckham, *Dios Crucificado: Monoteísmo y Cristología en el Nuevo Testamento*

G.E. Ladd, *Teología del Nuevo Testamento*

Leon Morris, *Jesús es el Cristo: Estudios sobre la teología joánica*

N.T. Wright, *El verdadero pensamiento de Pablo*

Clark H. Pinnock, *Revelación bíblica: el fundamento de la teología cristiana*

Estudios ministeriales

Bonnidell Clouse & Robert G. Clouse, eds., *Mujeres en el ministerio. Cuatro puntos de vista*

Michael Green & Alister McGrath, *¿Cómo llegar a ellos? Defendamos y comuniquemos la fe cristiana a los no creyentes*

Wayne. A. Grudem, ed., *¿Son vigentes los dones milagrosos? Cuatro puntos de vista*

Dallas Willard, *Renueva tu Corazón: Sé como Cristo*

Índice

Presentación de la Colección Teológica Contemporánea 9

INTRODUCCIÓN 17
Robert G. Clouse

1 UNA POSTURA TRADICIONALISTA:
Las mujeres guarden silencio 31
Robert D. Culver
    RESPUESTAS
    Respuesta de una postura en pro del liderazgo masculino 58
    Susan T. Foh
    Respuesta de una postura en pro del ministerio plural 59
    Walter L. Liefeld
    Respuesta de una postura en pro de la igualdad 62
    Alvera Mickelsen

2 UNA POSTURA EN PRO DEL LIDERAZGO MASCULINO:
La cabeza de la mujer es el hombre 69
Susan T. Foh
    RESPUESTAS
    Respuesta de una postura tradicionalista 105
    Robert D. Culver
    Respuesta de una postura en pro del ministerio plural 110
    Walter L. Liefeld
    Respuesta de una postura en pro de la igualdad 113
    Alvera Mickelsen

3 UNA POSTURA EN PRO DEL MINISTERIO PLURAL:
Vuestros hijos e hijas profetizarán 121
Walter L. Liefeld
    RESPUESTAS
    Respuesta de una postura tradicionalista 148
    Robert D. Culver
    Respuesta de una postura en pro del liderazgo masculino 153
    Susan T. Foh
    Respuesta de una postura en pro de la igualdad 155
    Alvera Mickelsen

4 UNA POSTURA EN PRO DE LA IGUALDAD
En Cristo, no hay hombre ni mujer 161
Alvera Mickelsen
RESPUESTAS
Respuesta de una postura tradicionalista 195
Robert D. Culver
Respuesta de una postura en pro del liderazgo masculino 199
Susan T. Foh
Respuesta de una postura en pro del ministerio plural 203
Walter L. Liefeld

EPÍLOGO 207
Bonnidell Clouse

Bibliografía en castellano 227
Bibliografía selecta de la edición en inglés 229
Sobre los autores 235

Presentación de la Colección Teológica Contemporánea

Cualquier estudiante de la Biblia sabe que hoy en día la literatura cristiana evangélica en lengua castellana aún tiene muchos huecos que cubrir. En consecuencia, los creyentes españoles muchas veces no cuentan con las herramientas necesarias para tratar el texto bíblico, para conocer el contexto teológico de la Biblia, y para reflexionar sobre cómo aplicar todo lo anterior en el transcurrir de la vida cristiana.

Esta convicción fue el principio de un sueño: la "Colección Teológica Contemporánea." Necesitamos más y mejores libros para formar a nuestros estudiantes y pastores para su ministerio. Y no solo en el campo bíblico y teológico, sino también en el práctico –si es que se puede distinguir entre lo teológico y lo práctico–, pues nuestra experiencia nos dice que por práctica que sea una teología, no aportará ningún beneficio a la Iglesia si no es una teología correcta.

Sería magnífico contar con el tiempo y los expertos necesarios para escribir libros sobre las áreas que aún faltan por cubrir. Pero como éste no es un proyecto viable por el momento, hemos decidido traducir una serie de libros escritos originalmente en inglés.

Queremos destacar que además de trabajar en la traducción de estos libros, en muchos de ellos hemos añadido preguntas de estudio al final de cada capítulo para ayudar a que tanto alumnos como profesores de seminarios bíblicos, como el público en general, descubran cuáles son las enseñanzas básicas, puedan estudiar de manera más profunda, y puedan reflexionar de forma actual y relevante sobre las aplicaciones de los temas tratados. También hemos añadido en la mayoría de los libros una bibliografía en castellano, para facilitar la tarea de un estudio más profundo del tema en cuestión.

En esta "Colección Teológica Contemporánea," el lector encontrará una variedad de autores y tradiciones evangélicos de reconocida trayectoria. Algunos de ellos ya son conocidos en el mundo de habla hispana (como F.F. Bruce, G.E. Ladd y L.L. Morris). Otros no tanto, ya que aún no han sido traducidos a nuestra lengua (como N.T. Wright y R. Bauckham); no obstante, son mundialmente conocidos por su experiencia y conocimiento.

Todos los autores elegidos son de una seriedad rigurosa y tratan los diferentes temas de una forma profunda y comprometida. Así, todos los libros son el reflejo de los objetivos que esta colección se ha propuesto:
1. Traducir y publicar buena literatura evangélica para pastores, profesores y estudiantes de la Biblia.
2. Publicar libros especializados en las áreas donde hay una mayor escasez.

La "Colección Teológica Contemporánea" es una serie de estudios bíblicos y teológicos dirigida a pastores, líderes de iglesia, profesores y estudiantes de seminarios e institutos bíblicos, y creyentes en general, interesados en el estudio serio de la Biblia. La colección se dividirá en tres áreas:

Estudios bíblicos

Estudios teológicos

Estudios ministeriales

Esperamos que estos libros sean una aportación muy positiva para el mundo de habla hispana, tal como lo han sido para el mundo anglófono y que, como consecuencia, los cristianos –bien formados en Biblia y en Teología– impactemos al mundo con el fin de que Dios, y solo Dios, reciba toda la gloria.

Queremos expresar nuestro agradecimiento a los que han hecho que esta colección sea una realidad, a través de sus donativos y oraciones. "Tu Padre ... te recompensará".

Dr. Matthew C. Williams
Editor de la Colección Teológica Contemporánea
Profesor en IBSTE (Barcelona) y Talbot School of Theology
(Los Angeles, CA., EEUU)

Lista de títulos

A continuación presentamos los títulos de los libros que publicaremos, DM, en los próximos tres años, y la temática de las publicaciones donde queda pendiente asignar un libro de texto. Es posible que haya algún cambio, según las obras que publiquen otras editoriales, y según también las necesidades de los pastores y de los estudiantes de la Biblia. Pero el lector puede estar seguro de que vamos a continuar en esta línea, interesándonos por libros evangélicos serios y de peso.

Estudios bíblicos

Nuevo Testamento

D.A. Carson, Douglas J. Moo, Leon Morris, *Una Introducción al Nuevo Testamento* [*An Introduction to the New Testament*, rev. ed., Grand Rapids, Zondervan, 2005]. Se trata de un libro de texto imprescindible para los estudiantes de la Biblia, que recoge el trasfondo, la historia, la canonicidad, la autoría, la estructura literaria y la fecha de todos los libros del Nuevo Testamento. También incluye un bosquejo de todos los documentos neotestamentarios, junto con su contribución teológica al Canon de las Escrituras. Gracias a ello, el lector podrá entender e interpretar los libros del Nuevo Testamento a partir de una acertada contextualización histórica.

Jesús

Murray J. Harris, *3 preguntas clave sobre Jesús* [*Three Crucial Questions about Jesus*, Grand Rapids: Baker, 1994]. ¿Existió Jesús? ¿Resucitó Jesús de los muertos? ¿Es Jesús Dios? Jesús es uno de los personajes más intrigantes de la Historia. Pero, ¿es verdad lo que se dice de Él? *3 preguntas clave sobre Jesús* se adentra en las evidencias históricas y bíblicas que prueban que la fe cristiana auténtica no es un invento ni una locura. Jesús no es un invento, ni fue un loco. ¡Descubre su verdadera identidad!

Robert H. Stein, *Jesús, el Mesías: Un Estudio de la Vida de Cristo* [*Jesus the Messiah: A Survey of the Life of Christ*, Downers Grove, IL; Leicester, England: InterVarsity Press, 1996]. Hoy en día hay muchos escritores que están adaptando el personaje y la historia de Jesús a las demandas de la era en la que vivimos. Este libro establece un diálogo con esos escritores, presentando al Jesús bíblico. Además, nos ofrece un estudio tanto de las enseñanzas como de los acontecimientos importantes de la vida de Jesús. Stein enseña Nuevo Testamento en Bethel Theological Seminary, St. Paul, Minnesota, EE.UU. Es autor de varios libros sobre Jesús, y ha tratado el tema de las parábolas y el problema sinóptico, entre otros.

Michael J. Wilkins & J.P. Moreland (editores), *Jesús bajo sospecha*, Terrassa: CLIE, Colección Teológica Contemporánea, vol. 4, 2003. Una defensa de la historicidad de Jesús, realizada por una serie de expertos evangélicos en respuesta a "El Seminario de Jesús," un grupo que declara que el Nuevo Testamento no es fiable y que Jesús fue tan solo un ser humano normal.

Juan
Leon Morris, *Comentario del Evangelio de Juan* [*Commentary on John*, 2nd edition, New International Commentary on the New Testament; Grand Rapids, MI: Wm. B. Eerdmans Publishers, 1995]. Los comentarios de esta serie, *New International Commentary on the New Testament*, están considerados en el mundo anglófono como unos de los comentarios más serios y recomendables. Analizan el texto de forma detallada, deteniéndose a considerar temas contextuales y exegéticos, y el sentido general del texto.

Romanos
Douglas J. Moo, *Comentario de Romanos* [*Commentary on Romans*, New International Commentary on the New Testament; Grand Rapids, MI: Wm. B. Eerdmans Publishers, 1996]. Moo es profesor de Nuevo Testamento en Wheaton College. Los comentarios de esta serie, *New International Commentary on the New Testament*, están considerados en el mundo anglófono como unos de los comentarios más serios y recomendables. Analizan el texto de forma detallada, deteniéndose a considerar temas contextuales y exegéticos, y el sentido general del texto.

Gálatas
F.F. Bruce, *Comentario de la Epístola a los Gálatas*, Terrassa: CLIE, Colección Teológica Contemporánea, vol. 7, 2004.

Filipenses
Gordon Fee, *Comentario de Filipenses* [*Commentary on Philippians*, New International Commentary on the New Testament; Grand Rapids, MI: Wm. B. Eerdmans Publishers, 1995]. Los comentarios de esta serie, *New International Commentary on the New Testament*, están considerados en el mundo anglófono como unos de los comentarios más serios y recomendables. Analizan el texto de forma detallada, deteniéndose a considerar temas contextuales y exegéticos, y el sentido general del texto.

Pastorales
Leon Morris, *1 & 2 Tesalonicenses* [*1 & 2 Thessalonians*, rev. ed., New International Commentary on the New Testament; Grand Rapids, MI: Wm. B. Eerdmans Publishers, 1991]. Los comentarios de esta serie, *New Internatio-*

nal Commentary on the New Testament, están considerados en el mundo anglófono como unos de los comentarios más serios y recomendables. Analizan el texto de forma detallada, deteniéndose a considerar temas contextuales y exegéticos, y el sentido general del texto.

Primera de Pedro
Peter H. Davids, *La Primera Epístola de Pedro*, Terrassa: CLIE, Colección Teológica Contemporánea, vol. 10, 2004. Los comentarios de esta serie, *New International Commentary on the New Testament*, están considerados en el mundo anglófono como unos de los comentarios más serios y recomendables. Analizan el texto de forma detallada, deteniéndose a considerar temas contextuales y exegéticos, y el sentido general del texto. Davids enseña Nuevo Testamento en Regent College, Vancouver, Canadá.

Apocalipsis
Robert H. Mounce, *El Libro del Apocalipsis* [*The Book of Revelation*, rev. ed., New International Commentary on the New Testament; Grand Rapids, MI: Wm. B. Eerdmans Publishers, 1998]. Los comentarios de esta serie, *New International Commentary on the New Testament*, están considerados en el mundo anglófono como unos de los comentarios más serios y recomendables. Analizan el texto de forma detallada, deteniéndose a considerar temas contextuales y exegéticos, y el sentido general del texto. Mounce es presidente emérito de Whitworth College, Spokane, Washington, EE.UU., y en la actualidad es pastor de Christ Community Church en Walnut Creek, California.

Estudios teológicos

Cristología
Richard Bauckham, *Dios Crucificado: Monoteísmo y Cristología en el Nuevo Testamento*, Terrassa: CLIE, Colección Teológica Contemporánea, vol. 6, 2003. Bauckham, profesor de Nuevo Testamento en St. Mary's College de la Universidad de St. Andrews, Escocia, conocido por sus estudios sobre el contexto de los Hechos, por su exégesis del Apocalipsis, de 2ª de Pedro y de Santiago, explica en esta obra la información contextual necesaria para comprender la cosmovisión monoteísta judía, demostrando que la idea de Jesús como Dios era perfectamente reconciliable con tal visión.

Teología del Nuevo Testamento

G.E. Ladd, *Teología del Nuevo Testamento*, Terrassa: CLIE, Colección Teológica Contemporánea, vol. 2, 2002. Ladd era profesor de Nuevo Testamento y Teología en Fuller Theological Seminary (EE.UU.); es conocido en el mundo de habla hispana por sus libros *Creo en la resurrección de Jesús*, *Crítica del Nuevo Testamento*, *Evangelio del Reino* y *Apocalipsis de Juan: Un comentario*. Presenta en esta obra una teología completa y erudita de todo el Nuevo Testamento.

Teología Joánica

Leon Morris, *Jesús es el Cristo: Estudios sobre la Teología Joánica*, Terrassa: CLIE, Colección Teológica Contemporánea, vol. 5, 2003. Morris es muy conocido por los muchos comentarios que ha escrito, pero sobre todo por el comentario de Juan de la serie *New International Commentary of the New Testament*. Morris también es el autor de *Creo en la Revelación*, *Las cartas a los Tesalonicenses*, *El Apocalipsis*, *¿Por qué murió Jesús?*, y *El salario del pecado*.

Teología Paulina

N.T. Wright, *El verdadero pensamiento de Pablo*, Terrassa: CLIE, Colección Teológica Contemporánea, vol. 1, 2002. Una respuesta a aquellos que dicen que Pablo comenzó una religión diferente a la de Jesús. Se trata de una excelente introducción a la teología paulina y a la "nueva perspectiva" del estudio paulino, que propone que Pablo luchó contra el exclusivismo judío y no tanto contra el legalismo.

Teología Sistemática

Millard Erickson, *Teología sistemática* [*Christian Theology*, 2nd edition, Grand Rapids: Baker, 1998]. Durante quince años esta teología sistemática de Millard Erickson ha sido utilizada en muchos lugares como una introducción muy completa. Ahora se ha revisado este clásico teniendo en cuenta los cambios teológicos, al igual que los muchos cambios intelectuales, políticos, económicos y sociales.

Teología Sistemática: Revelación/Inspiración

Clark H. Pinnock, *Revelación bíblica: el fundamento de la teología cristiana*, Prefacio de J.I. Packer, Terrassa: CLIE, Colección Teológica Contemporánea, vol. 8, 2004. Aunque conocemos los cambios teológicos de Pinnock en estos últimos años, este libro, de una etapa anterior, es una defensa evangélica de la infalibilidad y veracidad de las Escrituras.

Estudios ministeriales

Apologética/Evangelización
Michael Green & Alister McGrath, *¿Cómo llegar a ellos? Defendamos y comuniquemos la fe cristiana a los no creyentes*, Terrassa: CLIE, Colección Teológica Contemporánea, vol. 3, 2003. Esta obra explora la Evangelización y la Apologética en el mundo postmoderno en el que nos ha tocado vivir, escrito por expertos en Evangelización y Teología.

Discipulado
Gregory J. Ogden, *Discipulado que transforma: el modelo de Jesús* [*Transforming Discipleship: Making Disciples a Few at a Time*, Downers Grove, IL: InterVarsity Press, 2003]. Si en nuestra iglesia no hay crecimiento, quizá no sea porque no nos preocupemos de las personas nuevas, sino porque no estamos discipulando a nuestros miembros de forma eficaz. Muchas veces nuestras iglesias no tienen un plan coherente de discipulado y los líderes creen que les faltan los recursos para animar a sus miembros a ser verdaderos seguidores de Cristo. Greg Ogden habla de la necesidad del discipulado en las iglesias locales y recupera el modelo de Jesús: lograr un cambio de vida invirtiendo en la madurez de grupos pequeños para poder llegar a todos. La forma en la que Ogden trata este tema es bíblica, práctica e increíblemente eficaz; ya se ha usado con mucho éxito en cientos de iglesias.

Dones/Pneumatología
Wayne. A. Grudem, ed., *¿Son vigentes los dones milagrosos? Cuatro puntos de vista*, Terrassa: CLIE, Colección Teológica Contemporánea, vol. 9, 2004. Este libro pertenece a una serie que se dedica a exponer las diferentes posiciones que hay sobre diversos temas. Esta obra nos ofrece los argumentos de la perspectiva cesacionista, abierta pero cautelosa, la de la Tercera Ola, y la del movimiento carismático; cada una de ellas acompañadas de los comentarios y la crítica de las perspectivas opuestas.

Hermenéutica/Interpretación
J. Scott Duvall & J. Daniel Hays, *Entendiendo la Palabra de Dios* [*Grasping God's Word*, rev. ed., Grand Rapids: Zondervan, 2005]. ¿Cómo leer la Biblia? ¿Cómo interpretarla? ¿Cómo aplicarla? Este libro salva las distancias entre los acercamientos que son demasiado simples y los que son demasiado técnicos. Empieza recogiendo los principios generales de interpretación y, luego, aplica esos principios a los diferentes géne-

ros y contextos para que el lector pueda entender el texto bíblico y aplicarlo a su situación.

Soteriología
J. Matthew Pinson, ed., *La Seguridad de la Salvación. Cuatro puntos de vista* [*Four Views on Eternal Security*, Grand Rapids: Zondervan, 2002]. ¿Puede alguien perder la salvación? ¿Cómo presentan las Escrituras la compleja interacción entre la Gracia y el Libre albedrío? Este libro pertenece a una serie que se dedica a exponer las diferentes posiciones que hay sobre diversos temas. En él encontraremos los argumentos de la perspectiva del calvinismo clásico, la del calvinismo moderado, la del arminianismo reformado, y la del arminianismo wesleyano; todas ellas acompañadas de los comentarios y la crítica de las posiciones opuestas.

Mujeres en la Iglesia
Bonnidell Clouse & Robert G. Clouse, eds., *Mujeres en el ministerio. Cuatro puntos de vista* [*Women in Ministry: Four Views*, Downers Grove: IVP, 1989]. Este libro pertenece a una serie que se dedica a exponer las diferentes posiciones que hay sobre diversos temas. Esta obra nos ofrece los argumentos de la perspectiva tradicionalista, la que aboga en pro del liderazgo masculino, en pro del ministerio plural, y la de la aproximación igualitaria; todas ellas acompañadas de los comentarios y la crítica de las perspectivas opuestas.

Vida cristiana
Dallas Willard, *Renueva tu Corazón: Sé como Cristo*, Terrassa: CLIE, Colección Teológica Contemporánea, vol. 13, 2004. No "nacemos de nuevo" para seguir siendo como antes. Pero: ¿Cuántas veces, al mirar a nuestro alrededor, nos decepcionamos al ver la poca madurez espiritual de muchos creyentes? Tenemos una buena noticia: es posible crecer espiritualmente, deshacerse de hábitos pecaminosos, y parecerse cada vez más a Cristo. Este *bestseller* nos cuenta cómo transformar nuestro corazón, para que cada elemento de nuestro ser esté en armonía con el reino de Dios.

INTRODUCCIÓN
Robert G. Clouse

Cada generación de cristianos se enfrenta con la tarea de presentar el Evangelio de forma relevante a aquellos que no han aceptado a Cristo. Como Jesús dijo, los creyentes deben "estar en el mundo, pero no son del mundo». Uno de los grandes poetas cristianos recogió esta idea cuando escribió que intentaría «justificar los caminos de Dios ante los hombres».[1] En este momento de la Historia, cuando los cristianos se toman en serio esta tarea, se encuentran con las cuestiones asociadas al crecimiento de la participación de la mujer en nuestra sociedad. Entre los evangélicos, el debate sobre el papel de la mujer normalmente se centra en si deben ser nombradas o no para el ministerio. En la mayoría de iglesias, la ordenación para el ministerio se entiende como la elección de algunas personas que van a ocupar posiciones de autoridad dentro de la congregación. Esto las cualifica para predicar, administrar los sacramentos y supervisar los asuntos de la congregación. Debido a la importancia de la predicación en las iglesias protestantes, el tema de la ordenación está muy relacionado con esta función.

Desde la época de la Reforma (1517-1648), la mayoría de protestantes evangélicos ha sido reacio a permitir que las mujeres fueran nombradas como ministras o pastoras. A pesar de que el Nuevo Testamento no presenta un patrón claro acerca de la estructuración de las comunidades cristianas, un patrón que pueda ser aplicado en todo momento y lugar, estos hermanos creen que su aproximación a este tema en cuestión es bíblica. En los textos del Nuevo Testamento, uno encuentra que para referirse a los ministros se utilizan varios nombres: apóstoles, profetas, maestros, obispos, diáconos o ancianos. Tampoco contamos con una descripción detallada de sus tareas. Margaret Howe dice que «en la iglesia primitiva no existía

---

1 John Milton, *Paraíso Perdido*, 1667, Libro 1, línea 22.

una práctica de liderazgo estándar ... inicialmente, el título y la función cambiaban de un lugar a otro. Las necesidades de las comunidades determinaban la naturaleza de la función del liderazgo».[2]

La actitud protestante hacia las mujeres en el ministerio no se basaba tanto en los textos del Nuevo Testamento como en el acercamiento católico medieval. En un intento de dar una estructura más clara a su organización, los líderes de la iglesia latina en el siglo IV desarrollaron un entendimiento del ministerio que se basaba en gran parte en la analogía con el ministerio sacerdotal del Antiguo Testamento. Los primeros documentos habían comparado al ministro con el sacerdote, pero estos escritores formularon la doctrina de que el pastor ya no era *como* un sacerdote, sino que, de hecho, era un sacerdote. Se aceptó una teología de la ordenación que hacía que la persona ordenada pasara a formar parte de una clase especial apartada del laicismo en valor y función.

Dado que no existían precedentes de mujeres sacerdote en el Antiguo Testamento, dentro de la iglesia cristiana no fueron elegidas para tales posiciones. Las funciones ceremoniales más importantes de la Iglesia, como servir la Santa Cena, solamente serían llevadas a cabo por los sacerdotes y, por consiguiente, no estaba permitido que las mujeres dirigieran esos servicios. La exclusión de la mujer de un papel de liderazgo en la Santa Cena se vio reforzada por la enseñanza de que el servicio era una repetición del sacrificio de Cristo, y que eso requería que la persona que ofrecía el sacrificio estuviera limpia para el ritual. Como a las mujeres se las consideraba impuras durante el periodo menstrual, eso las inhabilitaba para tomar parte activa en el servicio religioso.

Más tarde, la Iglesia también decretó que los clérigos fueran célibes y, por tanto, las mujeres se vieron aún más apartadas. Los ministros cristianos no podían tener mucho contacto con mujeres porque la amistad con el sexo opuesto podía acabar en enamoramiento. Consecuentemente, los sacerdotes dependían de comunidades masculinas para su ánimo y apoyo. La perspectiva medieval sobre las mujeres promovido por esta visión del ministerio era ambivalente. Por un lado, las mujeres estaban en un pedestal y se las adoraba casi como a la Virgen María, pero, por otro lado, se las veía como maquinadoras, descendientes de Eva, que podían desviar a los hombres con los pecados de la carne.

La Reforma protestante introdujo un cambio en la interpretación de la ordenación. Martín Lutero enseñó que no existía una clase sacerdotal es-

---

[2] E. Margaret Howe, *Women and Church Leadership* (Grand Rapids: Zondervan, 1982), pág. 69.

pecial, sino que «cada hombre era su propio sacerdote». Había, al menos, dos razones por las que Lutero modificó la teoría medieval del ministerio. En primer lugar, no creía que Dios hubiese apartado a una élite especial, que tenía un poder especial para cumplir la Ley de Dios de una forma particular. En segundo lugar, Lutero argumentaba que nadie se podía ganar la Gracia de Dios obedeciendo la Ley. La Salvación era dada completa y gratuitamente a todos los que confiaban en Cristo. Negarse el placer físico, hacer buenas obras o realizar servicios religiosos no garantizaba la Salvación.

Quizás si Lutero no hubiese sido un revolucionario tan reticente, hubiera dado a las mujeres un papel más importante en el ministerio de la Iglesia, pero no lo hizo. Siguiendo sus pasos, los protestantes luteranos y reformados (calvinistas) no permitieron que las mujeres sirvieran como ministras. No obstante, tanto Lutero como Juan Calvino expresaron algunas ideas sobre la mujer y el ministerio cristiano que podrían haber influido para que los grupos protestantes sí permitieran la participación de las mujeres en posiciones de liderazgo.

Lutero enseñó que todos los cristianos tenían el deber de desarrollar ciertas funciones sacerdotales y que, en circunstancias inusuales, cuando no hubiera un hombre disponible, la mujer podía predicar. Calvino creía que los temas relacionados con la adoración y el gobierno de la Iglesia, a diferencia de la doctrina básica, podían cambiar para encajar en una cultura concreta. La Iglesia tenía que ser sensible al mundo que la rodeaba para no ser excesivamente ofensiva para la sociedad en estos temas. Entre tales temas incluyó el silencio de la mujer en la congregación como un tema de opinión humana.

A pesar de las posibilidades en el ministerio que las ideas más igualitarias de los reformadores protestantes brindaron a las mujeres, por lo general se les siguió negando la oportunidad de enseñar en público o de asumir posiciones de liderazgo en la Iglesia. Lutero enseñó la subordinación de la mujer al hombre debido al papel que Eva desempeñó introduciendo el pecado en el mundo. Creía que antes de la Caída, y del consiguiente castigo divino, el hombre y la mujer eran iguales ante los ojos de Dios, pero que la aparición del pecado en el mundo condujo al liderazgo masculino. Calvino, con su énfasis en la Creación más que en la Redención, argumentaba que la mujer se hizo a partir del hombre y, como su ayuda idónea, debía estar sujeta a él. Consecuentemente, a lo largo de la Historia las mujeres han tenido la obligación de obedecer a los hombres y se les ha prohibido ejercer autoridad sobre ellos.

Otro grupo de reformadores, en ocasiones llamados anabautistas, reformadores radicales o la tercera fuerza de la Reforma, tenían opiniones distintas a Lutero y Calvino en cuanto al Bautismo, la relación Iglesia-Estado y el papel del Espíritu Santo en la Iglesia. También creían que Dios podía inspirar a cualquier creyente para que predicara la palabra. Un ministro no necesitaba formarse o ser nombrado de forma oficial. El énfasis que ponían en la participación de laicos en la predicación del Evangelio tendía a dejar a un lado el tema de la ordenación de las mujeres. También, el gran hincapié que estos grupos hacían en el papel profético de los clérigos hizo que comenzara a cambiar la comprensión del ministerio, alejándose del institucionalismo y optando por usar el sacerdocio como modelo.

Dos de estos grupos radicales dieron una oportunidad especial a las mujeres dentro del ministerio: los bautistas del siglo XVII y los cuáqueros. Así se expresaba un célebre cuáquero: «Dado que todos estamos iluminados por el Espíritu Santo, el ministerio de la Palabra no está limitado a los hombres. Todos los amigos, hombres o mujeres, pueden ponerse en pie y hablar…No eran los únicos en esta posición. Los bautistas y otros grupos tenían mujeres predicadoras. En un tratado antibautista del siglo XVII, entre la lista de errores, herejías y blasfemias se les acusaba de permitir que la mujer predicara usando adjetivos despectivos. En otros documentos encontramos la expresión 'osadas arpías'".[3]

Otras fuentes apoyan esta observación, al explicar que había mujeres predicando entre los bautistas en Holanda, en Inglaterra y en Massachusetts. Una congregación de Londres tenía cultos especiales en los que las mujeres podían predicar, y estos cultos llegaron a congregar en ocasiones a más de 1000 personas. La actividad de las mujeres entre los grupos sectarios del siglo XVII propició la publicación del primer libro escrito en inglés que defendía la participación de la mujer en el ministerio cristiano.

Escrito por Margaret Fell, este libro afirmaba que las mujeres tenían derecho a participar en todos los aspectos de la vida cristiana porque el Espíritu Santo daba poder tanto a los hombres como a las mujeres. Negarse a la ordenación de las mujeres, según Fell, era ignorar las palabras de Pablo en Gálatas 3:28: «No hay judío ni griego, no hay esclavo ni libre; no hay hombre ni mujer; porque todos sois uno en Cristo Jesús». Ella creía que las palabras de Pablo como «Que la mujer

---

[3] Robert J. Leach, *Women Ministers, A Quaker Contribution* (Wallingford, PA: Pendle Hill Publications, 1979), pág. 6.

aprenda calladamente, con toda obediencia» y «Yo no permito que la mujer enseñe ni que ejerza autoridad sobre el hombre; sino que permanezca callada» (1 Ti. 2:11, 12) estaban dirigidas a las herejes que Pablo describe en el contexto de esos pasajes.[4]

Alentadas por el ejemplo y las enseñanzas de personas como Margaret Fell, muchos de los primeros líderes del movimiento cuáquero fueron mujeres. Salieron de Inglaterra en viajes misioneros a lugares tan lejanos como Norteamérica y Turquía. Una de las primeras en llegar a las colonias, Elizabeth Hooten, hizo dos viajes misioneros a Nueva Inglaterra después de cumplir los 60. Los puritanos no toleraban a los cuáqueros y persiguieron a Hooten de la forma más inhumana, hasta encarcelarla, hacerle pasar hambre, azotándola y exiliándola en el campo. En contraste con las oportunidades que se abrían para las mujeres en los movimientos sectarios, las principales iglesias protestantes durante el siglo XVII permanecieron firmes en su oposición a que las mujeres fueran ordenadas como sacerdotes.

Las controversias que surgieron durante la Reforma forzaron a la mayoría de protestantes a definir sus doctrinas de forma más precisa. Lo hicieron escribiendo declaraciones y credos basándose en la filosofía de Aristóteles. Esto dio paso a la llamada Era de la Ortodoxia. Aunque durante ese periodo había personas que llevaban vidas de gran devoción a Cristo, muchos creyentes se desanimaron ante una ortodoxia muerta que solo se centraba en mantener la doctrina, pero no daba herramientas para desarrollar una fe cristiana viva y relevante.

Los que reaccionaron en contra de ese énfasis en la doctrina oficial de las iglesias recibieron el nombre de pietistas. Estas personas encontraron en el Evangelio nuevas fuerzas enfatizando un moralismo ferviente, la conversión personal, una vida santa, una preocupación por las necesidades humanas y una vida devocional que se reflejaba en los himnos y las oraciones. El pietismo era un llamamiento a que los creyentes siguieran el ejemplo de Cristo en sus vidas diarias. El movimiento animaba a los cristianos a interiorizar la religión, en lugar de enfatizar las formalidades y los credos externos. Esta renovación de la fe cristiana que se originó en Alemania con la obra de Philipp Jakob Spener y August Francke, ofreció un aperturismo general que proporcionó a las mujeres nuevas oportunidades en posiciones de liderazgo.

---

4 El título de la obra de Fell es *Women's Speaking Justified, Proved and Allowed of by the Scriptures*. Para más información acerca de las mujeres predicadoras en el siglo XVII, ver Richard L. Greaves, «Foundation Builders: The Role of Women in Early English Non-Conformity» *en Triumph Over Silence, Women in Protestant History*, ed. Richard L. Greaves (Westport, CT: Greenwood Press, 1985), págs. 75-92.

El pietismo asociado con el avivamiento metodista del siglo XVIII dirigido por John Wesley iba a tener consecuencias importantes para la mujer en el ministerio, especialmente en Inglaterra y Estados Unidos. Wesley era, en muchos sentidos, una curiosa combinación de anglicano conservador e innovador religioso radical. Su actitud acerca de la mujer así lo muestra.

Por un lado, Wesley deseaba adoptar las frases de Pablo en contra de las mujeres predicadoras como una norma general para todas las épocas; pero, por el otro, varios factores le llevaron a modificar estas ideas. Entre estos estaba su deseo de considerar el metodismo como un movimiento dentro de la Iglesia, y no como una denominación diferente. Consecuentemente, él creía que dentro del metodismo era posible hacer cosas que no se podían hacer dentro de una organización eclesiástica. También pensaba que Dios llamaba a las personas a predicar de una forma personal, directa y extraordinaria. Esta idea finalmente le llevó a permitir que los laicos y las mujeres predicaran. Un importante historiador metodista explica lo siguiente:

> Al principio estaba sorprendido ante la idea de que un laico sin ser ordenado o elegido pudiera participar del liderazgo de la congregación en la que predicaba. Wesley fue evadiendo el tema, permitiendo el testimonio en grupos pequeños, pero no la predicación (es decir, a partir de un texto). Pero pronto descubrió que sus «ayudantes» laicos eran buenos predicadores, a pesar de no estar ordenados. De ahí la distinción entre «predicador» (metodismo) y «sacerdote» (Iglesia Anglicana). Siguiendo en esa línea, de forma natural se llegó al reconocimiento de las mujeres predicadoras laicas. Aunque Wesley se resistió ante la evidencia durante mucho tiempo, finalmente admitió que también las mujeres podían tener un llamamiento extraordinario para hacer lo que tradicionalmente les había estado prohibido, hablar en reuniones, testificar de la fe, instruir y sí, finalmente, predicar.[5]

El pietismo también tuvo mucha influencia en Norteamérica, donde se dio el gran avivamiento conocido como el *Great Awakening* (c. 1725 - c. 1770). Este avivamiento, en el que grandes masas se convirtieron mediante la predicación evangelística, comenzó entre las iglesias reformadas holandesas y luego se extendió a otros grupos como los congregacionalistas de Nueva Inglaterra, de donde surgió el predicador más notable de la época, Jonathan Edwards.

---

5 Frederick A. Norwood, «Expanding Horizons: Women in the Methodist Movement» en Greaves, *Triumph Over Silence*, pág. 152.

Introducción

Las mujeres tuvieron un papel importante en este movimiento porque como precursoras del avivamiento, enfatizaban la necesidad de una experiencia personal con Dios. Se suponía que todas las personas, incluyendo a las mujeres que nacían de nuevo mediante la fe en Cristo, debían dar testimonio a los demás. También muchos de los líderes del avivamiento estaban abiertos a la experimentación siempre que ésta llevara más gente a Cristo, y eso podía significar que las mujeres, al igual que los hombres, predicaran. Muchos creyeron que el avivamiento era la señal del final de una época, y un momento así de extraordinario demandaba que ciertas excepciones, incluyendo las mujeres predicadoras, fueran aceptadas.

Una mujer que tuvo la oportunidad de ejercer un liderazgo durante el *Great Awakening* fue Sarah Osborn. El avivamiento llegó a su comunidad en Newport, Rhode Island, durante los años 1766-67, y ella respondió llevando un culto de adoración en su casa. Más de 500 personas se congregaban en estas reuniones, y estas actividades se ganaron la crítica de muchos. La acusaban porque tanto hombres como mujeres estaban presentes. También, por amenazar el orden social, pues también asistían a sus reuniones personas de color.

Ella respondía a esta crítica diciendo que no había buscado un ministerio público, sino que Dios la había llamado a desempeñarlo. Aseguraba que había intentado reclutar a hombres de su iglesia para que llevaran las reuniones, pero ninguno había estado interesado. También decía que la gente de su comunidad prefería su consejo al de los hombres. Finalmente, afirmaba que su papel de liderazgo le daba un sentido y un propósito a su vida que las tareas asignadas a las mujeres en la época no le habían dado.

El avivamiento evangélico del siglo XVIII estuvo seguido de un avivamiento similar en la primera mitad del siglo XIX. Muchos calculan que dos tercios de los convertidos durante este «Segundo Gran Avivamiento o el Segundo *Great Awakening*» eran mujeres por debajo de los treinta años. Quizás debido a este influjo de mujeres en la Iglesia, el siglo XIX se convirtió en una época más marcada aún por las mujeres predicadoras. Esta nueva oportunidad para las mujeres fue más evidente en el mundo anglosajón, especialmente en Norteamérica.

El alto porcentaje de mujeres en la Iglesia, que sobrepasaba al número de hombres, llevó a la aceptación de la creencia en la «verdadera condición de la mujer». Según esta teoría, la mujer ideal debía ser moralmente pura, sumisa y pía. Debía ser un ama de casa hacendosa que convirtiera el hogar en un refugio del mundo exterior masculino, caracterizado por la competición en la política y los negocios. Su tarea consistía en animar a su marido, educar a los hijos, cuidar de los enfermos y llevar la casa. Esta teoría sobre la mujer, compartida por cristianos y no cristianos, se basaba en la creencia de que los hombres y las mujeres eran radicalmente diferentes. Las mujeres son menos racionales, extremadamente emocionales, y son más propensas a enfermar física o mentalmente.

Aunque el énfasis en la «verdadera condición de la mujer» parecía ir en contra de la participación de la mujer en el ministerio, aquellos que presentaban estas ideas también reconocían que las mujeres se inclinaban más que los hombres a la fe religiosa y a la rectitud moral. Consecuentemente, los americanos del siglo XIX dejaron atrás la idea de que la mujer era más propensa al pecado. En lugar de verla como una criatura débil y lujuriosa, fue idealizada como ejemplo de virtud y piedad, mientras que al hombre se le clasificaba como un bruto sensual e inmoral. Se creía que las mujeres no solamente eran moralmente mejores que los hombres, sino que también eran espiritualmente superiores. Como explica un escritor:

> La religión, por tanto, se convirtió en parte integral en el hogar donde las mujeres reinaban. Eran «peculiarmente susceptibles» al mensaje cristiano. Los ministros sugerían que las mujeres eran por naturaleza mansas, imaginativas, sensibles y emocionales, cualidades que cada vez se asociaban más con la piedad cristiana. También decían que las mujeres respondían mejor al cristianismo por gratitud, porque esta fe había elevado su estatus social. Las mujeres eran vistas como imitadoras de Cristo. Como Cristo, traían redención al mundo mediante su virtud moral y fervor religioso. Como Cristo, soportaban los sufrimientos de esta vida con paciencia y en silencio.[6]

Este nuevo énfasis en el papel de la mujer tuvo otros efectos que las animaron a asumir posiciones de liderazgo. Uno de estos fue el aumento de las oportunidades educativas para las mujeres más allá del nivel primario, para que pudieran ser más eficaces cuidando a los hijos y gestionando la casa. Al recibir una mayor educación, las mujeres comenzaron a leer la Biblia y encontraron un mensaje de justicia y liberación. Entonces comenzaron a sentir que Dios les daba cualidades de liderazgo y habilidades de expresión que podían utilizar en muchas causas cristianas fuera de la esfera doméstica.

---

6 Barbara J. MacHaffie, *Her Story, Women in Christian Tradition*, (Filadelfia: Fortress Press, 1986), pág. 95.

Introducción

Otro resultado de esta nueva definición de la mujer era un sentido del valor de la mujer, y un deseo de hacer algo para mejorar la sociedad. Si la afirmación de que las mujeres eran espiritual y moralmente superiores a los hombres era verdadera, ¿por qué se las excluía del gobierno del mundo? Tal actitud llevó a las mujeres a formar asociaciones misioneras para difundir el Evangelio y asociaciones de beneficencia para cuidar de los enfermos y de los pobres.

Durante el periodo entre 1820 y 1840, muchas mujeres se unieron a sociedades reformadoras fundadas con el propósito de crear una Norteamérica cristiana a través del cambio social. Estos grupos se preocupaban por la paz, la abstinencia alcohólica, y las reformas carcelarias. La lucha en contra de la esclavitud les hizo reflexionar sobre su propio papel en la sociedad. Si Gálatas 3:28 significaba que los esclavos eran iguales a sus amos, entonces las mujeres también debían ser incluidas en el concepto bíblico de igualdad.

Cuanto más meditaban estas mujeres sobre su papel en la sociedad, más creían que la libertad para los negros tenía que ir de la mano de la libertad para todas las personas. Dos de las primeras líderes del movimiento abolicionista, Sarah y Angelina Grimke, comenzaron a comportarse de una forma que reflejaba esta actitud; pronunciaban unos discursos muy eficaces dirigidos tanto a los hombres como a las mujeres. Se convirtieron en modelos para otras mujeres de su tiempo, y algunas de sus seguidoras lograron organizar una conferencia en Seneca Falls, Nueva York, en 1848, con el propósito de proteger los derechos de las mujeres.

Mientras que muchas mujeres del siglo XIX llegaron a predicar mediante el trabajo en movimientos de reforma social, otras se involucraron en el ministerio a través de los canales normales que ofrecían las organizaciones eclesiales. Por lo general, estaban en grupos que se consideraban sectarios. Como Ruth Tucker y Walter Liefeld señalan:

> En Inglaterra, estos grupos incluían a los cuáqueros, a los primeros metodistas y a los cristianos de la Biblia; en Norteamérica, a los cuáqueros, a los bautistas del libre albedrío, a los metodistas libres, y a todos los grupos relacionados con los movimientos de santidad y profundidad espiritual. Todos estos movimientos hacían énfasis en la comunión directa con Dios, la guía del Espíritu y el llamamiento al ministerio por encima de los consejos clericales, las leyes eclesiásticas y la ordenación. Como en el caso de los anabautistas y otros movimientos eclesiásticos

libres dentro de la Iglesia, el gran hincapié que hacían en los dones espirituales dejó la puerta abierta para el ministerio de las mujeres.[7]

Algunas de las mujeres más conocidas de estos movimientos son Phoebe Palmer (1807-74), Catherine Booth (1829-90) y Hannah Whitehall Smith (1832-1911). Palmer pasó la mayor parte de su vida en la ciudad de Nueva York, donde se casó con un médico. Se sintió llamada a difundir la doctrina metodista de la santidad mediante avivamientos y campamentos en los Estados Unidos, Canadá y Gran Bretaña. Sus publicaciones, una revista mensual, *The Guide to Holiness*, [La guía a la santidad], y el libro *The Way to Holiness* [El camino a la santidad] (1851), tuvieron un impacto sustancial en la teología de Wesley. También fundó varias organizaciones misioneras para los pobres en los barrios pobres de Nueva York y participó activamente en el movimiento de liberación de la mujer.

Catherine Booth participó con su marido en la fundación del Ejército de Salvación. Madre de ocho hijos, no solamente predicó, sino que trabajó para reducir la explotación de mujeres y niños. Dentro del Ejército estableció el principio de la igualdad absoluta entre el hombre y la mujer. Junto con su ministerio de predicación, publicó un número de panfletos sobre testificar, sobre el cristianismo popular y sobre la relación Iglesia-Estado. Más tarde su hijo escribió sobre ella las siguientes palabras:

> Comenzó su ministerio público cuando yo, su hijo mayor, tenía 5 años. Pero al dedicarse a lo que algunos han llamado - dudo que ella lo hubiera descrito así - la esfera más amplia, nunca descuidó su hogar. Dios le había dado esos dos ámbitos, y ella entendió que Dios tenía un propósito para ella en ambos lugares. Ya fuera en las tareas más humildes de la casa, sus manos ajetreadas con comida, o en la enfermería cuando atendía a los niños enfermos, estaba trabajando para la gloria de Dios.[8]

El tercer miembro del gran triunvirato de mujeres del siglo XIX, Hannah Whitehall Smith, se involucró en un movimiento de profundidad espiritual y tuvo un papel importante en la fundación de la Conferencia Keswick. A pesar del *affair* de su marido con una mujer más joven, que le forzó a abandonar el ministerio, ella continuó enseñando, predicando y escribien-

---

[7] Ruth A. Tucker y Walter L. Liefeld, *Daughters of the Church: Woman and Ministry from New Testament Times to the Present* (Grand Rapids: Zondervan, 1987), pág. 258.
[8] Bramwell Booth, *These Fifth Years* (Londres: Cassel and Co., 1929), pág. 25.

do. Su obra más famosa es un libro devocional titulado *The Christian's Secret of a Happy Life* [El secreto del cristiano para llevar una vida feliz]. El movimiento de santidad la ensalzó por popularizar la doctrina de la santificación como la segunda obra de la Gracia.

Estas tres mujeres - Palmer, Booth y Smith – tienen características en común: formaban un equipo con sus maridos (en este caso la mujer era más prominente que el marido); tenían varios hijos y lograron combinar las tareas del hogar con sus ministerios; y a todas se las relaciona con el movimiento de santidad.

Otros grupos sectarios cuyas actividades propiciaron el incremento del ministerio público de la mujer a lo largo del siglo XIX fueron las Asambleas de Hermanos, la Alianza Cristiana y Misionera, la Iglesia de Dios (Anderson, Indiana) y la Iglesia de Dios (Cleveland, Teenesee). La Iglesia o Asamblea de Hermanos es un ejemplo típico de estas nuevas organizaciones.

Poco después de que el sector progresista de la Iglesia de Hermanos creara una nueva denominación al final del siglo XIX, empezó a animar a las mujeres a asumir roles de liderazgo. En 1894, en la Conferencia General de la Iglesia de Hermanos se aprobó una resolución que otorgaba a las mujeres el derecho a servir como pastoras y misioneras. La primera mujer ordenada, Mary M. Sterling, era una enérgica evangelista. Durante un viaje de siete meses a través de Pensilvania y Virgina occidental, predicó 207 sermones en 187 días, se añadieron 27 miembros a la Iglesia y bautizó a 18 personas. Era una líder tan respetada que en 1894 le pidieron que pronunciara uno de los sermones principales en la Conferencia General.

Durante los primeros años del movimiento, muchas otras mujeres sirvieron también como predicadoras, pastoras y evangelistas.[9] Pero después de que se hubiera desarrollado la labor fundacional de la Iglesia, y que ésta estuviera mejor organizada, los hombres tomaron las posiciones de liderazgo. Quizás como eran un grupo pequeño quisieron verse más aceptados por la sociedad, y por ello imitaron a las denominaciones más importantes y excluyeron a las mujeres de las posiciones de autoridad. A las mujeres se les permitió continuar trabajando en el campo misionero, pero incluso allí se las consideraba inferiores a los hombres. La famosa misionera pionera Gladys Aylward confesó:

---

9 Jerry R. Flora, «Ninety Years of Brethren Women in Ministry», *Ashland Theological Journal* 18 (Octubre de 1984): 4-21. Para leer la historia acerca de las ramas más importantes del movimiento Dunker o de Hermanos, ver Donald F. Durnbaugh, ed. *Meet the Brethren* (Elgin, IL: The Brethren Press, 1984).

Yo no era la primera opción que Dios tenía para la tarea que realicé en China. Había alguien más... No sé quien era la primera opción de Dios. Debía de ser un hombre, un hombre maravilloso. Un hombre educado y culto. No sé qué pasó. Quizás murió. O quizás no quiso ir... Y Dios volvió a mirar entre sus hijos... y vio a Gladys Aylward.[10]

En el siglo XX, el crecimiento del movimiento pentecostal revirtió en el crecimiento del papel de la mujer en el ministerio. No obstante, el mismo proceso que causó el declive del liderazgo femenino en grupos del siglo XIX se repitió más tarde en los grupos carismáticos. Sin embargo, para entonces, las principales iglesias - como los Metodistas, Luteranos, Episcopalianos y Presbiterianos - estaban comenzando a ordenar a mujeres como ministras. En contraste con estas denominaciones, el movimiento evangélico que se desarrolló en el periodo entre 1920 y 1960 no promovió el liderazgo femenino. Como reacción al evangelio social, estos conservadores se centraron en un entendimiento literal de la Biblia. Ésta es la tradición que los siguientes ensayos pretenden tratar.

Cada una de las interpretaciones aquí presentadas nos llegan desde integrantes del movimiento evangélico. Los que escriben los artículos defienden la postura que exponen. Robert Culver aporta la perspectiva tradicional de que las mujeres no deben implicarse en el ministerio cristiano. Susan Foh presenta la postura de que la mujer puede trabajar en algún ministerio siempre que esté bajo la dirección de un pastor. Walter Liefeld apoya la posición de que todos los creyentes son ministros y que un excesivo énfasis en la ordenación oficial ha hecho que el papel de la mujer en la Iglesia se discuta más allá de lo necesario. En el último ensayo, Alvera Mickelsen ofrece la postura igualitaria que apoya completamente el ministerio de las mujeres. Explica que las mujeres pueden realizar cualquier tipo de servicio para el que Dios las haya capacitado y al que Dios las haya llamado. Al final de cada ensayo, los otros tres autores responden desde sus puntos de vista. Bonnidell Clouse nos ofrece unas consideraciones finales, seguidas de una bibliografía sobre el tema de la mujer y el ministerio.

Esperamos que estos ensayos y debates ayuden a los lectores a desarrollar sus propias posturas sobre el papel de la mujer en la Iglesia. Como se ha dicho anteriormente, se trata de uno de los problemas más graves a los

---

10 Gladys Aylward citada por Phyllis Thompson, *A Transparent Woman: The Compelling Story of Gladys Alyward* (Grand Rapids: Zondervan, 1971), págs. 182-83.

que se enfrentan los creyentes de nuestro tiempo. Los seguidores de Jesucristo deben buscar entender su voluntad en relación con los derechos de la mujer. Independientemente de la necesidad de adaptarse al tiempo en el que vivimos, los cristianos tenemos el deber de tratar de forma justa a los demás, sin importar la raza, clase social o género.[11]

---

11 Como el filósofo de Calvin College Nicholas Wolterstorff dice tan elocuentemente: «Las personas [en el siglo XIX] se preguntaban por qué tales y cuales diferencias eran importantes para la distribución de los beneficios sociales. '¿Por qué el hecho de que yo haya nacido humilde y tú noble tiene que ser importante para decidir si podemos recibir educación?'. A cada momento se planteaba el tema de la justicia, porque las personas estaban siendo tratadas injustamente basándose en diferencias que no eran importantes. El tema que las mujeres de la Iglesia están planteando es también una cuestión de justicia. Es cierto que en este tema de la mujer entran muchas más dimensiones que la justicia, pero la justicia es una dimensión básica. Las mujeres no nos están pidiendo a los hombres unas migajas de caridad. Están pidiendo que en la Iglesia –en la Iglesia de todos los lugares– reciban lo que les pertenece. Están preguntando por qué el género es importante a la hora de asignar tareas y papeles y servicios y responsabilidades y oportunidades en la Iglesia. Los dones del Espíritu son importantes. Pero, ¿por qué lo es el género?» («Hearing the Cry, en *Women, Authority and the Bible*, ed. Alvera Mickelsen [Downers Grove, IL: InterVarsity Press]. Pág. 289).

1. UNA POSTURA TRADICIONALISTA: «Las mujeres guarden silencio»
Robert D. Culver

No hay duda de que en muchas actividades organizadas por la Iglesia, tanto privadas como oficiales, las mujeres cristianas pueden hablar, cantar, orar, preguntar y hasta debatir. Eso está claro. La pregunta que vamos a tratar en este libro es: según la enseñanza bíblica, ¿pueden enseñar a la Iglesia con la autoridad de los pastores o ancianos y de los maestros de pastores? ¿Pueden servir en posiciones de autoridad que implican estar «gobernando» a otros miembros adultos? Este tipo de «norma» se encuentra en pasajes como 1 Tesalonicenses 5:12-13 y Hebreos 13:17. Los que «gobiernan» también «enseñan» o, al menos, algunos de ellos lo hacen. En el Nuevo Testamento se les llama presbíteros (o ancianos) o diáconos (u obispos). Los requisitos para el oficio de anciano/obispo suponen ejercer autoridad de algún tipo sobre los demás (1 Ti. 3:1-7, especialmente 4-6 y Tito 1:5-11). Normalmente los ancianos son los que tienen a su cargo la presidencia y las funciones litúrgicas.

Entre los temas que quiero tratar, uno de los más importantes es si existe una *tradición* bíblica con respecto a las mujeres en el ministerio. Pablo, apóstol a los gentiles y maestro de iglesias, autor de casi todo lo que la Biblia tiene que decir sobre el gobierno de la Iglesia, ¿nos dejó en sus cartas una *tradición* que limita el ministerio de las mujeres? Si es así, ¿cuál es esta tradición y cómo fue entendida en aquella época? Y ¿debemos aplicarla del mismo modo en nuestros días? Veremos más adelante las razones por las que esta tradición puede existir en la constitución de la sociedad en los primeros capítulos del Génesis. (Pablo afirma que constituyó sus reglamentaciones y teorías sobre esos primeros acontecimientos y para defenderlas, dirige a sus lectores a la ley: 1 Co. 14:34). Más adelante, después de prestar atención a lo que 1 Corintios llama las *ordenaciones* o *tradiciones* en la era sub-apostólica, terminaré con algunas modificaciones o correcciones de lo que normalmente solo se considera como tradiciones bíblicas y sugeriré formas para que podamos preservar tanto el orden bíblico como la paz en las iglesias en unos momentos tan inestables como los nuestros.

¿Existe una tradición?

Voy a utilizar el término *tradición* en el sentido bíblico, no en el sentido popular de algo que sucede con regularidad en un grupo o sociedad, ni siquiera como una supuesta declaración de Moisés o de un apóstol que no están recogidas en las Escrituras, sino que han sido transmitidas mediante generaciones por otros medios, como a través de la teología judía, la romana o la ortodoxa griega. La tradición, en el sentido estricto del Nuevo Testamento, es algo precioso, instituido con autoridad y entregado para ser guardado, para no ser cambiado ni distorsionado. En 2 Tesalonicenses 3:6 Pablo define sus instrucciones sobre la conducta como una «doctrina que recibisteis de nosotros», y en el capítulo anterior urge a la comunidad a estar «firmes y conservar las doctrinas que os fueron enseñadas, ya de palabra, ya por carta nuestra» (2 Ts. 2:15). En cada caso, la palabra griega es *paradosis*, que significa algo que se ha recibido de forma intacta y que debe transmitirse o pasarse en el mismo estado en que se recibió.

No creo que nada pudiera reflejar mejor los sentimientos de Pablo sobre los temas de la tradición, e impartir un sentido de la importancia con que lo consideraba que la salida inicial de su primera aproximación al ministerio público de la mujer: «Os alabo porque en todo os acordáis de mí, y guardáis las *tradiciones* [la cursiva es mía] con firmeza, tal como yo os las entregué». 1 Co. 11:2). Si la palabra *instrucciones* de la versión Reina-Valera suena demasiado rotunda, la palabra *enseñanzas* de la Nueva Versión Internacional es demasiado vaga, pues la palabra griega es el plural de *paradosis* («tradiciones»), la misma que en 2 Ts. 2:15 y 3:6. El verbo *entregar* en 1 Co. 11:2 se usa en el mismo sentido que «enseñar» y «recibir» en 2 Ts. 2 y 3.

La tradición, en este sentido, es mucho más formal e importante que una opinión cualquiera: es la «norma de las palabras sanas» que debemos retener (2 Ti. 1:13). Algunos pasajes parecen sugerir que Pablo esperaba que a través de las generaciones se transmitiera un catecismo o porción litúrgica (2 Ti. 2:2). Muchos estudiosos del Nuevo Testamento creen que encontramos ejemplos de esta liturgia o catecismo en las epístolas de Pablo, como Filipenses 2:6-11 o 1 Ti. 3.16. Las civilizaciones antiguas, los asiáticos y los judíos en particular, siempre han dado más importancia a los dichos y las normas memorizadas y transmitidas de generación en generación que nosotros, los occidentales.

No obstante, Pablo era bastante moderno en cuanto a las palabras que utilizaba para proclamar el Evangelio. Consideremos las múltiples formas en las que expresó la doctrina de la Justificación en Romanos 3-11 y en Gálatas. Pensemos en lo variadas que eran sus ilustraciones y en los ejemplos que utilizó: Abraham, David, Agar, Isaac, Esaú, por nombrar unos pocos. En cuanto a la doctrina, no insistía en el uso de una fórmula verbal concreta e intocable. Sin embargo, con algunos temas era extremadamente rígido, sobre todo con las tradiciones o enseñanzas sobre la predicación, el gobierno y la observancia de la Santa Cena en las asambleas cristianas (ver 1 Corintios 11:2, 20-22, 34). En el caso de la Santa Cena, dejó escrita una *paradosis* («ordenanza», «tradición») definitiva y un orden (la palabra griega es *taxis*, «un orden prescrito» :1 Co. 11:34).

¿Cuál es la tradición? 1 Corintios 11:2-16

> 2 Os alabo porque en todo os acordáis de mí, y guardáis las tradiciones con firmeza, tal como yo os las entregué.
> 3 Pero quiero que sepáis que la cabeza de todo hombre es Cristo, y la cabeza de la mujer es el hombre, y la cabeza de Cristo es Dios.
> 4 Todo hombre que cubre su cabeza mientras ora o profetiza, deshonra su cabeza
> 5 Pero toda mujer que tiene la cabeza descubierta mientras ora o profetiza, deshonra su cabeza; porque se hace una con la que está rapada.
> 6 Porque si la mujer no se cubre la cabeza, que también se corte el cabello; pero si es deshonroso para la mujer cortarse el cabello o raparse, que se cubra.
> 7 Pues el hombre no debe cubrirse la cabeza, ya que él es la imagen y gloria de Dios; pero la mujer es la gloria del hombre.
> 8 Porque el hombre no procede de la mujer, sino la mujer del hombre;
> 9 Pues en verdad el hombre no fue creado a causa de la mujer, sino la mujer a causa del hombre.
> 10 Por tanto, la mujer debe tener un símbolo de autoridad sobre la cabeza, por causa de los ángeles.
> 11 Sin embargo, en el Señor, ni la mujer es independiente del hombre ni el hombre independiente de la mujer.

12 Porque así como la mujer procede del hombre, también el hombre nace de la mujer; y todas las cosas proceden de Dios.
13 Juzgad vosotros mismos: ¿es propio que la mujer ore a Dios con la cabeza descubierta?
14 ¿No os enseña la misma naturaleza que si el hombre tiene el cabello largo le es deshonra?,
15 Pero si la mujer tiene el cabello largo es una gloria? Pues a ella el cabello le es dado por velo.
16 Pero si alguno parece ser contencioso, nosotros no tenemos tal costumbre, ni la tienen las iglesias de Dios.

Después de discutir los problemas morales que había en la iglesia de Corinto, Pablo se centra en la Santa Cena en el capítulo 10 y en aspectos relacionados con la adoración pública en los capítulos 11 a 14. La sección del capítulo 11 que aparece arriba habla de cómo deben comportarse las mujeres y los hombres cuando se reúnen para adorar juntos a Dios. Este pasaje ha enseñado lo siguiente a todo tipo de creyentes, casi sin excepción de ningún grupo importante que yo conozca:

1. Dios distingue claramente entre los sexos en cuanto a la apariencia y la actividad en las reuniones cristianas formales. El pelo del hombre debe ser corto, y no debe cubrirse la cabeza (no puede llevar sombrero), mientras que el pelo de la mujer debe ser largo, como reconocimiento visible de la sumisión al orden de Dios, y debe llevar un velo, no para cubrir su rostro (como hacen los musulmanes), sino para cubrir el resto de la cabeza.

Estamos casi seguros de que los hombres y las mujeres no se sentaban juntos en las sinagogas judías. Puede que las iglesias cristianas siguieran esa misma tradición. Los judíos quizá no hayan adoptado aún la costumbre de descubrirse la cabeza cuando adoran a Dios; en cualquier caso el hombre cristiano en el culto no debe cubrirse la cabeza (por «cabeza cubierta» me refiero a algo que cubre la cabeza colgando por los lados, no a algo que solo cubre la parte de arriba).

2. En casi todos los casos, a lo largo de los siglos ha prevalecido la opinión de que las mujeres debían llevar el pelo largo y también un sombrero o velo en los cultos. Parece ser que la memoria de millones de personas ha dejado paso al olvido, y también a un cambio en la práctica, si no en la interpretación bíblica; las mujeres asisten a la iglesia hoy con el pelo corto en casi todos los estilos concebibles y casi nunca llevan sombrero u otra prenda para cubrirse la cabeza. Parece ser que a la gente no le preocupa demasiado esta sorprendente incoherencia.

Cuando pedimos explicaciones, se nos informa cautelosamente que (a) el texto griego realmente no exige que se tenga que cubrir la cabeza; (b) por los cambios culturales, el pelo corto o largo ya no significa lo que significaba; basta con que la mujer honre en su corazón la autoridad de Dios mediante un hombre (pastor, marido)[1]; (c) quizás el corte de pelo normal que llevan muchas señoras ya es lo suficientemente largo para cumplir con los requisitos; (d) el pelo largo y los sombreros son una cuestión con la que no vale la pena perder el tiempo; (e) ya basta con cualquier otra forma cultural contemporánea que sirva para distinguir entre hombres y mujeres; (f) todo este debate tiene sus raíces en una sociedad patriarcal que, como la esclavitud, los cristianos ya han superado. Por tanto, los cristianos deben abandonar toda distinción basada en el género en nombre de una fe cristiana perfeccionada.[2]

3. Dado que Pablo no permitiría en el capítulo 11 lo que claramente prohíbe en el capítulo 14, debemos asumir que las oraciones de las mujeres en los versículos 4 y 5 significa que realizaban actos litúrgicos como recitar oraciones en grupo o similares. De igual modo, las profecías tienen lugar al cantar Salmos, himnos y canciones espirituales. También habla del uso de los instrumentos musicales. Dado que en la adoración en el Templo los hijos de Asaf y Jedutún «profetizaban con un arpa, para dar gracias y alabar al Señor» (ver 1 Crónicas 25:1-7), parece bastante razonable que en el con-

---

1 Encontrará una explicación erudita en J.G. Sigountos y Myron Shank, «Public Roles for Women in the Pauline Church: A Reappraisal of the Evidence». *Journal of the Evangelical Theological Society* 26, n. 3, (sept. 1983): 283-95. Concluyen diciendo: «Podemos comenzar a reconstruir el pensamiento de Pablo acerca de las mujeres en el 'ministerio' a partir de los datos exegéticos e históricos presentados. Los roles permisibles parecen haber sido establecidos sobre la base de normas culturales, no de consideraciones teológicas abstractas. La forma en la que la cultura entendía un papel o actividad parece haber determinado si constituía insubordinación o no. A la inversa, Pablo permitía *cualquier papel que no fuera considerado inapropiado por la cultura* [cursivas mías]» (pág. 293). G.R. Osborne piensa que ciertos «mandamientos» de la Escritura «han demostrado ser negativos para la causa de Cristo en culturas posteriores» y «deben ser reinterpretados». El «saludo cariñoso del ósculo santo es reglamentario, pero el método cultural particular no lo es» (G.R. Osborne, «Hermeneutics and Women in the Church». *Journal of the Evangelical Theological Society* 20, n. 4, [dec. 1977]: 337-40). De modo que «es la sujeción de la mujer, no el llevar velo, lo que era parte de la catequesis [es decir, tradición, *paradosis*]de la iglesia primitiva" (Ibíd. 343). Escuché decir a Harry Ironside que el «saludaos con ósculo santo» de Pablo ahora debería ser equiparado con «un cordial apretón de manos». Ironside no es un defensor de la *Redactionsgeschichte* o de la relatividad cultural, pero vemos que utilizó uno de sus principios.

2 Estas no son, de ninguna manera, todas las interpretaciones propuestas. En el artículo de Osborne («Hermeneutics», págs. 337-52) encontramos una evaluación de otras propuestas recientes.

texto de la adoración pública, «la profecía» de 1 Corintios 11 signifique lo mismo que en 1 Crónicas 25.

Nathaniel West hace otra aproximación posible a la aparente discrepancia entre los capítulos 11 y 14: «Fijémonos en que Pablo aquí en el capítulo 11 no está discutiendo el tema directamente de si el hombre o la mujer tienen derecho a 'orar o profetizar', sino solamente el tema de la vestimenta y el de cubrirse la cabeza. Aquí no se da permiso para orar ni para profetizar a ninguna de las partes. Una cosa está muy clara, el hombre que ora o profetiza con la cabeza 'cubierta' deshonra su cabeza; la mujer que lo hace con la cabeza 'descubierta' comete una ofensa que supone una vergüenza y desgracia para su propio género o sexo y para la Iglesia. Ambas ofensas están prohibidas.»[3]

Otra propuesta válida sería la siguiente: en ocasiones un pastor invita a una mujer de Dios a hablar o a orar durante el culto de adoración. En tal caso es correcto que la mujer lo haga bajo las condiciones de este pasaje. Esta práctica está muy extendida.

En esta epístola no encontramos una única pauta, sino varias. *En primer lugar,* Pablo usa la idea de la cabeza como metáfora de la autoridad. Es el único simbolismo que hay detrás de esa metáfora («fuente» no sirve, pues Dios no es la fuente de Cristo). Cristo es la cabeza del hombre cristiano, el hombre es la cabeza de la mujer cristiana (no de la esposa), y también Dios es la cabeza de Cristo (v. 3). En cada caso, la cabeza hace referencia a una autoridad anterior.[4]

---

3 *Women and Church Ministry* (n.d, sin publicar), pág. 11.

4 Karl Barth, *Church Dogmatics*, (Edimburgo: T&T Clark, 1960), dedica cerca de 165 páginas al tema de los hombres y las mujeres y se acerca mucho a lo que yo he estado llamando *la tradición* (III/2, págs. 285-344 y III/4, págs. 116-240). Después de referirse a 1 Corintios 11:7-9, Barth afirma: «Este orden básico del ser humano establecido por la creación de Dios no es accidental o aleatorio. No podemos ignorarlo ni minimizarlo. Está fundado sólidamente en Cristo... tan sólidamente centrado en el señorío y el servicio, la divinidad y la humanidad de Cristo que no hay ocasión ni para la exaltación del hombre ni para la opresión de la mujer... Es la vida de la nueva criatura que Pablo describe aquí diciendo que la cabeza de la mujer es el hombre. Gálatas 3:28 sigue siendo válido, a pesar de los exégetas cortos de vista, como los mismos corintios, quienes creían que se trataba de una contradicción» (III/2, págs. 311-12). Sigue más adelante: «Es bastante ridículo pensar que deberíamos enfrentar la idea progresista con la conservadora... El progreso no es más que un retorno al antiguo eón. Solamente en el mundo de este viejo eón [fuera de Cristo] puede surgir el debate feminista» (Ibíd). Barth continúa diciendo que la distinción puede haber surgido de formas diferentes en las diferentes culturas. Según él, esta distinción en parte tiene sus raíces en la «sensibilidad natural» como dice Pablo. Barth concluye: «la cuestión decisiva fue que el entusiasmo por la igualdad que superó las formas no era particularmente cristiano, sino que la costumbre debía ser aceptada en Cristo. No podemos decir más, pues Pablo no estaba argumentando desde la ley, sino desde el Evangelio» (Ibíd.).

En el orden de la Divinidad Trina, Dios Padre *precede* a Cristo el Hijo. Pablo no dice si debemos entender esto en un sentido *económico* (cómo se hacen las cosas, línea de órdenes operativas) o en un sentido *ontológico* (cómo son las cosas por sí mismas). En cualquier caso, en su estado encarnado, el Hijo dijo: «Yo siempre hago la voluntad del que me envió». La relación entre el Padre y Cristo el Hijo equivaldría a la relación entre el hombre y la mujer en la Iglesia. En este caso, Pablo no trata directamente las relaciones humanas en el matrimonio o en los ámbitos político, civil o social. Es decir, Pablo no está estableciendo una jerarquía en la que los hombres en general están por encima de las mujeres en general.[5]

En segundo lugar, Pablo argumenta específicamente desde las leyes de la Creación como aparecen en el documento de toda religión bíblica, la Ley de Moisés. Nos presenta más de un aspecto de la Creación. Pablo trata a la primera pareja, hombre y mujer, como arquetipos (o prototipos), no como formas platónicas o como un antitipo en el cielo, sino como ejemplos concretos de lo que significa ser hombre y de lo que significa ser mujer. El hombre no es solamente el marido de Eva, ni tampoco ella es solo la mujer de Adán, sino que cada uno tiene su condición de hombre y mujer para siempre. Esto es ineludible.

En este caso, dos rasgos del relato del Génesis hablan de la relación del hombre y la mujer en la Iglesia. *En primer lugar*, la mujer (o humanidad femenina) derivó del hombre (o humanidad masculina): «Pues en verdad el hombre no fue creado a causa de la mujer, sino la mujer a causa del hombre.» (1 Co. 11:9). Es cierto, como el capítulo dice más adelante, que «también el hombre nace de la mujer» (v. 12), pero así es como continúa la raza humana, no como empezó. Lo que continúa a lo largo de generaciones consiste en «partes» que se unieron al principio en el hombre y en la mujer arquetípicos. En aquella «unión» original, la mujer surgió del hombre. Pablo cita esto como una razón suficiente para que el hombre de algún modo *preceda* a la mujer en las reuniones públicas de la Iglesia, *precedencia* que puede extenderse a otros aspectos de la sociedad. Esto es lo que el documento de nuestra religión dice claramente, a pesar de que haya gente de nuestra época individualista y autosuficiente que pueda considerarlo inadecuado o poco importante.[6]

---

5 Ver los interesantes apuntes de Barth al respecto. *Dogmatics*, III/2, pág. 311.
6 Barth dedica una extensa discusión al hecho de que la mujer deriva del hombre y aprueba el argumento que Pablo desarrolla sobre esa base: «Pablo nos dice claramente en los versículos 11-12 que no se retracta de nada de lo que ha dicho en Gá. 3:28. En el Señor, 'de Dios', es tan cierto que la mujer es del hombre como que el hombre de la mujer. Génesis 2 nos dice ambas cosas. La mujer fue hecha del hombre, pero el hombre solamente es hombre gracias a la mujer que fue sacada de él. No obstante, de ahí no podemos concluir que el hombre y la mujer son absolutamente iguales, y que no hay lugar

En segundo lugar, en la pareja arquetípica, «el hombre no fue creado a causa de la mujer, sino la mujer a causa del hombre» (v. 9). Génesis 2, después del versículo 7, nos narra cómo y por qué hizo Dios esto. Entre las bestias no había ninguna que sirviera como ayuda para el hombre. De modo que Dios le hizo una mujer. Dios hizo una mujer *para el hombre*, no a él para ella ni al uno para el otro, a pesar de que esto suene como la interpretación más igualitaria. (De nuevo, nadie que base sus opiniones en el espíritu de nuestros días estará de acuerdo con esto). No obstante, esta es la interpretación que este documento del Cristianismo hace del relato de la Creación, y Pablo lo cita para respaldar su enseñanza de *precedencia* del hombre en los cultos públicos de adoración.

Hay un tercer argumento: «Por tanto, la mujer debe tener un símbolo de autoridad sobre la cabeza, por causa de los ángeles.» (v. 10). Aquí podríamos pensar que la autoridad puede ser la propia de la mujer, pero la frase parece extraña en un contexto en el que se está hablando de la autoridad masculina. En un contexto donde se enseña claramente la *precedencia* de Dios sobre el Hijo, del Hijo sobre el hombre y del hombre sobre la mujer, parece extraño que aquí se trate de la autoridad propia de la mujer. Cubrirse la cabeza, ya fuera con el pelo largo o con velo, o ambos, servía para representar la subordinación de la mujer al hombre en la asamblea cristiana, ordenada por las Escrituras y por las instrucciones apostólicas.

¿Qué tienen que ver los ángeles con todo esto (v. 10)? Si el orden correcto de la adoración en las asambleas cristianas se materializa en que la mujer demuestre la aceptación voluntaria del orden correcto de autoridad, ¡entonces a los ángeles les va a interesar! Las Escrituras llaman a los ángeles los santos de Dios y los guardianes de Dios. Así que «vigilan» los asuntos especiales de Dios en la Tierra como testigos invisibles, buscando aquello que les interesa en cada culto cristiano de adoración. Las mujeres de Corinto y de otros lugares no deben ofender a los ángeles atentando contra el orden creado.[7]

para la supremacía y la subordinación entre ellos, y que es por tanto legítimo y obligatorio abolir la distinción entre la cabeza cubierta y la descubierta en el culto a Dios. El descuido que lleva a algunos a llegar a esa conclusión es el mismo descuido que lleva a otros a concluir que, como había plenitud de los dones espirituales, que obviamente abundaban en Corinto, ya no había más necesidad de enseñanzas, exhortaciones o represiones del apóstol. En ambos casos, y en muchos otros, se ha olvidado que Dios (14:33) no es un Dios de confusión, sino de paz. Pero solamente hay paz si se mantienen las distinciones» (*Dogmatics*, III/2, págs. 309-10).

[7] La mayoría de los comentarios coinciden. Barth es típico: «Los ángeles son normalmente los portadores de y los representantes de los principios relativos necesariamente postulados con la obra de Dios... específicamente... la divina obra de salvación. Por tanto, al ver este orden violado se entristecen» (*Dogmatics*, III/2, pág. 310).

Hay muchas más cosas que podríamos tratar, pero creo que los elementos principales de la tradición son lo suficientemente claros. Los hombres deben ejercer la autoridad y liderar la Iglesia. Las mujeres deben reconocer tal autoridad y apoyarla con una actitud cristiana, incluyendo la forma en la que se visten y se arreglan cuando van al culto. Hoy en día muchas iglesias han dejado atrás la lucha de las décadas sexta y séptima del siglo primero por mantener esta señal de reconocimiento, ya fuera con el pelo largo o cualquier otra pieza para cubrir la cabeza. Es difícil insistir en la cuestión del pelo largo o en la costumbre de cubrirse la cabeza en una época donde casi nadie, incluyendo a las misioneras que suben a los púlpitos o se van al servicio, no respetan ni lo uno ni lo otro. En mi opinión, tenemos un problema.

1 Corintios 14:34-37

> 34 Las mujeres guarden silencio en las iglesias de los santos, porque no les es permitido hablar, antes bien, que se sujeten como también dice la ley.
> 35 Y si quieren aprender algo, que pregunten a sus propios maridos en casa; porque no es correcto que la mujer hable en la Iglesia.
> 36 ¿Acaso la palabra de Dios salió de vosotros, o solo a vosotros ha llegado?
> 37 Si alguno piensa que es profeta o espiritual, reconozca que lo que os escribo es mandamiento del Señor.

Históricamente ha existido menos unanimidad acerca del significado de este pasaje que acerca del significado de 1 Co. 11:2-16. Pocos son los que han entendido que el «silencio» que las mujeres deben guardar en la Iglesia es un silencio absoluto. Del mismo modo tampoco hay muchos que opinen que la «obediencia» a la que las mujeres se deben «someter» sea absoluta. Aunque hay excepciones importantes. El versículo 35 realmente no puede significar que las mujeres cristianas casadas con no creyentes, las viudas o las mujeres solteras deban esperar a llegar a casa para preguntar a algún hombre qué quiso decir el pastor con el difícil pasaje que utilizó en su sermón. No obstante, el pasaje debería ser aplicado de forma general «en las iglesias de los santos» (v. 34). Este versículo 34 no funcionaría en una iglesia liderada por una *pastora* nombrada por *una líder* o responsable de la denominación, a pesar del contenido regulador mínimo.

En griego, «guarden silencio» (o «callen») es *sigao*. A muchos les gustaría que el significado de la palabra no fuera tan fuerte, pero en el Nuevo Testamento se utiliza con el sentido de «guardar silencio», «dejar de hablar» o «mantener [algo] en secreto». La idea parece ser que, en lo que respecta al *acto público de enseñar* en la asamblea, las mujeres debían guardar silencio. Normalmente se ha sostenido que la prohibición no solamente se refiere al discurso público ya sea en la predicación o en la enseñanza, sino también al debate o a cuestionar a los maestros en el culto público. La iglesia primitiva no tenía escuelas dominicales, donde el maestro, sea hombre o mujer, invita al debate. No obstante, las evidencias muestran que el sermón en la iglesia primitiva, al contrario que el monólogo normal de nuestros días, estaba abierto a debate y a preguntas, como en las sinagogas.

Las mujeres no deben interrumpir o cuestionar al maestro (predicador); el término griego que traducimos por «hablar» no es peyorativo, sino que se trata de la palabra que se refiere a la acción de hablar en su sentido más amplio. No significa hablar atropelladamente, parlotear o nada parecido, aunque en ocasiones significa tener una conversación *con* alguien. Quizás Pablo estaba pensando en esta última acepción de intercambiar palabras con el orador. En nuestros días, nadie hace esto, ni siquiera los hombres, a menos que el predicador intente hacer participar a los oyentes (y aún así, lo normal es que no haya demasiada respuesta).

El texto dice claramente que la mujer debe «sujetarse», "mostrar sumisión" o "someterse" (v. 34). No puedo dejar de citar a Barth de nuevo. Después de hacer referencia a este versículo y a muchos otros pasajes del Nuevo Testamento que utilizan las dos palabras griegas que describen la sujeción de la mujer al hombre, escribe lo siguiente: «Lo que aquí se espera de la mujer en relación con el hombre no debe concebirse como una analogía de la relación entre el súbdito y el príncipe, el subordinado y el superior, o los bienes y el propietario... La autoridad a la que la mujer se somete ante el hombre no es la autoridad del hombre, sino la autoridad del *taxis* [gr., orden o buen orden] ante la cual ambos [hombre y mujer] deben someterse».[8] Aquí Pablo está hablando de la aceptación tranquila, sin protestas, del orden expresado en las instrucciones apostólicas de Cristo en cuanto al liderazgo del hombre en la adoración y en la vida pública de la Iglesia.[9]

---

8 Karl Barth, *Dogmatics*, III/1, pág. 172.

9 Noto que recientemente en América se está propagando la teoría de la «cadena de ordenanzas». La idea es que la autoridad se desarrolla de arriba a abajo mediante una cadena definitiva: Dios, Cristo, hombre, mujer, niños. Esta escala o cadena no aparece en las Escrituras, aunque la Biblia aprueba en muchas ocasiones el principio de autoridad en muchos terrenos. Pero esto es un tema aparte.

Pablo afirma que «la ley» (es decir, el Pentateuco o incluso todo el Antiguo Testamento) dice lo mismo que está enseñando. Retomaremos este tema más adelante.

La epístola también utiliza cierto sarcasmo (v. 36). Obviamente, Pablo se está dirigiendo a ciertas mujeres impúdicas y recalcitrantes: «¿Acaso la palabra de Dios salió de vosotros, o solo a vosotros ha llegado?»(v. 36). Algunos creen que la primera pregunta era un recordatorio a las mujeres de Corinto de que las mujeres nunca habían sido el canal de revelación de las Escrituras, y que Dios no iba a utilizarlas con este fin tampoco más adelante. Es posible. Pero por lo general se entiende, más correctamente desde mi punto de vista, que el sentido está relacionado con la declaración de Pablo en el capítulo 11 de que la costumbre del liderazgo y el ministerio masculino era una norma aceptada en todas las iglesias de Dios. No hay un «estilo de liderazgo alternativo». Les está mostrando que ellos no tienen ningún derecho especial o peculiar para hacer cambios en «las ordenanzas» o «en la tradición». Su iglesia no era la única del mundo, ni tampoco la primera, así que no estaban en posición de marcar el estilo a seguir.

1 Timoteo 2:8-15

> 8 Por consiguiente, quiero que en todo lugar los hombres oren levantando manos santas, sin ira ni discusiones.
> 9 Asimismo, que las mujeres se vistan con ropa decorosa, con pudor y modestia, no con peinado ostentoso, no con oro, o perlas o vestidos costosos;
> 10 sino con buenas obras, como corresponde a las mujeres que profesan la piedad.
> 11 Que la mujer aprenda calladamente, con toda obediencia. 12 Yo no permito que la mujer enseñe ni ejerza autoridad sobre el hombre, sino que permanezca callada. 13 Porque Adán fue creado primero, después Eva. 14 Y Adán no fue el engañado, sino que la mujer, siendo engañada completamente, cayó en transgresión. 15 Pero se salvará engendrando hijos, si permanece en fe, amor y santidad, con modestia.

Esta epístola saca a relucir el tema de las funciones, las prácticas y el orden en el culto público de la Iglesia, como 1 Co. 11 y 14. En primer lugar se mencionan las oraciones en la Iglesia, oraciones por todos los hombres, pero particularmente por los líderes nacionales y magistrados públicos (versículos 1-7). Pablo reclama que él mismo había sido «ordenado o constituido predicador, apóstol... maestro de los gentiles» (v. 7). Continúa hablando de las oraciones y la acción de gracias por «los reyes y por todos los que están en autoridad» (v. 2), diciendo que los que deben hacer la oración son los hombres (v. 8). El texto es muy claro. Las palabras en griego son *tous andras*, «los hombres». La palabra significa «hombre» (no en sentido genérico, sino el espécimen masculino y adulto del ser humano), por lo que se diferencia de "mujer" y también de "niño". Pablo quiere hombres maduros y responsables en el liderazgo de las iglesias locales.

En esta misma línea, les dice lo que quiere que las mujeres sean y hagan: «que las mujeres se vistan con ropa decorosa, con pudor y modestia, no con peinado ostentoso, no con oro, o perlas o vestidos costosos». En esta comunidad (Éfeso), abundaban tanto la pobreza como la riqueza, y la evangelización había funcionado en los diferentes estratos sociales. Los peinados a la última moda, la joyería resplandeciente y los abundantes vestidos de lujo a los que aspiraban muchas mujeres de todas las edades, eran comunes en la Iglesia entre las mujeres que se lo podían permitir, para vergüenza del Evangelio y humillación de los que no se lo podían permitir. Pablo desaconsejaba estos excesos. Se hubiera quedado sin habla si hubiera visto a algunas presentadoras de programas cristianos de televisión o a las mujeres que se suben a los escenarios en las «campañas» o «cruzadas» cristianas tan americanizadas.

Las mujeres no deben exhibirse en la Iglesia. En la sociedad de hoy no hay nada que frene un despliegue carnal excesivo, pero deberíamos mantener eso fuera de la Iglesia. Creo no equivocarme si digo que la gran mayoría de maestros cristianos de todas las épocas de la Iglesia ha entendido que este pasaje no prohíbe ninguna de estas cosas a las mujeres cristianas, sino que recomienda el recato, la modestia y la consideración de los demás.[10] El

---

10 Una columna muy interesante en el *Oxford Classical Dictionary*, 2ª edición, pág. 1801, dice que casi todos los «productos de belleza o complementos» de la actualidad «ya se encontraban en el aseo de las señoras de la Antigüedad». Menciona muchos de ellos y prosigue diciendo: «Los cosméticos y los perfumes se utilizaban frecuentemente. Las mujeres atenienses le daban mucha importancia a las mejillas blancas, como distinción de las mujeres trabajadoras con la piel quemada por el sol; se aplicaban plomo blanco, y también utilizaban un carmín hecho de orquídeas... Las mujeres griegas llevaban el cabello arreglado en trenzas, con la raya en el medio y el pelo recogido en un moño en la nuca. Pero... surgió una moda de levantarse el pelo por encima de la cabeza, con unos arreglos trabajosos, para lo que la señora necesitaba la ayuda de la doncella. Las rubias estaban de moda en Roma, y las morenas podían o teñirse el pelo o utilizar pelucas de pelo nórdico que se importaba desde Alemania». En su famoso retrato, ¿Nefertiti lleva un crepado? ¿O es un sombrero real? El profeta Isaías denunció a las mujeres que llevaban joyería llamativa y que se maquillaban en exceso. Ni las mujeres romanas ni el floreciente mercado de los cosméticos y las joyas de la actualidad han podido ir más lejos de lo que fueron «las hijas de Sión» (Is. 3:16-26).

objeto del apóstol no es imponer una norma general para la vida de la mujer cristiana, sino una regla para su conducta en el lugar de oración. No prohíbe toda la ornamentación, sino solamente el exceso que es símbolo de frivolidad y ganas de llamar la atención, y despierta pasiones impuras. Con *pudor* y *modestia* quiere decir «aversión interior de todo lo que es incorrecto» y «propiedad» del «control de las pasiones».[11]

En el círculo de la fe hay una forma mejor de alcanzar las distinciones. Es algo que las mujeres de la Biblia y las mujeres de Dios siempre han tenido muy claro. La epístola especifica: «buenas obras, como corresponde a las mujeres que profesan la piedad» (v. 10). Dorcas, la mujer cristiana de Hechos 9:36-42, es un ejemplo del Nuevo Testamento de lo que Pablo quiere decir, aunque me temo que las mujeres de hoy en día no encajarían en su modelo de «mujeres que profesen adorar a Dios». Al menos es lo encontramos en la mayoría de libros y artículos escritos por y sobre mujeres modernas, y eso es lo que les están transmitiendo a nuestras mujeres y jovencitas.

La prescripción del silencio y la sumisión en la Iglesia, junto con la prohibición de que las mujeres enseñen a los hombres que encontramos en 1 Corintios 11 y 14, se repite en los versículo 11 y 12. En el versículo 13 hallamos de nuevo argumentos basados en el orden creado de las cosas.

Pablo introduce un nuevo argumento importante, basado en los primeros capítulos de Génesis, tal y como sigue: «Y Adán no fue el engañado, sino que la mujer, siendo engañada completamente, cayó en transgresión». (v. 14). El versículo *parece* comenzar refiriéndose en concreto a la primera pareja de humanos, pero solo lo parece. Pablo se está refiriendo a la "condición de mujer" de la primera mujer, la mujer arquetipo. Respalda su afirmación apostólica de que las mujeres no pueden ser la autoridad gobernante de una iglesia ni enseñar a los hombres haciendo referencia a la naturaleza de la mujer. En el incidente de la tentación, la mujer demostró ser más susceptible a la tentación mediante el engaño que el hombre. Esta es la tradición que encontramos en 2 Ti. 2:14, expresada de forma similar en 1 Corintios 11:3.

Hasta que he entrado en contacto con la literatura feminista y con los comentaristas influenciados por el feminismo, nunca había visto este versículo expuesto de otra manera y he estado en contacto durante más de cincuenta años con eruditos que impartían clases acerca del Nuevo Testa-

---

11 P. Lange, *Commentary on the Holy Scriptures*, trad. Phillip Schaff (Nueva York: Charles Scribners, 1915), pág. 33.

mento en seminarios teológicos, con maestros de escuela dominical con experiencia, con pastores, con conferenciantes bíblicos y con todos los antiguos comentarios ortodoxos que forman parte de mi biblioteca. Eva fue *engañada* por una atractiva mentira; su hombre se vio *persuadido* por el lazo de afecto que les unía. Ella fue engañada, pero él no.

He consultado de nuevo varios textos teológicos antiguos estándar como los de Alford, Bengel, Lange, Jamieson, Fausset y Brown, Wace. Ellicott, Spence, Meyer y un sermón de H.A. Ironside. Con algunas ligeras diferencias, H.D.M. Spence, dentro del comentario bíblico de Ellicott (uno de los comentarios más ortodoxos, fiables y transparentemente honestos de entre todos los grandes comentarios gramaticales de las últimas generaciones) habla por todos:

El argumento aquí es bien singular: Tanto Adán como Eva pecaron, pero Adán no fue engañado. Pecó muy consciente de la magnitud del pecado que estaba cometiendo voluntariamente. Eva, por otra parte, fue completamente engañada (la preposición que lleva el verbo en griego implica el significado de "completamente"): sucumbió al engaño de la serpiente. Ambos se vieron implicados en el pecado, pero solamente uno (Eva) se dejó engañar. Según Bengel, «*Deceptio indicat minus robur in intellectus, atque hic nervus est cur mulieri non liceat docere*» [«El engaño indica una habilidad inferior en la comprensión, y por esta limitación a la mujer no se le permite enseñar»]... Puede sonarnos como un argumento exagerado, cuando se usa para desaprobar la usurpación femenina de la supremacía intelectual. No obstante, buscar y encontrar en las Escrituras las expresiones concretas de casi todos los juicios filosóficos era un método normal en aquella época. En nuestros días, no podríamos encontrar una ilustración más vívida de la diferencia esencial entre la naturaleza masculina y femenina. Si esta distinción entre los dos sexos es cierta, tal distinción sigue apoyando el argumento y el razonamiento que aquí hemos ofrecido. La catástrofe del Edén es la guía para todas las generaciones cuando los sexos repiten la necedad de Eva y Adán, y confunden su posición y función características.[12]

¿El resto de las Escrituras respalda esta tradición?

Pablo así lo creía (ver 1 Co. 14:34, «como la ley dice»). Nadie sabe a ciencia cierta a qué parte del Antiguo Testamento se estaba refiriendo Pablo. So-

---

12 Charles John Ellicott, ed. *A Biblical Commentary for English Readers*, (Londres: Cassell & Co. Ltd., n.d) vol. 8, pág. 24.

bre un tema relacionado, Pablo citó Isaías 28:11 usando una expresión similar: «en la Ley» (1 Co. 14:21); de modo que tenemos libertad para asumir que se refería a todo el Antiguo Testamento. Él dice que respalda la regla de que son los hombres, y no las mujeres, los que normalmente representan al pueblo y hacen de portavoces en la oración comunitaria, los sacrificios rituales, las ceremonias litúrgicas y demás. De forma similar los hombres, en lugar de las mujeres, serán normalmente los agentes y portavoces de Dios como en los gobiernos teocráticos (sacerdotes, reyes, jueces) y en la Revelación (Moisés y los profetas). Como todo el mundo sabe, es así como siempre ha sido.

La historia del Antiguo Testamento ratifica la eminencia del hombre sobre la mujer en todo tipo de liderazgo. Las líneas genealógicas normalmente se trazan por la vertiente masculina. Las mujeres son presentadas como complemento y ayuda de sus hombres. Esto es tan evidente que no hace falta una documentación especial. Lo mismo era cierto en todas las culturas de la Antigüedad. Puede ser cierto que una mujer llamada Elisa fundara la ciudad de Cartago, pero fue por lealtad a su marido y a su tío Acerbas, quien había sido asesinado por su hermano Pigmalión. Lo mismo ha sido cierto en el mundo hasta el día de hoy.

En cuanto al tema de los derechos civiles tenemos la historia bíblica de Barac y Débora y la de Jael, otra heroína, en la historia de Jueces 4 y 5. Pero Débora no sentó ningún precedente. Los jueces que la precedieron y que la sucedieron fueron hombres. También está el caso de Atalía y su madre Jezabel, que eran líderes políticos, pero una era reina de un reinado apóstata de Israel y la otra una apóstata personal que reinó brevemente sembrando el terror, y su propia gente la quitó del trono tan pronto como pudo, en favor de su nieto. También conocemos los nombres de varias profetisas. Pero también son casos excepcionales, y sus profecías no dieron lugar a libros del Canon. Los sacerdotes eran los descendientes masculinos de Aarón, el hermano de Moisés. De hecho, todos los aspectos oficiales del sistema teocrático del Antiguo Testamento estaban a cargo de los hombres. Quizás es esto, en parte, a lo que la epístola a los Corintios hace referencia cuando recoge «como también dijo la ley».

Algunos comentaristas creen que «la ley» en 1 Corintios 14:37 es solamente el Pentateuco y, más concretamente, Números 30. Es posible. Todo este capítulo, que ocupa casi una página de nuestras Biblias, habla de los votos de las mujeres. El voto o el juramento del hombre era firme, y no podía ser anulado por nadie (no menciona a los esclavos). El voto de una mujer no era firme a no ser que el marido al escucharlo guardara silencio o, en el caso de una hermana más pequeña, «en casa de su padre durante su juventud». El voto o el juramento podía ser «anulado» solamente si el marido o el padre así lo expresaran «el día en que se enteraren de ello». En el caso de una viuda o de una mujer divorciada, el voto «será firme». No se menciona a las mujeres adultas solteras y sin compromiso que nunca se habían casado. Presumiblemente cualquiera en esa condición encajaría dentro de la norma para las viudas y divorciadas. Si esta norma se aplicara en la actualidad, ¡Margaret Thatcher no podría haber gobernado Inglaterra sin su marido!

Muchos comentarios sugieren que hay una alusión a Génesis 3:16. Algunas Biblias de referencia así lo recogen. El pasaje es muy importante en relación con el tema que estamos tratando, independientemente de que Pablo estuviera pensando específicamente en Génesis 3:16 o de forma más general en toda la Biblia hebrea.

En la mayoría de las versiones de la Biblia que usamos ahora Dios le dice a la mujer: "Multiplicaré tus dolores en tus preñeces (o tu dolor en el parto)". Pero el texto original es más bien "Multiplicaré tus dolores y tus preñeces (o concepciones)". Vemos que en esta última traducción aparecen dos elementos: el incremento de los dolores para la mujer (de nuevo Eva como arquetipo) y el incremento en el número de hijos que concebirá y dará a luz.

Se supone que estos dos elementos son una *endíadis*,[13] una figura retórica que consiste en emplear dos palabras coordinadas para expresar un concepto. Por lo que he podido averiguar, el primero en desarrollar esta idea, hace ya muchos años, fue E.A. Speiser, y nos ha llegado a través de la influencia que ejerció en toda una generación de eruditos, ya mayores. Por razones que creo poco convincentes, Speiser insistió en que la *endíadis* era un rasgo característico del Génesis. Ningún otro autor de la serie de comentarios bíblicos *Anchor Bible* da tanta importancia a la *endíadis*, y esa serie tiene casi treinta volúmenes.

Es cierto que la *endíadis* aparece en la Biblia Hebrea, pero no en Génesis 3:16. El dolor y la concepción no son dos fases o expresiones de una misma idea. Más bien lo contrario. Toda la raza humana parece estar de acuerdo en que la concepción está relacionada con el placer. El dolor llega más adelante, y dura años. De hecho, el «dolor» aparece más tarde en el versículo, y lo hace como un elemento aparte de las duras palabras para la mujer (que contienen cuatro elementos). ¿Este versículo solo se refiere al

---

13 E. A. Speiser, *Genesis: Introduction, Translation and Notes*. The Anchor Bible (Garden City, Nueva York: Doubleday & Co. 1964), pág. 24.

dolor para la mujer? ¡No lo creo! Las traducciones de la Biblia son como tantas otras cosas; las mejores pueden ser irregulares; no todas las nuevas traducciones son mejores que las anteriores. Los traductores, como las tiendas de ropa, siguen las modas. Con la llegada de la muerte («está establecido para los hombres que mueran una sola vez»), si querían que la raza durase algún tiempo, hacía falta un incremento espectacular en el número de concepciones y nacimientos. Cada pareja casada debería tener más de uno o dos hijos, o en lugar de «creced y multiplicaos» es como si tuviéramos «decreced y desapareced» (los suecos, tal y como ellos reconocen, ya han llegado a esos extremos, debido a su nueva sociedad anticonceptiva).

Frecuentemente estas palabras de Génesis 3:16 se analizan como si fueran maldiciones. Un estudio más detallado muestra que, mientras que la serpiente es maldita, y «maldita es la tierra» con espinos y rastrojos, las palabras de Dios acerca del hombre y de la mujer son simplemente afirmaciones acerca del presente y del futuro, son la consecuencia lógica de la Caída del Hombre. El hombre va a tener que trabajar duro y enfrentarse a un orden natural trastocado que, como consecuencia, ahora se vuelve en su contra. La mujer ahora vive en un mundo parcialmente desordenado. El matrimonio y la familia no serán la felicidad completa. Las relaciones marido-mujer-hijos serán un reflejo muy distorsionado de la economía perfecta de la Trinidad. Ahora, además de haber sido creada felizmente después de Adán como una ayuda *para* él, la mujer estará limitada en dos sentidos.

En primer lugar, la mujer tendrá el deseo de ser la esposa de un hombre. («Tu deseo será para tu marido»). Ningún hombre puede saber qué significa esto.[14] Karl Barth reconoce que hay cierta «mística» femenina en ello, pero se niega a redactar una definición. Otros teólogos han intentado, con más o menos credibilidad, decir algo al respecto. Si la mujer no tuviera una necesidad primaria de querer a un hombre (al igual que a los hijos y al hogar) y, dándome cuenta al observar otros matrimonios de lo doloroso y penoso que es la concepción múltiple, la crianza de los hijos y llevar la casa, lo más seguro es que preferiría quedarse soltera. Antes de la industrialización, tener hijos y llevar la casa era aún más duro que ahora. Si Dios quería que la raza humana continuara, la humanidad femenina tenía que coexistir con esta perspectiva doble: la carga de dar a luz a muchos hijos, y el deseo intenso y prolongado de tener un marido.

La última cláusula, «y él tendrá dominio sobre ti» parece ser la que Pablo tenía en mente cuando escribió «como dice también la Ley» (1 Co.

---

14 Las evidencias presentadas para defender que esto significa que las mujeres intentarán dominar a sus maridos son insuficientes. No veo que ningún exegeta crítico defienda esta teoría, aunque, en la actualidad, disfruta de una cierta popularidad.

14.34). ¿Cómo podemos evitar relacionar esto con la tradición o los mandamientos de 1 Corintios 11 y 14 y 1 Timoteo 2?

Génesis 3:16 («él tendrá dominio sobre ti») es la primera vez que la palabra *dominio* aparece en la Biblia, y es la misma palabra hebrea que la Biblia suele utilizar para referirse a los gobernadores civiles (*mashal*).

Por tanto, el texto nos dice que lo normal será que, en áreas de la vida donde se ejerce la autoridad sobre los adultos, los hombres no serán dominados por las mujeres, sino más bien las mujeres serán dominadas por los hombres. Con excepciones muy puntuales, así es como ha sido siempre y así es como siempre será. El pasaje no es un mandato para que el hombre domine a la mujer o para que la mujer acepte su dominio, por prudente que pueda parecer; es la descripción de una realidad, que ni la Revolución Industrial ni el movimiento feminista va a poder cambiar. Las feministas radicales deben rendirse y abandonar. La naturaleza femenina, humana, universal y normal está en su contra. La mayoría de las mujeres prefieren las cosas tal y como están, al menos en aquellos lugares en los que se han mantenido las normas bíblicas.

Creo que es un error llamar *pecado* a cualquier alejamiento de este estado de las cosas. Los alejamientos causados por las vicisitudes principales de la Historia son inevitables, como cuando la enfermedad acaba con un marido o un padre; o cuando las leyes de sucesión dinástica sitúan a Isabel, Ana, María o Catalina en el trono; o cuando el fracaso masculino sirve para promocionar a una Margaret Thatcher; o cuando los reyes buscan la genialidad de «una astuta mujer de Tecoa» o de una profetisa como Hulda. Estas son excepciones que confirman la regla y no rompen ninguna ley moral.

El dominio del hombre en la mayoría de cuestiones no es un mandamiento legal que debamos obedecer; es un hecho que debemos reconocer y asumir. En lo que respecta a las iglesias y a la ansiedad actual en algunas de ellas por abrir el «pastorado» a las mujeres, esto también pasará. Todas las leyes locales, estatales y nacionales acerca de la igualdad de derechos, igualdad de oportunidades, la no discriminación por género y demás han producido más excepciones, pero no han cambiado la norma. «La excepción confirma la regla». En todos los aspectos de la vida donde, entre adultos, existe autoridad de una persona sobre otra, las características inherentes de la naturaleza humana prevalecerán.

Si estoy equivocado y las feministas radicales triunfan, entonces valdrán las sabias palabras de las Escrituras: «¡Oh, pueblo mío! Sus opresores son muchachos, y mujeres lo dominan. Pueblo mío, los que te guían te hacen desviar y confunden el curso de tus sendas» (Is. 3:12). Este es el capítulo en el que Isaías denuncia las rebeliones de los jóvenes que tanto han afectado a la estructura de la sociedad; «Les daré muchachos por príncipes, y niños caprichosos gobernarán sobre ellos. Y el pueblo será oprimido, el uno por el otro y cada cual por su prójimo; el joven se alzará contra el anciano, y el indigno contra el honorable» (Is. 3:4-5).[15] Isaías concluye con una denuncia extensa de la preocupación femenina por los cosméticos, la ropa lujosa y los adornos anteriormente citados. El pasaje termina con una predicción extraña: «Tus hombres caerán a espada, y tus poderosos en batalla. Sus puertas se lamentarán y estarán de luto; y ella, desolada, se sentará en la tierra». (Is. 3:25-26).

Aquí no puedo comentar todas las enseñanzas de este tercer capítulo de Isaías. La intención está clara; cuando personas de diferentes órdenes naturales de una sociedad (hombres, mujeres, niños... el libro de Proverbios menciona a los sabios, los prudentes, los necios y los simples) están fuera de lugar (los niños o adultos inmaduros gobernando; mujeres u hombres afeminados dirigiendo la sociedad; los sabios vencidos por los necios; los prudentes considerados como simples), entonces esa sociedad camina hacia su propia extinción.

Sin duda, ésta no es toda la verdad acerca de los méritos relativos de la gente. Es verdad que el Predicador dice «mejor es un joven pobre y sabio que un rey viejo y necio» (Ecl. 4:13). Algunos niños y algunas mujeres tienen una sabiduría considerable y cualidades de liderazgo. La Historia está llena de ejemplos. Estos numerosos ejemplos, no obstante, no afectan a la norma general del sentimiento humano común y de la enseñanza de las Escrituras. Normalmente, la autoridad de un adulto sobre otro y otros adultos *debe* recaer en los hombres, y lo más seguro es que siempre sea así. El modelo bíblico del liderazgo masculino en la Iglesia es todavía más rotundo.

La tradición en la iglesia primitiva

El último libro en el Nuevo Testamento –escrito seguramente a finales del siglo primero por Juan, el último apóstol vivo, desde su exilio en la isla de Patmos– tiene una pequeña sección que viene al caso. Cristo indica a Juan que al «ángel de la iglesia en Tiatira» le escriba que «tengo esto contra ti: que toleras a esa mujer Jezabel, que dice ser profetisa y enseña y seduce a

---

15 Ver Is. 3:16; 4:1; 19:10, 16; 49:15; 50:37; Jer. 49:22; Neh. 3:13; 13:26; Ecl. 7:26-28; Ez. 8:14; Es. 1:17; Prov. 31:3; 2 Sa. 1:26; Rut 3:11; 4:12.

mis siervos a que cometan actos inmorales y coman cosas sacrificadas a los ídolos. Le he dado tiempo para arrepentirse, y no quiere arrepentirse de su inmoralidad». (Ap. 2:20-21). Parece que en este caso del Nuevo Testamento en el que el puesto de maestro estaba ocupado por una mujer, Jezabel, los resultados fueron desastrosos. El Señor se pronunció duramente sobre ella, y sobre la iglesia que la toleraba. No sabemos de otra mujer del Nuevo Testamento exaltada como maestra de la iglesia. No se puede argumentar con el ministerio privado de Priscila o de las hijas de Felipe porque son excepciones.

Aún tiene un mayor interés e importancia una epístola cristiana escrita en esas mismas décadas, pero que no aparece en las Escrituras. En la carta a los Filipenses, Pablo se refiere a un tal Clemente (4:3). Es una persona cuyo nombre está «en el libro de la vida». Era un gentil y un romano, que conoció a Pablo y a Pedro. En nombre de la iglesia de Roma dirigió una extensa carta a la iglesia de Corinto más o menos en el mismo tiempo en el que Juan escribía Apocalipsis. Aunque se perdió durante cientos de años, y solamente se recuperó hace unos 350 años, sabemos que se tenía en muy alta estima en los primeros siglos. Eusebio, el gran historiador de la Iglesia (s. IV) escribió: «Clemente nos ha dejado una reconocida epístola, larga y maravillosa, que compuso en nombre de la iglesia de Roma y la envió a la iglesia de Corinto, donde había tenido lugar una disensión. Tengo pruebas de que en muchas iglesias la epístola fue leída en voz alta a los adoradores de los primeros días, como lo hacemos nosotros».[16]

Una lectura de esta epístola muestra que había tenido lugar una enemistad en la iglesia de Corinto. Los presbíteros instaurados por los apóstoles o sus sucesores inmediatos habían sido depuestos a la fuerza. Una generación más joven había rechazado a los líderes anteriores. Como consecuencia prevalecían el desorden y la relajación moral. Clemente les envía una amonestación, instrucción, exhortación y consuelo, empezando la carta con un párrafo dedicado a los días mejores del pasado. Aquí está claro que la tradición de liderazgo masculino había sido algo común y aceptado en Corinto. Cito varias líneas:

Porque, ¿quién de los que ha permanecido entre vosotros no ha aprobado vuestra fe tan virtuosa y firme?, ¿vuestra piedad sobria y constante en Cristo?, ¿vuestra hospitalidad?, ¿vuestro conocimiento perfecto y

---

16 Eusebio, *The History of the Church from Christ to Constantine*, trad. G.A. Williamson (Nueva York: Dorset Press, 1965), págs. 124-25.

sano? Porque hicisteis todo sin acepción de personas, y caminasteis según los mandamientos de Dios, sometiéndoos a vuestros gobernantes y respetando a los ancianos con los honores que se merecen. Vuestros jóvenes tenían pensamientos modestos y correctos; y vuestras mujeres hacían sus tareas con una conciencia pura, sin tacha y correcta; amando a sus maridos, como debe ser; y les enseñasteis a mantener la norma de la obediencia, y a llevar los asuntos de la casa con corrección, con toda discreción.[17]

He seleccionado unas cuantas exhortaciones del resto de la epístola para mostrar cómo Clemente creía completamente en los patrones paulinos para el orden en la Iglesia y el entusiasmo con el que exhortaba a los reincidentes corintios a regresar a ellos. La envidia provocó en Corinto que los hombres malvados se levantaran «contra los honorables... los necios contra los sabios, los jóvenes contra los ancianos» (par. 3, pág. 58). La envidia llevó a Pablo y a Pedro a una muerte inmerecida (par. 5, pág. 59). «Reverenciemos a nuestros gobernantes; honremos a nuestros ancianos; instruyamos a nuestros jóvenes en la lección del temor de Dios. Guiemos a nuestras mujeres hacia lo que es bueno: que muestren su disposición de gentileza; que muestren su amor, no haciendo favoritismo, sino sin parcialidad, hacia todas ellas que temen a Dios, en santidad» (par. 21, pág. 67). «Alistémonos en sus mandamientos perfectos». Utilizando la figura paulina del cuerpo, «todos los miembros... unidos en sujeción, para que todo el cuerpo pueda salvarse» (par. 37, pág. 73).

«Debemos hacerlo todo en orden, como el Maestro nos ordenó que hiciéramos las cosas en su debido momento». (par. 39, pág. 74). «Que cada uno de vosotros, hermanos, en su propio orden [griego *idio tagmati*, es decir, su propio rango, su propio grupo en orden correlativo] dé gracias a Dios, teniendo una buena conciencia y no transgrediendo la norma de su servicio... Por tanto, aquellos [pensando en Levítico 10] que hacen algo contrario al mandamiento correcto de su voluntad recibirá la muerte como castigo» (par. 41, pág. 74). Argumenta que los apóstoles recibieron del Señor instrucciones sobre ciertas «órdenes» para instaurar a obispos, presbíteros y diáconos. Los corintios habían pecado gravemente al sustituirles por gente joven con nuevas ideas (párrafos 42-47, págs. 75-77). La Iglesia debería arrepentirse y rectificar esta «sedición contra sus presbíteros» (pá-

---

17 «Yo Clemente» en *The Apostolic Fathers*, ed. J.B. Lightfoot (Londres: Macmillan, 1898), pág. 57.

rrafo 47, pág. 77). También en las palabras de Clemente vemos claramente que sus comentarios no se deben a ideas misóginas. Por ejemplo, dice lo siguiente: «Muchas mujeres, fortalecidas por la Gracia de Dios, han realizado obras muy importantes [gr. *andreia*, es decir, como las obras hechas por los hombres]. Menciona a Judit y a Ester y añade que Dios, «viendo la humildad del alma [de Ester], liberó a su pueblo» (par. 53, pág. 80).[18] Pero no cita a mujeres que aspiraban a liderar o a enseñar a la congregación de Dios en la Tierra.

Cuando leemos un comentario como éste, escrito unos treinta años después de que Pablo escribiera su primera epístola a los Corintios, parece claro que el significado obvio a primera vista de los capítulos 11 y 14 acerca del silencio de las mujeres en la Iglesia, el liderazgo del hombre, y la enseñanza de adultos solamente a cargo de los hombres, es exactamente lo que el apóstol deseaba transmitir.

La práctica de las iglesias a lo largo de los siglos y las enseñanzas de los teólogos y pastores poco se han desviado de lo que ya hemos visto. Los libros y los artículos que han aparecido durante esta última generación son la excepción. Se han presentado muchos argumentos tanto en debates, como en publicaciones, para abrir la enseñanza y el liderazgo a las mujeres, pero la tradición se ha mantenido hasta el momento presente.[19]

Me gustaría ahora tratar algunas posibles calificaciones y advertencias sobre una interpretación demasiado rígida de la tradición bíblica. En ocasiones surgen figuras populares que hacen obras maravillosas de gran beneficio para la Humanidad, pero que están muy alejadas de la práctica común. Ya he afirmado que Génesis 3:16 es una declaración acerca de lo que el hombre y la mujer son. Es una predicción de cómo se comportarán por lo que son y quiénes son, y no una norma específica de lo que deben ser y hacer. Esto no significa que la genialidad de una Débora no debería haberse puesto al servicio de Barac y de Israel, o que el coraje firme y las cualidades de liderazgo admirables de la princesa Isabel no deberían haber sido aceptadas por los ingleses protestantes del siglo XVI, o que el ejército inglés del siglo XIX debería haber prescindido del noble ingenio de la enfermera Florence Nightingale. John Knox fulminó en 1558 al monstruoso

18 Yo Clemente passim.

19 No tenemos espacio suficiente para documentar las doctrinas de la iglesia católica, la ortodoxa griega, la luterana, la presbiteriana, la congregacionalista, la bautista, la anabaptista, de las asambleas de hermanos y otros grupos. En general, están de acuerdo con la tradición. Los metodistas no tanto, como tampoco los cuáqueros, el Ejército de Salvación, los grupos wesleyanos, los movimientos de santidad y las denominaciones pentecostales.

«regimiento de mujeres» de su época, pero la Providencia ya había acabado con Knox.[20]

Permítanme citar algo que publiqué hace más de quince años, aunque supongo que algunos verán, equivocadamente, una actitud condescendiente en ello: la Escritura condiciona su enseñanza «de tal forma que elimina casi todas, si no todas, las objeciones femeninas... Los autores de la Biblia entienden la diferencia de la mujer como algo que debe ser amado y protegido. ¿Puede una virgen olvidar sus adornos, o una novia su atavío? (Jer. 2:32). El mismo Dios, en una parábola del Antiguo Testamento, se representa como adornando a una virgen con joyas, brazaletes, y anillos ¡incluso le coloca un pendiente en la nariz! (Ez. 16:1-14). Las leyes mosaicas protegían sus derechos de los padres injustos, de sus dueños, hermanos o maridos. Queda claro, a pesar de cierto entendimiento erróneo del *dictum* de Pablo («hacendosas en el hogar», Tito 2:5), que puede tener intereses legítimos y beneficiosos fuera del hogar de su marido («Evalúa un campo y lo compra,... nota que su ganancia es buena» - Proverbios 31:16,18; cf 10-31). El servicio de mujeres con talento se relata con gran aprobación (por ejemplo, Miriam, Ex. 15-20; Débora, Jueces 4:4-24; la mujer astuta de Tecoa, 2 Sa. 14:2-20; Hulda, 2 Cr. 34:22-28; las hijas de Felipe, Hch. 21:8-9; Priscila, Hch. 18:2, 26; 1 Co. 16:19; Febe, Ro. 16:1)».[21]

La Iglesia también tiene innumerables formas de servicio, de expresión social y de testimonio cristiano, donde las mujeres pueden participar den-

---

[20] Knox había publicado una obra mordaz en contra de que la idea de la mujer en un cargo público no se había dado antes de que la reina Isabel subiera al trono. Se publicó anónimamente en Génova donde Calvino era el pastor principal y Knox su ayudante: para vergüenza de Calvino fue aquella publicación. Se disculpó ante los principales de Inglaterra como sigue: «Hace dos años John Knox me preguntó, en una conversación privada, qué pensaba sobre el liderazgo de las mujeres. Cándidamente le respondí que era una desviación del orden normal de la naturaleza; debía encuadrarse, no menos que la esclavitud, entre los castigos como consecuencia de la Caída del hombre; pero que puntualmente había mujeres que estaban tan capacitadas que estaba claro que estaban donde estaban por autoridad divina; o bien Dios las había nombrado ejemplos para condenar la inactividad de los hombres, o a causa de su propia gloria. Le mostré [los ejemplos del Antiguo Testamento de Débora y de Hulda]... y llegué a la conclusión de que dado que... por la costumbre, el consentimiento público, se ha establecido que los reinos y los principados pueden descender a las mujeres por derecho hereditario, no me pareció que hiciera falta esquivar la pregunta, no solamente porque eso sería injusto, sino porque, en mi opinión no sería justo desmembrar gobiernos que han sido ordenados por la peculiar providencia de Dios». (*The Works of John Knox*, citado por Steven Ozment, *The Age of the Reform*, [New Haven: Yale University Press, 1980], pág. 430).

[21] Robert D. Culver, *Toward a Biblical View of Civil Government* (Chicago: Moody Press, 1974), pág. 23.

tro de los límites bíblicos de la tradición de la autoridad masculina. Este siempre ha sido el caso y sigue siendo cierto en la actualidad.

Algunas meditaciones, precauciones y sugerencias

1. He citado y ofrecido documentación solamente acerca de los escritos que sirven, de una forma u otra, para resaltar los objetivos inmediatos de este ensayo. Pertenezco a varias sociedades de estudiosos, cuyas publicaciones durante los últimos quince o veinte años han tratado muchos temas relacionados con los derechos de la mujer. Los he leído casi todos, así como varios libros. Todas las interpretaciones concebibles están representadas. Gran parte de ello, aunque suele ser estridente y malhumorado, es tan importante como irrelevante. Por ejemplo, un simposio de 1985 escrito por doce «teólogas» trabaja sobre la premisa de que ha quedado abundantemente claro que las Escrituras necesitan liberarse, no solamente de las interpretaciones existentes, sino también de los sesgos patriarcales del propio texto bíblico. Cuanto más aprendemos acerca de esta interpretación feminista, más nos preguntamos: entonces, ¿por qué las feministas se molestan en utilizar la Biblia?[22]

2. La cuestión no está en la ceremonia de ordenación. Los primeros padres de la Reforma, Lutero, Calvino y compañía, no creían que la Gracia divina se transmitiera a través de la imposición de manos. Cristo ya ha otorgado el don a los apóstoles, profetas, evangelistas, pastores y maestros (Ef. 4:8-11). La Iglesia reconoce su autoridad impartida por Cristo al nombrarles (ordenarles) para puestos (o funciones) concretos. En el Nuevo Testamento no son los diáconos los que «llevan» la Iglesia, sino los ancianos (presbíteros) o los obispos. El hecho de que una mujer (Febe) fuera diaconisa no tiene ninguna relevancia en cuanto al tema de la ordenación de mujeres para «el ministerio».

3. La mayoría de los que siguen la tradición bíblica otorgan una gran variedad de ministerios a las mujeres.[23]

---

[22] Letty M. Russell, ed. *Feminist Interpretation of the Bible* (Filadelfia: Westminster Press, 1985), pág. 11. Ya en 1984 un libro se refería al feminismo en tiempo pasado, Megan Marshall, *The Cost of Loving: Women and the New Fear of Intimacy* (Nueva York: Putnam's Sons, 1984). Aunque todavía no se había unido al «The Shakers and Prohibition» (D.A. Vicinanzo en *Chronicles of Culture* 9, n°. 7, pág. 25), la reciente oleada ya ha dejado atrás su momento de auge. Me encantaría que lo mismo fuese cierto de las corrientes a favor de la «ordenación de las mujeres».

[23] Encontrará una teoría un tanto sorprendente en H. A. Ironside, *Addresses on the First and Second Epistles of Timothy* (Neptune, N.J.: Loizeaux Bros. 1947), cap. 6.

4. Muchas iglesias grandes que honran la tradición están sosteniendo a mujeres que trabajan para la Iglesia. Las antiguas profesiones de la «mujer de la Biblia» o las «diaconisas luteranas» y similares están resurgiendo bajo nuevos nombres. Se están incrementando las vías adecuadas para canalizar los servicios "profesionales" realizados por mujeres.

Hoy la gente no espera que sean los pastores quienes hagan las labores que no les pertocan y que antiguamente hacían las mujeres, no en calidad de pastor/anciano/obispo. Algunas de estas tareas las realizaban las ancianas; otras, las «hermanas» o «diaconisas» o «mujeres sabias», frecuentemente la mujer del pastor. Vemos claramente que Pablo no había asignado a Tito la tarea de aconsejar a las mujeres jóvenes. Él debía aconsejar a los hombres ancianos y a los jóvenes también. «Las ancianas» eran las que debían «enseñar a las jóvenes» (Tito 2:1-6).

Hay otras cosas que un pastor puede delegar a las mujeres. Thomas C. Oden escribió: «Las mujeres están psicológica y físicamente mejor equipadas que los hombres para realizar algunas tareas ministeriales. Debido a su diferente estructura hormonal, las mujeres pueden estar mejor preparadas, inherentemente, para la empatía. Puede que algunas de las expectativas que la congregación tiene del pastor, a una mujer le resulten más fáciles de atender ... Por ejemplo, estoy pensando en el cuidado de gente que ha pasado por un aborto, un parto, una mastectomía, una histerectomía o la menopausia, casos a los que la psicología de la mujer puede llegar mejor que el hombre.»[24]

5. Los seminarios teológicos no deben alentar a las mujeres a participar en programas que normalmente llevan a nombramientos pastorales. Aquellas que terminan con éxito sus estudios no tendrán muchas probabilidades de encontrar trabajo como pastoras. Hay otros programas de estudio más apropiados para ellas.

6. A menudo, se oye y también se afirma lo siguiente: «Poned a las mujeres al mando y en poco tiempo tendréis una iglesia de mujeres; los hombres simplemente dejarán de ir»; puede que Pablo se esté refiriendo a esto en 1 Timoteo 2:8-15.

7. Sobre la adopción del lenguaje «no sexista»: «¿Por qué? Si incluso los niños saben que la palabra genérica "hombre" incluye a las mujeres...»[25].

8. Si alguien está convencido de lo que Pablo quiere decir exactamente lo que parece querer decir cuando habla del silencio de la mujer, de cubrir-

---

24 Thomas C. Oden, *Pastoral Theology* (Nueva York: Harper & Row, 1982), pág. 46.
25 Calvino, *Institución de la religión cristiana*, 1.2.13.3.

se la cabeza y demás, y no obstante no cree que hoy deba insistirse en su cumplimiento a menos que ofenda a alguien, encontrará un aliado en un conocido reformador.[26] Calvino aboga por una ligera libertad en temas secundarios: «¿Cómo? ¿Acaso consiste la religión en el velo de la mujer?».[27]

9. Uno de los libros más completos de nuestro siglo es *Ideas Have Consequences* [Las ideas tienen consecuencias], de Richard M. Weaver.[28] El siguiente extracto brillante sobre los peligros del feminismo aparece casi al final del libro:

> La lucha por la igualdad ha cegado tanto a la gente en los últimos cien años que se ha invertido todo tipo de esfuerzo para borrar las diferencias en cuanto al rol, la conducta y la vestimenta. Se ha asumido, idea igual de irreverente, que dado que la misión de la mujer es biológica, en un sentido más amplio, no es tan admirable. Por tanto, se ha intentado masculinizar a las mujeres. (¿Alguien ha escuchado alguna vez que el hombre debería luchar por imitar a la mujer en cualquier aspecto de la vida?). Como resultado se ha producido una subversión social espectacular. Hoy, además de las generaciones que ya hemos perdido, la cuestión del sexo se vive con una desorientación y autocompasión dañinas.
>
> Si nuestra sociedad estuviera más decidida a avanzar hacia un ideal, estoy seguro de que sus mujeres no encontrarían tan atractiva la vida de las operarias de maquinaria o de las contables. Y todo esto es así precisamente porque la mujer ganaría de nuevo su superioridad cuando volviera a la privacidad en su casa y se convertiría, por así decirlo, en una sacerdotisa irradiando el poder del sentimiento apropiado. Su vida, cuando está llevada como le corresponde, es una ceremonia. Cuando William Butler Yeats dice en «A Prayer for My Daughter», «Dejadle que piense que hacerse una opinión de las cosas es desventurado», está apuntando contra las mujeres modernas y desorientadas, a las mujeres nerviosas, histéricas, frustradas e infelices, que han perdido toda la elegancia para no obtener nada a cambio.
>
> ¿A dónde nos ha llevado esta acción de sacrilegio? Henry James lo plasma mordazmente en *The Bostonians*, cuando dice que estamos en una era de «hombres con el pelo largo y mujeres con el pelo corto».

---

26 Calvino, *Institución de la religión cristiana*, 2.4.15-20.
27 Calvino, *Institución de la religión cristiana*, 2.4.10.31.
28 Richard M. Weaver, *Ideas Have Consequences* (Chicago: University of Chicago Press, 1948), págs. 177-80.

10. La Ciencia deja claro que las diferencias psicobiológicas entre los hombres y las mujeres hacen que las pretensiones del feminismo radical sean extremadamente dudosas. Esta idea también aparece en los libros universitarios sobre la conducta. Melvin Konner, en un libro de 1983, *The Tangled Wing: Biological Restraints on the Human Spirit* [Cuestiones complejas: ¿la Biología pone límites al espíritu humano?], lo explica con sumo detalle, resumiendo cientos de estudios de investigación.[29]

---

[29] Ver también mi artículo «Does Recent Scientific Research Overturn the Claims of Radical Feminism and Support Biblical Norms of Human Sexuality?» *Journal of the Evangelical Theological Society* 30, n° 1 (marzo 1987).

Respuesta de una postura en pro del liderazgo masculino
Susan T. Foh

Culver utiliza la definición bíblica de tradición al presentar la postura tradicional de la mujer y el ministerio. Es interesante que nos recuerde que Pablo pretendía que el contenido de nuestra fe fuera recibido, preservado y transmitido sin ningún tipo de cambios. No obstante, debemos hacer una distinción entre lo que Pablo, inspirado por el Espíritu Santo, dio como tradición, y la tradición de la Iglesia, a menos que alguien logre demostrar que son lo mismo. Por ejemplo, el hecho de que muchos comentaristas a lo largo de la Historia hayan pensado que 1 Timoteo 2:14 enseña que es más fácil engañar a una mujer – debido a su naturaleza – no significa que tal interpretación sea automáticamente correcta. Si hemos entendido las Escrituras de forma correcta y completa desde el principio, y éste entendimiento ha sido transmitido, realmente no habría casi ninguna necesidad de continuar con los estudios bíblicos y teológicos.

Culver ve el liderazgo de los hombres en las iglesias como uno de los principales elementos de la tradición que encontramos en 1 Corintios 11:2-16. Aunque coincido en la idea del liderazgo masculino en la Iglesia (es decir, los ancianos), no creo que éste sea el énfasis principal de 1 Corintios 11. El pasaje es importante porque se habla de las formas que los hombres y las mujeres deben adoptar en el culto de adoración, pero esa mala interpretación que hace en cuanto al tema principal del pasaje afecta a su interpretación del versículo 10. Dado que piensa que el tema principal es el liderazgo masculino, ve la *autoridad* como algo que pertenece al hombre, una teoría que pasa por alto el significado natural de la palabra griega.

Cuando analiza 1 Corintios 14:34-35, Culver señala que el orden en la Iglesia es el orden de Dios, un orden al que están sujetos tanto hombres como mujeres. Esta manera de pensar es preferible a la teoría de la "cadena de ordenanzas", y reconoce que la autoridad pertenece a Aquel que la ha creado.

1 Corintios 14:36 no puede estar dirigido solo a las mujeres, como Culver sugiere, dado que la palabra «solo» es, en el original, un pronombre masculino plural. Se estaría refiriendo a un grupo de hombres o a un grupo de ambos sexos.

No estoy de acuerdo con la forma en la que Culver entiende a Adán y Eva como arquetipos que expresan la masculinidad y la feminidad. Según él, Timoteo 2:14 enseña acerca de la naturaleza de la mujer (más fácil de engañar), en contraposición con la naturaleza del hombre. Esta teoría no tiene en cuenta el tiempo del verbo *engañar* (aoristo: acción finalizada) y del verbo *caer* (pasado perfecto: acción finalizada con consecuencias presentes), como tampoco el uso del nombre de Adán y del artículo definido que aparece antes de la palabra *mujer*. También podríamos preguntarnos si las mujeres –ya que es tan fácil engañarlas– pueden enseñar a otras mujeres y a los niños.

La interpretación que Culver hace de Génesis 3:16 también se basa en su teoría de Adán y Eva como arquetipos. «Tendrá dominio sobre ti» se entiende como una declaración general del dominio masculino en todas las áreas (en lugar de simplemente una declaración sobre el matrimonio). Según Culver, Génesis 3:16 establece el carácter inevitable del patriarcado después de la Caída. No se trata de una ley moral, sino de un hecho que debemos reconocer.

El octavo punto de Culver que aparece bajo el epígrafe «Algunos pensamientos, advertencias y sugerencias» crea confusión. ¿Está sugiriendo que, en ocasiones, es aceptable dejar a un lado los mandamientos de Pablo?

La sugerencia de Culver de que la actividad de la mujer (como Hulda o la mujer astuta de Tecoa) fue una excepción que confirma la regla, minimiza la importancia de su labor. Puede que el papel de la mujer en el avance del Reino esté *subordinado* (en el sentido de «estar bajo las órdenes de los ancianos»), pero es esencial.

Respuesta de una postura en pro del ministerio plural
Walter L. Liefeld

Ha sido de mucha ayuda que el ensayo fuera abierto y coherente en su exposición de la tradición. Eso tiene un gran valor. No obstante, el intento de identificar las enseñanzas de Pablo acerca de las mujeres como una tradición permanente, contrasta de entrada con 1 Corintios 11. Mientras que la *premisa* de Pablo es la tradición, él refiere su *enseñanza* concreta como «costumbre» (v. 16). La palabra griega es *synetheia*. Otras versiones la traducen como «práctica»; también puede significar «hábito». Pero lo que está claro es que no significa *tradición*. El uso que Pablo hace de esta palabra aclara esta cuestión. Podemos hablar de tres términos: (1) La *tradición* podría ser la relación de los maridos y las esposas, y específicamente en este pasaje, que la mujer no avergüence al marido. También podría ser el ejercicio de los dones espirituales, especialmente la profecía. (2) El ministerio de la mujer en una iglesia del primer siglo es la *circunstancia* en la que el principio o la tradición debe aplicarse. (3) Cubrir la cabeza de la mujer es simplemente una *costumbre* mediante la cual los corintios aplican la tradición en esa circunstancia particular.

Antes de proseguir con más comentarios sobre la exégesis de Culver, debemos hacer una observación sobre su concepto de autoridad. Utiliza las expresiones «autoridad en la Iglesia» y «posiciones de autoridad». La lógica tradicional es la siguiente: (1) El ministerio pastoral significa tener autoridad sobre otros. (2) 1 Timoteo 2:12 prohíbe la autoridad de las mujeres. (3) Por tanto, una mujer no puede ejercer el ministerio pastoral. Aunque no se expresa explícitamente, este silogismo emana del acercamiento de Culver. Mientras que varias denominaciones difieren en el tema de la autoridad ministerial, por lo demás, el énfasis en los últimos años ha estado en el ministerio como *servicio*. Recientemente también se ha cuestionado seriamente la idea de que 1 Timoteo 2:12 prohíba la autoridad eclesiástica, puesto que la palabra griega *authentein*, muy poco común, ya no puede entenderse como equivalente de la palabra más común que significa "ejercer autoridad".

Volviendo ahora a 1 Corintios 11, el ensayo no hace hincapié en que Pablo alaba a los corintios por seguir sus tradiciones. Esto contrasta con el versículo 17, que presenta su enseñanza acerca de la Santa Cena. Aquí, a pesar de que los corintios estaban observando la Santa Cena, Pablo dice que no los «alaba». Estaban siguiendo la tradición, pero no con el espíritu correcto. Así, la forma en que los corintios estaban llevando el ministerio de los hombres y las mujeres era digno de alabanza, solo tenían que revisar la cuestión de cubrirse la cabeza. Esto es muy diferente a la idea tan extendida de que Pablo pensaba que la participación de las mujeres en el ministerio era errónea, pero que dejó ese tema a un lado para tratarlo en el capítulo 14.

Culver tiene razón al decir que Pablo quiere mantener las distinciones entre los hombres y las mujeres. De hecho, algunos sugieren que le preocupa la homosexualidad o el intercambio sexual que tenía lugar en algunos rituales paganos. Culver también dice que «los hombres y las mujeres no se sentaban juntos en las sinagogas judías» y puede no estar al corriente de que la reciente investigación arqueológica no ha demostrado que a las mujeres las situaran en una parte separada de la sinagoga. No hace referencias al hecho de que tanto los moralistas judíos como los paganos tenían fuertes convicciones acerca de la función pública y la apariencia de la mujer. En cuanto a esto, es interesante el comentario de Plutarco en el que dice que para una mujer es igual de vergonzoso enseñar el brazo desnudo que hablar en público. Dado que Pablo ha estado hablando de «hacerse todo a todos" (9:22), parece que intenta evitar cualquier acción o apariencia por parte de las mujeres que, en su sociedad, pudiera deshonrar a sus maridos. Lo deja claro en sus instrucciones a las mujeres y a los esclavos en Tito 2:3-5 y 9-10, donde dice que su conducta no debe desacreditar el Evangelio. La actitud pública de la mujer hacia su marido es una parte muy importante de su testimonio.

El concepto que Culver tiene del ministerio en la iglesia de Corinto es bastante diferente de lo que la propia epístola describe. Según él, debía de tratarse de una congregación que, sentada, escuchaba la predicación del pastor, un «sermón... abierto a discusiones y preguntas». «Las mujeres no debían interrumpir o cuestionar al maestro (predicador).» Es difícil casar esto con la declaración en el capítulo 14 de que *todos* tienen «un himno, o una palabra de instrucción», etc. Si le imponemos a la iglesia del Nuevo Testamento la estructura del culto de la iglesia contemporánea no podremos entender la libertad que las mujeres tenían para ministrar. Esta misma idea de un sistema estructurado de autoridad pastoral vuelve a aparecer cuando Culver dice que aceptaría la participación de la mujer si «el pastor al mando» la invitara a hablar o orar; de este modo, la mujer podría hablar si lo hace de acuerdo con las condiciones que aparecen en el pasaje.

También está la creencia de que las mujeres solamente participaban en la adoración en grupo («recitando oraciones, amenes y similares»). No logro entender por qué cita un pasaje del Antiguo Testamento en el que a los cánticos se les llama profecía, en lugar de buscar en 1 Corintios 14 una descripción de la profecía cristiana.

Los esfuerzos por desechar 1 Corintios 11:10 como un punto a favor de que las mujeres tengan autoridad pasa por alto la rotunda declaración de Ramsey en la que vemos que entender el griego en pasivo (es decir, estar *bajo* una autoridad, en lugar de *tener* autoridad) es «una idea presuntuosa que cualquier experto en griego desecharía, a menos que se trate de un análisis del Nuevo Testamento, donde las palabras griegas pueden significar lo que los comentaristas quieran».

Culver piensa que el silencio de las mujeres en 1 Corintios 14 se refiere a la *«enseñanza en público»* (cursivas suyas), pero no ofrece ninguna evidencia que respalde su conclusión. También echo de menos ver más evidencias que fundamenten las otras ideas de Culver, pero debemos recordar que su propósito es citar la tradición más que hacer una exégesis.

Sin embargo, la forma en la que Culver trata 1 Timoteo 2 es muy coherente. Muchos sacan de contexto las frases sobre las mujeres e ignoran otras declaraciones acerca de las joyas. ¿Está diciendo Pablo que el problema está «en la naturaleza de la mujer»? ¿Es realmente «más susceptible a la tentación mediante el engaño» que el hombre? ¿Es cierto que hoy «no podríamos encontrar una ilustración más vívida de la diferencia esencial entre la naturaleza masculina y la femenina?» Es verdad que Eva fue engañada, y el entendimiento común del significado de este incidente es que se consideró que no era apropiado que la mujer fuera «maestra», es decir, una transmisora y testigo de la tradición apostólica de las enseñanzas y ministerio de Jesús. Pero el pasaje no dice que fuera más fácil engañar a Eva, y sabemos que los maestros de las iglesias de hoy no tienen la misma autoridad que tenían en el primer siglo, cuando aún no contaban con la Escritura completa.

Culver tiene razón al decir que las palabras acerca del hombre y la mujer en Génesis 3:16 no son una «maldición», como son las palabras acerca de Satanás y la tierra. Este versículo describe cómo serían las cosas después de la Caída. Pero, ¿por qué no preocuparnos por la excesiva dominación del hombre sobre la mujer descrita en este versículo, si nos preocupamos por la pesada labor agrícola de un hombre, e inventamos maquinaria para que le sea más fácil trabajar la tierra maldita?

En cuanto a las citas finales de los Padres, es cierto que restringieron la actividad de las mujeres. También dijeron algunas cosas horrendas sobre las mujeres (y sobre otras cosas también), con las que la mayoría de cristianos de hoy en día, sobre todo los evangélicos, no estarían de acuerdo. Recientemente he escrito un libro con la historiadora Ruth Tucker en el que analizamos la evolución de la mujer –y qué opiniones se ha tenido de ella– a lo largo de la historia de la Iglesia. Nunca se me ocurriría usar las opiniones de la mayoría de los escritores y predicadores más conocidos –de antes o de ahora– como guías para tratar este tema.

Resumiendo, el ensayo de Culver contiene opiniones directas, incluyendo algunas correcciones incidentales de conceptos erróneos popularmente aceptados, pero, a mi juicio, no se da cuenta de que en estos textos hay claves que se oponen a las tradiciones que restringen a las mujeres.

Respuesta de una postura en pro de la igualdad
Alvera Mickelsen

El punto de vista de Culver asume que las tradiciones, tanto de los tiempos bíblicos como de ahora, son automáticamente buenas. También da por sentado que la teoría tradicional de limitar el papel de la mujer ha sido aceptada de forma casi universal por toda la gente piadosa desde la Creación hasta el presente, es decir, hasta la llegada del movimiento feminista. Pero esas suposiciones no tienen ninguna base si pensamos en los hechos y las enseñanzas de nuestro Señor Jesús y del apóstol Pablo, y en la propia Historia.

Tanto Jesús como Pablo entendieron claramente que la tradición puede ser buena o mala. El carácter bueno o malo de la tradición no dependía de cuántos años se había ido siguiendo y respetando, o cuántos maestros ejemplares la habían enseñado. Más bien, dependía del efecto que tal tradición tenía sobre los seres humanos que habían sido creados a imagen de Dios y por quienes Cristo dio su vida.

La oposición que Jesús sufrió por parte de los líderes religiosos surgió mayormente porque Jesús *no* seguía las tradiciones judías o establecidas y aceptadas. Sanó a la mujer paralítica un sábado. Trató a las mujeres como seres humanos, en lugar de tratarlas como propiedad de los hombres según la tradición judía de aquellos días. Permitió que sus discípulos recogieran trigo un sábado.

En Marcos 7:1-13, Jesús se enfrenta con los líderes judíos a causa de este mismo tema de la tradición. Jesús les dijo: «Astutamente violáis el mandamiento de Dios para guardar vuestra tradición» (Mc. 7:9), y continuó para decir que estaban «invalidando así la Palabra de Dios por vuestra tradición, la cual habéis transmitido» (7:13). Y según Jesús, ¿cuáles eran los mandamientos de Dios? «Amarás al Señor tu Dios con todo tu corazón, y toda tu alma, y toda tu mente ... Y el segundo es semejante a este: Amarás a tu prójimo como a ti mismo» (Mt. 22:37, 39). Jesús dio su propia versión de este mandamiento cuando les dijo a sus seguidores que debían tratar a los demás de la misma forma en que ellos querían ser tratados (Mt. 7:12). ¿Acaso quieren Culver y otros que por cuestión de su género les sean impuestas las restricciones ministeriales que ellos imponen a las mujeres?

Pablo también batalló contra las tradiciones que, según él, limitaban la obra del Espíritu Santo, la Gracia de Dios y el avance del Evangelio. De hecho, Pablo escribió en Gálatas 1:14 que había *perseguido* a los cristianos precisamente *porque* era un hombre extremadamente celoso por las tradiciones de sus padres. En Colosenses 2:8, Pablo advierte a los cristianos que no se conviertan en presa de las tradiciones humanas «y no según Cristo».

La habilidad de Pablo para alejarse de las tradiciones de su propio contexto cuando veía que eran un peligro para el Evangelio y limitaban la Gracia de Dios son indicaciones de cuán plenamente había entendido el mensaje de Jesús. Pablo, que había sido crigido como «Fariseo de Fariseos», que había aprendido que la circuncisión era la señal de pertenencia al pueblo de Dios, llegó a escribir en Gálatas 6:15: «Porque ni la circuncisión es nada, ni la incircuncisión, sino una nueva creación». Repite la misma idea en Gálatas 5:6 y 1 Corintios 7:19.

Pablo se enfrentó a Pedro y a los otros discípulos que no habían aceptado todas las implicaciones de Pentecostés, sobre todo la libertad que tenemos en Cristo. Pablo fue al Concilio de Jerusalén para pedir que no se sometiera a los cristianos gentiles al legalismo de la tradición judía. No obstante, Pablo aceptó varias de las costumbres de su época cuando vio que el no seguirlas iba a traer confusión y deshonrar el mensaje de Cristo. Hoy estamos deshonrando el mensaje de la libertad en Cristo porque no estamos dispuestos a despojarnos de algunas de nuestras tradiciones respecto a las mujeres.

Otros discípulos tuvieron más dificultades para liberarse de las tradiciones restrictivas. Pedro, que había predicado un mensaje integrador en Pentecostés (es decir, el Espíritu Santo da poder tanto a judíos como gentiles, hombres y mujeres, ancianos y jóvenes, libres y esclavos), no supo aplicarlo cuando se le ordenó ir a Cornelio con el Evangelio. Dios tuvo que enviarle una visión especial para que él entendiera que tenía que liberarse de algunas ideas. Finalmente tuvo que decir: «¿Puede acaso alguien negar el agua para que sean bautizados éstos que han recibido el Espíritu Santo lo mismo que nosotros?» (Hch. 10: 47).

Puede que la Iglesia en la actualidad se encuentre ante un problema similar por lo que a los dones de las mujeres se refiere. «¿Puede acaso alguien negar el ministerio pastoral o de enseñanza a estas mujeres que han recibido el Espíritu Santo lo mismo que nosotros?».

Lo que más ha limitado el ministerio de las mujeres ha sido la tradición, y no tanto los principios bíblicos. Culver argumenta que las mujeres pueden hacer todo *excepto* servir en posiciones de enseñanza y autoridad sobre el hombre. ¿Qué «autoridad» tiene un maestro o maestra sobre la escuela dominical de adultos? ¿Puede prohibirles marcharse en mitad de la lección? ¿Puede insistir en que crean y apliquen todo lo que él/ella dice? ¿Puede prohibir que algunos participen en la discusión? ¿Puede transmitirles que su enseñanza tiene más «autoridad» que la de otros que también creen y enseñan la Biblia? Un maestro o maestra que haga cualquiera de estas cosas pronto se quedará sin clase.

Hasta cierto punto, esta limitación también se aplica a pastores y ancianos u otros obreros de la Iglesia. ¿Con qué «autoridad» enseñan a la congregación? En casos de disciplina (muy poco común en nuestros días), los líderes de las iglesias normalmente recomiendan que la decisión la debe tomar el cuerpo de la Iglesia. El trabajo de los pastores, ancianos y otros líderes de la Iglesia es mayormente la formulación de políticas que, finalmente, la congregación debe aceptar.

En realidad, los que quieren asegurarse de que ninguna mujer tenga autoridad sobre un hombre en la Iglesia, tendrían que negarles el voto en la Iglesia. La denominación a la que tanto Culver como yo pertenecemos (bautistas) tiene una forma de gobierno congregacional donde la autoridad final está en la congregación ¡y la mayoría de iglesias tiene más mujeres que hombres como miembros! Solamente la *congregación* tiene la autoridad última para aceptar o despedir a pastores, autorizar proyectos de construcción de Iglesia, apoyar a misioneros y tomar decisiones en cuanto a la afiliación denominacional.

Si analizamos de forma detallada las restricciones tradicionales sobre las mujeres, nos encontraremos con muchas incoherencias. Incluso en las iglesias más tradicionales, a veces las mujeres tienen «autoridad» sobre los hombres, sobre todo en la «enseñanza y dirección oficial o litúrgica». Por ejemplo, las mujeres normalmente están al cargo de la cocina de la iglesia, y normalmente ordenan a los hombres cómo y dónde poner las mesas y las sillas para las diferentes funciones de la iglesia. Recomiendan los materiales necesarios y deciden cómo deben colocarse. Las mujeres también suelen estar al cargo de la guardería, lo cual afecta tanto a los *padres* como a las madres. Normalmente tienen la autoridad principal acerca de los temas de la enfermería, temas que afectan tanto a padres como a madres. Otra actividad que las mujeres suelen liderar son los campamentos o esplais bíblicos, donde planifican y supervisan a los hombres que ayudan (¡y cuánta falta hacen esos hombres!). Cuando las mujeres cantan solos o duetos en los cultos de adoración, sin duda están «dirigiendo» a la congregación en la adoración. Y el mensaje de la canción transmite algún tipo de enseñanza ¡o, al menos, eso esperamos!

Por otro lado, hay muchas actividades que no implican ningún tipo de autoridad que siempre las realizan los hombres. El ejemplo más clásico es servir la Santa Cena. ¿Qué autoridad o «enseñanza» hay en pasar los elementos a los miembros de la congregación? No obstante, las mujeres solo pueden preparar los elementos en el cuarto de detrás del púlpito, y son los hombres los que los sirven. En las iglesias tradicionales, raramente vemos que pongan a mujeres en la puerta para dar la bienvenida a la gente que llega. ¿Qué tipo de autoridad tienen los hombres que realizan este servicio sobre la gente que entra en la iglesia? En las iglesias tradicionales raramente oímos a una mujer leer las Escrituras o dirigir en oración en un culto de adoración. ¿Qué autoridad supone ese tipo de actividad?

Si nos fijamos en la práctica que hemos estado siguiendo, vemos que tradicionalmente las mujeres pueden planificar e influir grandemente en casi cualquier actividad de la Iglesia, eso sí, siempre que se mantengan *invisibles* o si la actividad está relacionada con el rol doméstico de la mujer. Los determinantes prácticos no son la autoridad ni la Biblia, sino esa *invisibilidad* y sus roles domésticos.

Culver utiliza el frecuente «literalismo selectivo» para referirse a quienes, a lo largo de la Historia, han intentado restringir el llamamiento y el servicio de la mujer en la Iglesia y en la Sociedad. Cuando las palabras de Pablo no encajan con su manera de actuar, las suavizan o les quitan importancia. Culver dice que Pablo «no prohíbe toda la ornamentación, sino solamente su exceso, que es símbolo de frivolidad y ganas de llamar la atención». El texto no dice esto. Pablo simplemente prohíbe que las mujeres tengan el pelo recogido, o que lleven oro, o perlas o ropas caras. No obstante, las mujeres en las iglesias tradicionales no llevan ropa barata, y con frecuencia llevan oro y perlas. Estas ordenanzas de Pablo aparecen en el mismo párrafo que la declaración acerca de que las mujeres no deben «enseñar o tener autoridad sobre los hombres», una declaración que, según Culver, debe aplicarse rígidamente. Aparentemente, Culver no tiene ningún método que determine cuáles son las «normas y pautas supremas y universales» y cuáles son «las instrucciones para las personas de aquel lugar en concreto».

La reticencia común a interpretar la Biblia teniendo en mente el contexto literario, histórico y cultural ha llevado al aislamiento de la Iglesia con consecuencias desastrosas. En aquel entonces no había «tradición» democrática. A los primeros que sugirieron los conceptos democráticos se les recordó el «derecho divino de los reyes», y que el poder absoluto de los reyes era tan antiguo como la Historia misma. Para defender la esclavitud se usaron los mismos argumentos. Dado que la esclavitud había existido desde los tiempos más remotos, tenía que ser parte del plan divino. Y, de nuevo, estos son los argumentos que se usan una y otra vez cuando surge el tema de las mujeres en la Iglesia y en la Sociedad.

Culver dice que hasta hace poco nadie había sugerido que el Génesis se pudiera interpretar de forma diferente a la tradicional (el dominio del hombre sobre la mujer es parte del plan divino). Los investigadores están encontrando documentos a lo largo de la historia de la Iglesia que contradicen esta interpretación tradicional. En la década de 1920, se publicaron numerosos libros con las mismas réplicas. Aparecieron *God's Word to Women* [Palabra de Dios para las mujeres] de Katherine Bushnell y *The Magna Charta of Woman* [La Carta Magna de la mujer] (1919), de Jessie Penn-Lewis, junto con muchos otros. Los hombres a cargo de las instituciones eclesiásticas los ignoraron por completo.

Una de las tristes consecuencias de nuestra situación presente es que los argumentos como los de Culver consiguen que las mujeres inteligentes se marchen de la Iglesia. Culver alaba el *Biblical Commentary for English Readers* de Ellicott (que describe como «uno de los comentarios más ortodoxos, fiables y transparentemente honestos de entre todos los grandes comentarios gramaticales de las últimas generaciones»), donde H.D.M. Spence escribe «El engaño indica una habilidad inferior en la comprensión, y por esta limitación a la mujer no se le permite enseñar». Cualquiera que consulte el expediente académico de las mujeres que estudian en los seminarios se sonreirá ante tales comentarios. Las mujeres están a la cabeza en todos los ámbitos, desde la predicación a la Teología. Lo único que las mujeres no están logrando es conseguir más oportunidades para servir en las iglesias tradicionales donde crecieron, y quizás donde sintieron el llamamiento de Dios al servicio. El verdadero problema al que se tienen que enfrentar en la actualidad no es la falta de habilidad o capacidad ni la falta de llamamiento por parte de Dios, sino la mala tradición.

1 Corintios 12 dice claramente que *Dios* es el que da dones para el servicio a las personas. Estos dones deben ser usados «para el bien común» (1 Co. 12:7). Pablo también dice que cuando no se usan los bienes de Dios para el bien del Cuerpo (la Iglesia), todo el cuerpo sufre. El Cuerpo está sufriendo en la actualidad.

Dios llama a las mujeres a todas las áreas de servicio. Las llamó en el Antiguo Testamento, en el Nuevo Testamento, en todas las épocas hasta el presente (y en la época presente incluida). Estoy de acuerdo con Culver en que la *mayoría* de mujeres continuarán (como en el pasado) viendo que su servicio principal está en el hogar y en la familia, del mismo modo en que la mayoría de hombres cree que su servicio principal está en el trabajo secular. Pero Dios puede llamar y llama a algunos hombres y a algunas mujeres a servir a su pueblo en sus vocaciones. Los pastores animan a los jóvenes a estar atentos y ver si Dios les llama a una vocación concreta para servir a la Iglesia. Pocas veces animan a *las* jóvenes a hacer lo mismo, pero Dios sigue haciendo llegar su llamamiento a aquellas personas que están dispuestas a escucharle.

Cuando nosotros, como individuos, como iglesias, o como denominaciones, levantamos barreras para que las mujeres no utilicen los dones que Dios les ha dado, estamos atentando contra nosotros mismos. Pablo escribió en 1 Tesalonicenses 5:19-20: «No apaguéis el Espíritu, no menospreciéis las profecías [según 1 Co. 14, la profecía incluye la predicación, la enseñanza y la evangelización]».

Si nos empeñamos en mantener nuestras tradiciones tendremos que decir que muchas partes de la Biblia solo las podemos aplicar a los hombres. En Col. 3:16, Pablo escribe: «Que la Palabra de Cristo habite en abundancia en vosotros [plural - todos los cristianos y cristianas], con toda sabiduría enseñándoos y amonestándoos unos a otros con salmos, himnos y canciones espirituales, cantando a Dios con acción de gracias en vuestros corazones». ¿Cómo podemos decir que esto es solamente para los hombres?

Que la Iglesia se libere de las tradiciones que han impedido a más de la mitad de sus miembros hacer pleno uso de los dones que Dios mismo les ha dado mediante su Espíritu.

El apóstol Pablo, en ocasiones, tuvo que adaptar lo que sabía que era el ideal que nuestro Señor había enseñado, a la situación social de sus días para no deshonrar el Evangelio. En nuestros días, estamos deshonrándolo haciendo justamente lo contrario. No estamos dispuestos a desprendernos de nuestras tradiciones sexistas que están entorpeciendo el avance del Evangelio. Muchas mujeres piensan y creen honestamente (y, en mi opinión, erróneamente) que la Biblia hace ciudadanos de segunda clase. Lo creen por cómo han oído interpretar la Biblia. ¿Qué les diría Pablo a nuestras iglesias si nos visitara hoy? ¿Nos diría que no pasa nada si muchas de nuestras mejores y más brillantes mujeres ven la Iglesia como medio de opresión más que como expresión de la Redención y la Libertad que Cristo vino a traer?

Santiago 2:17 condena a la gente de la Iglesia que muestra parcialidad. Santiago ilustra su enseñanza con el ejemplo de dejar el asiento importante y visible de la Iglesia a los ricos y mantener a los pobres en la penumbra. Santiago condena claramente a sus lectores porque no han sido capaces de seguir la enseñanza suprema de Jesús: «amarás a tu prójimo como a ti mismo». Y luego añade un apunte sombrío: «Pero si mostráis parcialidad, cometéis pecado, y estáis condenados por la ley como transgresores». (v. 9).

La forma en la que tratamos a la mujer en la Iglesia, ¿no es un ejemplo similar de parcialidad? ¿Y no recibiremos la misma condena?

2. UNA POSTURA EN PRO DEL LIDERAZGO MASCULINO: «La cabeza de la mujer es el hombre»
Susan T. Foh

El preludio del órgano llena el santuario. De una puerta lateral, salen el pastor, reconocible por su vestimenta, un solista y una mujer. Algunos se preguntan qué hace una mujer al frente; las mujeres no deben dirigir en la Iglesia, sino estar calladas y sumisas. Otros, más acordes con la época, no se sorprenden por su presencia. Durante el culto, la mujer lee las Escrituras y dirige la oración. Su participación es demasiado para algunos y muy poco para otros. ¿Cómo debemos reaccionar ante esta participación? ¿Cómo debemos evaluarla?

El punto de partida

El tema de lo que las mujeres pueden hacer en la Iglesia, en cuanto a la ocupación de cargos y la participación en los cultos de adoración ha sido tratado desde diversas perspectivas, que tienen diferentes puntos de vista sobre la Biblia o diferentes métodos de interpretación bíblica.

La Biblia puede entenderse como: (1) la Palabra de Dios sin errores ni opiniones humanas,[1] o (2) la Palabra de Dios mezclada con opiniones humanas. Los que sostienen esta última opción atribuyen los comentarios de

---

1 Dios dio testimonio de su Palabra en la Biblia (2 Ti. 3:16-17; 2 Pe. 1:20-21) y mediante su Espíritu Santo (1 Co. 2:14). Pablo afirma que toda la Escritura está inspirada por Dios; es el resultado del aliento creador de Dios y, por tanto, es provechosa para nosotros. Sin negar la autoría humana de la Palabra, Pedro, en 2 Pe. 1:20-21, elimina toda posibilidad de contaminación humana. Ninguna profecía de la Escritura surge por iniciativa, voluntad, determinación, estudio o imaginación humana. Las personas que escribieron la Biblia lo

Pablo acerca de las mujeres al elemento humano de la Escritura y, por tanto, creen que estos mandamientos ya no son aplicables en la actualidad. La Biblia, por tanto, no es la autoridad final para la fe y la vida, dado que está sujeta al juicio de la razón humana.

Para relativizar los mandamientos bíblicos para las mujeres, se ha utilizado un principio hermenéutico que consiste en la consideración del contexto histórico, cultural y geográfico. Por ejemplo, algunos autores argumentan que el mandamiento de que las mujeres se sometan a sus maridos correspondía a aquella sociedad patriarcal y, por tanto, no es obligatorio en la actualidad. No obstante, ser consciente de la cultura y costumbres de la época no debe relativizar el mandamiento. Dios escogió el momento y la época para revelar aquel mandamiento, y Dios no está limitado ni por el tiempo ni por el espacio. Lo único que nos podría sugerir el carácter temporal o limitado del texto sería alguna indicación concreta que apareciera en el mismo texto[2].

Si el material bíblico nos ha sido dado en forma de un mandamiento para la Iglesia en conjunto (como en 1 Co. 14:34 y 1 Ti. 2:11-12), debe verse como algo válido para todas las épocas. Si no hay nada en el texto que indique que un mandamiento concreto está limitado a un caso o circunstancia especial, nosotros no tenemos la autoridad de limitar el texto, ni podemos entrar en la mente de Pablo. Por ejemplo, algunos sugieren que Pablo, pastor preocupado por las personas, limitó deliberadamente a las mujeres para no echar abajo el sistema de golpe, pues eso podía crear un gran caos y confusión;[3] sus mandamientos eran transitorios y temporales

---

hicieron movidas por el Espíritu Santo que habló las palabras de Dios. La prueba de la inspiración y de la autoridad de la Biblia no depende de 2 Ti. 3:16-17 y 2 Pe. 1:20-21 solamente. Encontrará una discusión más profunda en John Murray, «The Attestation of Scripture» en *The Infallible Word: A Symposium*, realizado por los miembros de la Facultad del Westminster Seminary (Filadelfia: Presbyterian and Reformed, 1946); Benjamin Breckinridge Warfield, *The Inspiration and Authority of the Bible* (Filadelfia: Presbyterian and Reformed, 1948); Edward J. Young, *Thy Word Is Truth: Some Thoughts on the Biblical Doctrine of Inspiration* (Grand Rapids: Eerdmans, 1957); y Susan T. Foh, *Women and the Word of God: A Response to Biblical Feminism*, (Philllipsburg, N.J.; Presbyterian and Reformed, 1980), págs. 8-21.

2 En el caso del Antiguo Testamento, el Nuevo Testamento indica la temporalidad de algunas de sus leyes, pero no existe un Testamento Posterior. La Revelación bíblica es progresiva hasta su punto final. La naturaleza del Antiguo Testamento es preparatoria, con tipologías y símbolos. Anunciaba la venida de Jesucristo, la culminación y cumplimiento de las promesas de Dios. El Nuevo Testamento explica la importancia de la venida de Cristo: es la Revelación final de Dios.

3 Richard y Joyce Boldrey, *Chauvinist or Feminist? Paul's View of Women* (Grand Rapids: Baker, 1976), págs. 50, 55-58. Ver también Harvie M. Conn, «Evangelical Feminism: Some Bibliographical Reflections on the Contemporary State of the 'Union'», *Westminster Theological Journal*, (Primavera de 1984), pág. 120.

(se auto-destruyen una vez la sociedad avanza). Pero no hay nada en estos pasajes sobre las mujeres que respalde esta teoría.

En cuanto al tema de la interpretación de la Escritura, aún hay otro elemento cultural a tener en cuenta: el intérprete. Debemos ser conscientes de las tendencias y de las ideas dominantes en nuestra propia cultura, para evitar que contaminen nuestra interpretación del texto bíblico. La igualdad está muy en boga en la actualidad (no es políticamente correcto hablar en contra de la igualdad), y damos por sentado que es un tema que aparece en las Escrituras. Pero, ¿lo es? Busquemos en una concordancia. Solamente encontramos dos referencias a la igualdad, en lo que a personas se refiere. Consideremos también el hincapié que la Biblia hace en la humildad (Mt. 5:39-41; 16:24-28; Ro. 14:20; 15:2; 1 Pe. 5:5), en las responsabilidades y deberes (Ef. 5:21-6:9; Co. 3:18 - 4:1), y en la sumisión (Ro. 13:1; 1 Pe. 2:13-22; 5:5; He. 13:17; Stgo. 4:7).[4]

Dado que la Biblia es la Palabra de Dios, necesitamos varios principios de interpretación únicos. (1) La Biblia debe ser interpretada bajo la dirección del Espíritu Santo (1 Co. 2:14). (2) La Biblia es una unidad, cuyo autor último es el Espíritu Santo; el principio unificador es Jesucristo (Lc. 24:27; 1 Co. 1:20; 1 Pe. 1:10-12). Lo tercero es un corolario de lo segundo. (3). La Escritura no se contradice; la Escritura se interpreta a sí misma. El tercer principio es crucial para entender lo que la Biblia dice acerca de las mujeres, porque muchos han acusado a la Biblia de contradecirse en este tema. En particular, se ha dicho que el Antiguo Testamento se contradice con el Nuevo, Pablo con Jesús, y el rabino Saulo con el Pablo cristiano. Si el autor de la Escritura es el Espíritu Santo, no puede haber contradicción alguna; cualquier apariencia de contradicción surge de la falta de entendimiento del lector. (4) Los pasajes más claros interpretan a los menos claros. Algunas de las diferencias acerca del papel de las mujeres surgen de las diferencias sobre cómo aplicar este principio, diferencias en la opinión de cuáles son los pasajes más claros.

En las Escrituras aparecen dos retratos de la mujer aparentemente opuestos. Por un lado, a las mujeres se les dice que se sometan a sus maridos y al liderazgo masculino en la Iglesia. Por otro lado, las mujeres tuvieron una parte activa en la Iglesia. Las mujeres están hechas a imagen de Dios, también son herederas del reino, y en Cristo no hay hombre ni mujer. Basándose en esta última idea, algunos concluyen que los roles del hombre y la

---

4 Foh, *Women and the Word*, págs. 60-61.

mujer deberían ser totalmente intercambiables. Esta teoría está siendo cada vez más aceptada.

Aparentemente, la naturaleza humana tiende a hacer que las cosas sean uniformes, a aliviar las asperezas que encontramos en el material bíblico para que encaje mejor en nuestras mentes humanas cuadriculadas. Para crear un sistema uniforme y lógico, ambas partes –la que defiende la sumisión y la que aboga por la igualdad– tienen que acabar ignorando o desacreditando a la otra (explicando por qué no funciona o no está en lo cierto). Además, ambas partes hacen una suposición ilógica y antibíblica: la subordinación implica necesariamente inferioridad. El ejemplo clásico que refuta esta idea es el de Dios el Padre y Dios el Hijo. Dios el Padre y Dios el Hijo son ambos Dios (Jn. 1:1; 14:9; Co. 1:15-28, He. 1:3). No obstante, Jesús dice: «El Padre es mayor que yo» (Jn. 14:28), y se somete a su Padre (Jn. 5:30; ver también 1 Co. 11:3), incluso en el estado eterno (1 Co. 15:27-28).

Los fundamentos

Los principios fundamentales para entender el papel de las mujeres los encontramos en los primeros tres capítulos de Génesis. En Génesis 1 y 2 encontramos dos relatos de la creación del hombre y de la mujer. El capítulo 1 («Creó, pues, Dios al hombre a su imagen, a imagen de Dios lo creó; varón y hembra los creó», vs. 27) es aclamado por los que hablan de la igualdad absoluta entre sexos, mientras que la enseñanza de la inferioridad de la mujer normalmente se atribuye al capítulo 2. Ningún extremo es cierto; las dos narraciones de la Creación se complementan para ofrecer la idea completa.

Al sexto día, Dios creó a la Humanidad a su imagen, y creó dos sexos: a un ser humano lo creó de un sexo y al otro, de otro sexo. El texto no dice que hubiera ninguna diferencia entre ellos. Tanto el hombre como la mujer están igualmente hechos a imagen de Dios. Ambos reciben la bendición de Dios, quien les dice que se multipliquen y dominen la Tierra, y quien les da la mayordomía sobre la Creación. Esta custodia compartida sobre el resto de la Creación tiene implicaciones para los roles de las mujeres en la sociedad o en la cultura; su lugar en el terreno laboral no es diferente del de los hombres. Los hombres y las mujeres tienen la misma relación con Dios (a su imagen) y con la naturaleza (para llenarla y dominarla). Este principio puede denominarse *igualdad ontológica* o *igualdad de ser*.

En Génesis 2 aprendemos más acerca de la relación entre el hombre y la mujer. Dado que no era bueno que el hombre estuviera solo (una indicación de la dependencia o necesidad del hombre para con la mujer, 1 Co. 11:11-12), Dios creó una ayuda idónea para él, la mujer. Las palabras *ayuda idónea* subrayan la semejanza entre la mujer y el hombre.[5]

La mujer no fue creada aparte del hombre, del polvo, sino que fue creada de una costilla del hombre. ¿Por qué fue creada la mujer de esta manera tan sorprendente? (1) Simboliza su correspondencia con el hombre. Es carne de su carne y huesos de sus huesos; en cuanto a la sustancia, no es ni inferior ni superior. (2) La creación de la Humanidad por parte de Dios es un hecho que comienza con el hombre y termina con la mujer. (3) Toda la Humanidad viene de la misma fuente, Adán. Como fuente de la Humanidad, Adán es la cabeza, y consecuentemente el representante de todos. Como 1 Co. 15:22 dice, «en Adán todos morimos». (4) La creación de la mujer a partir del hombre establece las bases del principio del matrimonio de "ser una sola carne". Ese es el fundamento histórico, biológico y real de la unión que debe haber entre el marido y la esposa (Gé. 2:24). Las razones (3) y (4) allanan el camino a aquellos que defienden el principio de la desigualdad entre el hombre y la mujer. (5) Aunque el modo en el que la mujer fue creada no denota inferioridad, sí indica una diferencia en cuanto a las funciones. La mujer fue creada para ayudar a su marido; su función depende de él. Al igual que le siguió en la Creación, debe seguir el liderazgo que él ejerce como marido.[6]

¿Cómo sabemos que el hecho de que el hombre fuera creado primero significa que el marido es la cabeza? Aunque obviamente no ha convencido a muchos, la respuesta es la siguiente: «Porque el hombre no procede de la mujer, sino la mujer del hombre, pues en verdad no fue creado a causa de la mujer, sino la mujer a causa del hombre» (1 Co. 11:8-9; ver también 1 Ti. 2:13). Dios, a través de Pablo, explica lo que, de otro modo, podríamos haber pasado por alto. Es probable que para la mentalidad hebrea fuera sencillo entender la relación entre el hecho de que Adán fue el origen de la mujer, y su posición como cabeza.[7]

Pero hay otro elemento que apunta a que Adán debe tener autoridad sobre la mujer. Adán le dio un nombre. Cuando Adán dio nombres a los animales, está claro que estaba ejercitando el poder que Dios le había dado sobre ellos. Darle un nombre a alguien está asociado con la autoridad que se tiene sobre la persona a la que se le da el nombre. Incluso el nombre

---

5 «Idónea» significa «en frente de» (como mirándose en un espejo).
6 Foh, *Women and the Word*, págs. 60-61.
7 James B. Hurley, *Man and Woman in Biblical Perspective* (Grand Rapids: Zondervan, 1981), pág. 210.

que Adán le da a la mujer indica la relación que habrá entre ellos: *'ishshah* (mujer), porque ella fue tomada del *'ish* (hombre). Este término enfatiza las similitudes y las diferencias en cuanto a sus funciones. James Hurley parafrasea Génesis 2:23 de la siguiente forma: «Sin duda ella es de mi propia especie, parte de mi propio cuerpo. No obstante, deriva de mí, y es para mí un privilegio poder darle un nombre. Su nombre será el que yo le doy, 'mujer', porque ella salió de mí».[8]

¿Es justa esta actuación de Dios? Las objeciones que se nos puedan ocurrir, ya sean filosóficas o emocionales, para quejarnos de este sistema jerárquico surgen porque no sabemos lo que es una jerarquía sin pecado. Solamente conocemos un sistema donde las relaciones siempre acaban estando marcadas por la tiranía y la condescendencia. En el Edén no existía ninguna de estas perversiones. El hombre y la mujer se tenían por iguales, cada uno a imagen de Dios y cada uno con su relación personal con Dios. Ninguno dudaba del valor del otro o de sí mismo. Los dos realizaban las mismas labores, en las que el marido era la cabeza, y la mujer, la ayuda idónea. Funcionaban como una sola carne, un cuerpo sin discordias. ¿Acaso la costilla se rebela contra la cabeza o la cabeza maltrata a la costilla?

Antes de la Caída había tres principios claros. (1) El hombre y la mujer son iguales en su ser (Gé. 1:27). (2) La mujer está funcionalmente subordinada a su marido. Él fue creado primero para que quedara clara su condición como cabeza; la mujer fue creada después, a causa del hombre y para ayudarle (Gé. 2:21-23; 1 Co. 11:8-9) (3) El marido y su mujer son una sola carne (Gé. 2:24). Debido al tercer principio, los otros dos pueden operar armoniosamente. La interrelación del hombre y de la mujer debería evitar que ninguno abusara de su posición.

Estos tres principios también los vemos en la Caída. Ha habido mucha especulación, normalmente con un tono sesgadamente machista, sobre el pecado de la mujer. La serpiente escogió a la persona más débil; la mujer usurpó el lugar del hombre haciéndole pecar; la mujer convenció o sedujo a Adán para que pecara. No obstante, el texto no respalda ninguna de estas ideas. La sutileza de la serpiente está en su retórica, en sus persuasivas medias verdades. La mujer peca, principalmente, contra Dios.

Ella conocía el mandamiento de Dios; y aún así se atrevió a discutir con otra criatura de la Creación si obedecerlo o no. Al final, creyó a la serpiente en lugar de a Dios. La mujer pecó contra su marido ayudándole (lo que se supone que debía hacer) de la forma equivocada, llevándole al pecado («Y

8 Ibíd, pág. 212.

dio también a su marido que estaba con ella, y él comió» - Gé. 3:6). A Adán no se le juzga por el hecho *per se* de hacer caso a su mujer, sino porque siguió su mal consejo y desobedeció a Dios (Gé. 3:17).

Su unión e igualdad de responsabilidad se demuestran en los resultados del pecado: «Entonces fueron abiertos los ojos de ambos, y conocieron que estaban desnudos» (Gé. 3:7). Es como si hubieran pecado simultáneamente, como si el pecado de Adán fuera el acto reflejo del pecado de Eva (eran uno). Ambos se cubrieron y se escondieron de Dios en el jardín. Fueron uno en su pecado, y en las reacciones y la culpa que tuvieron.

En Génesis 3:9 Dios se dirige primero al hombre porque él es el que había sido designado como la cabeza. No obstante, también pregunta a la mujer; ella es responsable de sus propias acciones. Dios también quiere que ella le dé una explicación. Por otro lado, a la serpiente no se le permite hablar. El hombre y la mujer recurren a la misma explicación; ambos desvían la culpa en lugar de admitir su pecado.

Después de la Caída, la relación armoniosa entre estos tres principios queda destruida. En el juicio de Dios en contra de la mujer le dice cuáles son las consecuencias de la violación de esos tres principios, aunque la traducción que se suele hacer oscurece bastante el sentido original. La traducción «con todo, tu deseo será para tu marido, y él tendrá dominio sobre ti» sugiere que, de alguna manera, a través del deseo de la mujer, él será capaz de gobernarla. No obstante, el dominio del marido no se vuelve más fácil después de la Caída. La experiencia común nos dice que pocos hombres mandan en sus casas. Es más, muchas mujeres no tienen ningún deseo –ya sea de tipo sexual, psicológico u otros– por sus maridos.

Para entender mejor Génesis 3:16, comparémoslo con Génesis 4:7. El hebreo de estos dos versículos es el mismo, a excepción de algunos cambios en los pronombres y sustantivos, y de género. Hay versiones que traducen la última parte de Génesis 4:7 de forma completamente diferente: "su deseo de pecado es para ti [Caín]; pero tú debes dominarlo». El deseo de pecado[9] para Caín era tener control o poseer. Caín tenía que luchar; y solo podía haber un vencedor: o él o el pecado. Las palabras de Dios "tú debes dominarlo" o "te enseñorearás de él" le dicen a Caín lo que debe hacer, pero no determinan quién va a ser el vencedor.

Además de tener una construcción idéntica, la proximidad de estos dos pasajes indica que tendrían el mismo significado. Como en Génesis 4:7, la

---

9 La etimología de la palabra *deseo* respalda esta interpretación. La raíz es árabe, *saqa*, que significa «animar» o «impulsar».

última parte de Génesis 3:16 describe una lucha entre la que tiene el deseo (la mujer) y el que debe dominarlo o enseñorearse de él (el marido). La batalla de los sexos es el resultado del pecado y del juicio divino sobre la mujer. La sumisión dispuesta de la mujer es sustituida por un deseo de controlar a su marido. Consecuentemente, para mantener su condición de cabeza de familia, el marido debe luchar. El pecado ha arruinado el baile matrimonial, la dirección fácil y cariñosa del marido y el seguimiento natural de la mujer. En su lugar ahora están la lucha, la tiranía, la dominación, la manipulación y el subterfugio.

Esta forma de ver Génesis 3:16 está corroborada por la experiencia. Si se traduce como «tendrá dominio sobre ti», estas palabras no son ciertas, porque no todos los maridos dominan a sus mujeres. La realidad es que muchos matrimonios están llenos de luchas y descontento. La pérdida de la sumisión voluntaria de la mujer y del «dominio» tierno del marido tienen sus respectivas consecuencias. Las mujeres manipulan y, en ocasiones, dominan a sus maridos; y algunas mujeres, perdiendo todo el sentido de su valía, solamente viven a través de sus maridos o hijos. Algunos maridos, abdicando de su posición, se evaden del hogar mediante el trabajo, los deportes o el alcohol; y algunos maridos abusan física o emocionalmente de sus mujeres.

Teniendo en mente esta forma de entender Génesis 3:16, Pablo, en Efesios 5:22-23, se centra en las áreas en las que los maridos y las esposas tienden a pecar. Como resultado del pecado, las mujeres ya no se someten de forma natural a sus maridos, por lo que Pablo dice que «las mujeres estén sometidas a sus propios maridos como al Señor» (Ef. 5:22). En su esfuerzo por tener el control, los maridos tienden a utilizar cualquier medio a su alcance, por lo que Pablo se adelanta a estos «golpes» diciéndoles: «Maridos, amad a vuestras mujeres, así como Cristo amó a la Iglesia y se dio a sí mismo por ella» (Ef. 5:25).

Estos tres principios –la igualdad ontológica, la subordinación funcional de la mujer a su marido, y la unión perfecta que hay entre los dos– explican las aparentes contradicciones que, según algunos, pueden encontrarse en la Biblia.

Ilustraciones del Antiguo y del Nuevo Testamento

El reconocimiento de la naturaleza progresiva de la Revelación de Dios es un elemento que nos ayuda a entender la posición de la mujer en la Biblia.

El Antiguo Testamento rompe con las culturas vecinas, en las que a las mujeres se las consideraba propiedad, y trata a las mujeres como personas de valor. Según el Antiguo Testamento, la mujer tenía dominio, junto con el marido, de la Creación. En el matrimonio, el hombre debía dejar su casa y unirse a su mujer; la posición de la mujer era importante.

Dios hizo su pacto tanto con la mujer como con el hombre (Dt. 29:1-11); a las mujeres se les exigía que oyeran la palabra de Dios en voz alta (Dt. 31:12, Neh. 8:2). Las mujeres «ministraban» en la puerta del Tabernáculo (Ex. 38:8; 1 Sa. 2:22). Ofrecían sus propios sacrificios (Lev. 1; 15; 1 Sa. 2:19) y oraban directamente a Dios (Gé. 16:7-13; 1 Sa. 9-18), y Dios les hablaba directamente (Gé. 25:22-23; Jue. 13:3-5). Las mujeres podían ser nazareas devotas de Dios (Nm. 6), profetisas (Miriam, Ex. 15:20-21; Hulda, 2 Re. 22:14), mujeres sabias (1 Sa. 25:3; 2 Sa. 14:2; 20:16-22) y jueces (Débora, también profetisa y esposa, Jueces 4:4). Las esposas no podían venderse, aun cuando fueran prisioneras de guerra (Dt. 21:14). El hecho de que existiera una prohibición así señala la degradación de las mujeres en las otras culturas.

Como madres, las mujeres estaban al mismo nivel que los hombres. En el mandamiento se recoge que hay que honrar tanto al padre como a la madre (Ex. 20:12; Lev. 19:3). En Proverbios, las referencias a las madres y a los padres son paralelas (6:20; 10:1; 15:20; 17:25; 19:26; 20:20; 23:22, 25). Las enseñanzas de la madre eran tan importantes como las del padre (Prov. 1:8). Proverbios 31:10-31 enfatiza el valor de la mujer; es más preciosa que las joyas. La amplia variedad de actividades que la mujer virtuosa es capaz de realizar pone de manifiesto que el papel de la mujer hebrea era más que cuidar de la casa y tener hijos.

A pesar de que la mujer, a imagen de Dios, tenía su valor, su posición no era igual a la del hombre en todos los aspectos. Algunas leyes existían para demostrar de forma visible que el marido era la cabeza. Por ejemplo, el marido podía anular el voto de su esposa (y el padre, el de su hija). Pero había algunos límites: tenía que hacerlo en el mismo día en el que se enterara (Nm. 30). Esta ley tenía una razón práctica: el voto de la esposa podía afectar al marido si ella prometía dinero o bienes o abstinencia de los derechos conyugales. Por otro lado, las viudas eran libres de hacer sus propios votos; el principio de sumisión solo era aplicable a las esposas (sometidas a sus maridos) y a las hijas (sometidas a sus padres).

Había otro área importante en la que la mujer ocupaba una posición subordinada: a diferencia de otras culturas, la mujer hebrea no podía ser sacerdote. Parte de la razón de esta restricción es que el sacerdote era tipo de Cristo, nuestro eterno Sumo Sacerdote. El Nuevo Testamento nos explica el principio que había detrás de la práctica veterotestamentaria: la mujer debe estar subordinada en la Iglesia.

El ideal del Antiguo Testamento para las relaciones hombre-mujer se deterioró durante el periodo intertestamentario. Las mujeres estaban consideradas en la misma categoría que los esclavos y los gentiles. Un rabino no hablaba con una mujer en público, y se creía que era mejor quemar la Torá antes que dársela a una mujer. En un mundo así, la forma en que Jesús trató a las mujeres era algo inaudito. En su encuentro con la mujer samaritana (Jn. 4), tanto ella como los discípulos se quedaron perplejos de que Jesús hablara con una mujer (vs. 9, 27). No obstante, Jesús enseñó grandes verdades espirituales a las mujeres (Jn. 4:7-26; 11:25; 20:17), y las sanó (Mt. 15:21-28; Mc. 5:25-34).

Jesús desafió el estereotipo del siglo I y del XX de que la mujer debe estar en la cocina en vez de en el aula (María y Marta, Lc. 10:38-42). Pone como ejemplo la fe de las mujeres (Lc. 7:35-40; Mc. 12:41-44). En Lucas 13:10-17, Jesús se dirige a la mujer como descendiente de Abraham, un título de gran honor. Los rabinos contemporáneos lo habrían visto casi como una contradicción de términos. Para los rabinos, la mujer era la fuente de tentación (sexual) y era incapaz de aprender. En sus enseñanzas públicas, Jesús utilizó ilustraciones que implicaban ambos sexos (Mt. 13:33, Lc. 15:8-10; Mt. 25:1-13; Lc. 18:1-8); Él (a diferencia de los otros rabinos) quería que los hombres y las mujeres fueran instruidos en la Palabra de Dios. Las mujeres fueron parte del grupo de Jesús de principio a fin (Lc. 8:1-4; Mt. 27:55-56; Mc. 15:40-41). Y eso sucedió en una época en la que la mujer aparecía en público solamente cuando era necesario. Podemos ver que Jesús trató a las mujeres como debían ser tratadas: como personas de valor, hechas a imagen de Dios.

En Hechos, Lucas recoge la participación de las mujeres en la expansión del Evangelio. Por el contrario, en el judaísmo del primer siglo, las mujeres estaban confinadas en una sala separada en el Templo y no contaban como parte del *quorum* necesario para formar una sinagoga. En el aposento alto había mujeres entre los discípulos (Hch. 1:14), y también hablaron en lenguas en Pentecostés (Hch. 2.17-18). Tanto hombres como mujeres creyeron en Jesús, se bautizaron y sufrieron persecución a causa de su fe (5.14; 8:12; 9:2; 17:4, 12). Dorcas era «rica en obras buenas y de caridad» (Hch. 9:36), y fue resucitada. En cuanto se convirtió, Lidia invitó a Pablo y a sus acompañantes a quedarse con ella (16:14-15). Tanto Priscila como Aquila instruyeron a Apolos (18:26), y las cuatro hijas de Felipe fueron profetisas (21:8).

En Romanos 16, Pablo saluda y alaba a varias mujeres. Febe recibe una mención especial; se la llama diaconisa o sirviente (vs. 1) y ayudante (vs. 2) [*N. del T.* El autor en los siguientes párrafos va a hacer referencia a este sustantivo, "ayudante", pero LBLA y otras versiones españolas traducen "ha ayudado"]. ¿Era Febe una diaconisa? La palabra griega puede traducirse como sirviente o ministro (en el sentido amplio, no como pastor como nosotros normalmente la utilizamos). Podría indicar que Febe era una sirviente excepcional de la Iglesia. Por otro lado, la frase en el versículo 1 parece un título oficial: «Febe, *diaconisa* de la iglesia en Cencrea». Las instrucciones a las mujeres que aparecen en medio de los requisitos para ser diácono en 1 Ti. 3:11 parecen respaldar la idea de que en la iglesia primitiva las mujeres podían ser diaconisas.

"Ayudante" es más difícil de definir. Este es el único lugar de todo el Nuevo Testamento en el que aparece este sustantivo. En cambio, como verbo de la misma raíz[10] aparece en los siguientes lugares: En 1 Timoteo 5:17 aparece como verbo y describe la labor de los ancianos. En 1 Tesalonicenses 5:12 se refiere a los líderes de la Iglesia. En Romanos 12:8, donde se ha traducido de diferentes formas ("ayudar" o "liderar" o "gobernar"), describe un don que puede o no corresponder con un oficio eclesial. En 1 Ti. 3:4-5 y 12 se traduce como "gobernar", en referencia con la casa del anciano o del diácono. En el versículo 4 tiene el sentido de "cuidar de", que solamente aparece aquí y en la parábola del Buen Samaritano (Lc. 10:34-35). En Tito 3:8 y 14 el verbo tiene un significado diferente: "ejecutar", "aplicarse a uno mismo", u "ocuparse en".

Aunque el sustantivo tuviera el mismo significado que el verbo, el significado de Romanos 16:2 no está del todo claro. Algunos autores abogan por traducir la palabra como «líder», en un intento de demostrar que las mujeres en la iglesia primitiva eran tan activas como los hombres. Incluso si «líder» es la traducción correcta (sin duda, el hecho de que Febe fuese una diaconisa la convertiría en líder de su iglesia), no significa que las mujeres hicieran todo lo que los hombres hacían (como ser ancianos, pastores y maestros, o actuando contrariamente a 1 Ti. 2:12).

En Romanos 16:2 la sintaxis (que sugiere un título oficial en el vs. 1) apunta a que no deberíamos traducir el sustantivo como «líder». El verbo

---

10 Bo Reicke define el verbo como (a) «presidir», «dirigir», «conducir», «gobernar», "liderar"; (b) «dar la cara» o «comparecer ante» en el sentido de «proteger», «asistir», «representar» o «cuidar de», o (c) «organizar», «manejar», «ejecutar» («proistemi», en Gerhard Kittel y Gerhard Friederich, eds. *Theological Dictionary of the New Testament*, 10 vols. [Grand Rapids: Eerdmans, 1964-76], 6:700-701).

«ayudar» y el sustantivo "ayudante" [ver la *N. del T.* Unos párrafos más arriba] tienen la misma raíz. El verbo significa «estar al lado o junto a» en el sentido de ayuda o apoyo; el verbo relacionado con «ayudante» significa estar "comparecer ante", que puede tener el sentido de proteger o cuidar. Es probable que ambas palabras estén relacionadas, quizás apuntando a diferentes matices de un mismo significado general. Pablo escribe «que la ayudéis [a Febe] ..., porque ella también ha ayudado a muchos y aun a mí mismo» (otras versiones: "... del mismo modo en que ella ha sido una *ayudante* para muchos y también para mí") . Otro elemento que apunta a que no debemos traducir este sustantivo por «líder» es que Pablo se refiere a Febe como su «ayudante»; parece poco probable que Pablo hable de Febe como su líder. No obstante, es bastante posible que Febe actuara como la ayudante o la protectora de Pablo y de otras personas.

Pablo continúa en Romanos 16:3 saludando a Priscila y Aquila como sus «colaboradores», que arriesgaron sus vidas por Pablo, y reconociendo a María, que trabajó mucho en la congregación romana (vs. 6). También mencionan varias mujeres más. En Filipenses 4:3-3, Pablo se preocupa por las dos colaboradoras que han trabajado junto a él en el Evangelio: Evodia y Síntique. Está claro que las mujeres tenían un papel muy activo en la expansión del Evangelio y eso incluía la ayuda verbal (Priscila enseñó, las hijas de Felipe profetizaron).

Aún así, en el Nuevo Testamento no encontramos que hubiera mujeres que fueran apóstoles,[11] evangelistas o ancianas. Tampoco hay ejemplos de mujeres que enseñaran en público. Las principales figuras en la expansión del Evangelio eran hombres. ¿Qué conclusiones podemos extraer de estos ejemplos históricos?

---

11 Existe cierto debate sobre si Junias (Romanos 16:7) era un apóstol y si era hombre o mujer. El nombre *Junias* era común en Roma para las mujeres; no obstante, todos los nombres y pronombres en Ro. 16:7 son masculinos, y algunos eruditos han sugerido que Junias es una contracción de un nombre masculino. En cualquier caso, es poco probable que Andrónico y Junias fueran apóstoles en el sentido oficial. Una posible traducción sería «que son citados por los apóstoles». Los únicos apóstoles mencionados en el Nuevo Testamento son los doce, Santiago (el hermano de Jesús y cabeza de la iglesia de Jerusalén, Gá. 1:19), Bernabé (Hch. 14:14) y Pablo. En Hch. 1:21-26, los once escogieron a otro hombre para sustituir a Judas (v. 25). Este hecho implica que los que cumplían los requisitos de los vs. 21-22 no eran considerados necesariamente apóstoles; solamente los doce elegidos eran apóstoles. Debido a su carácter exclusivo, Pablo tuvo muchas dificultades para que le reconocieran como apóstol. En repetidas ocasiones tuvo que dar pruebas de su apostolado (1 Cor. 15:9-11; 2 Cor. 12:11-13; Gá. 1:11-2:10; Ef. 3:1-13). El llamamiento de Pablo al apostolado fue un caso especial. Si Junias y Andrónico eran apóstoles, lo normal sería que en el Nuevo Testamento se les mencionara más de una vez (Foh, *Women and the Word*, pág. 97). Hurley sugiere que Junias y Andrónico pueden haber sido apóstoles

La clave para descubrir la importancia de los ejemplos bíblicos se encuentra en los mandamientos específicos y en su base teológica. En éstos, reaparecen los tres principios fundamentales que vimos en Génesis 1-3. Pero esta clave no resuelve todos los problemas. Casi todos los pasajes que tratan acerca de las mujeres tienen problemas textuales, como por ejemplo la referencia críptica «por causa de los ángeles» de 1 Corintios 11:10 o como el comentario tan debatido de 1 Timoteo 3:11. Hay cuatro pasajes particularmente relevantes en cuanto al tema de las mujeres en el ministerio.

1 Timoteo 2:8-15

En 1 Timoteo Pablo está instruyendo al hombre que dejó al cargo de la Iglesia en Éfeso sobre cómo debemos comportarnos en la casa de Dios (1 Ti. 3:14-15). Después de alentarles a que oren por todos los hombres, especialmente por los gobernantes, Pablo dice, «Quiero» que los hombres oren de una cierta forma y que las mujeres se vistan de una cierta manera. Este «quiero», en boca de uno que fue nombrado predicador, apóstol y maestro (2:7; ver también Tito 3:8), tiene la fuerza de un mandamiento, no de un simple deseo.

La preocupación de Pablo tanto por los hombres como por las mujeres no se centra en los aspectos externos, sino en la condición del corazón que luego se ve reflejada en las señales externas. Para el hombre, su primera tarea no es levantar las manos cuando ora, sino orar con un corazón puro y sin ira ni disputas. Levantar las manos será, pues, una acción apropiada para expresar esa actitud, y no podemos rechazarla tachándola de ilógica o de ser tan solo una marca cultural.

De la misma manera, para las mujeres, la cuestión es que la mujer cristiana debe adornarse con el fruto del Espíritu, las virtudes de reverencia y sano juicio, y también con buenas obras. Pablo no prohíbe el uso de joyas o de ropas caras; no obstante, las mujeres no deben invertir la mayoría de su tiempo ni de sus energías en ello. «Fuerza y dignidad son su vestidura» (Prov. 31:25). Pedro expresa la misma idea: «Y que vuestro adorno no sea

---

en un sentido no técnico; quizás fueron «enviados» (*apóstol* significa «el que es enviado») por la Iglesia para una labor específica (como en 2 Cor. 8:23, Fi. 2:25 - Hurley, *Man and Woman*, págs. 121-22). Hermenéuticamente, sería impropio tomar una referencia breve y confusa e interpretarla como como un ejemplo del apostolado femenino, si está en desacuerdo con un mandamiento que está mucho más claro y está respaldado por argumentos teológicos (1 Ti. 2:12-14).

externo: peinados ostentosos, joyas de oro o vestidos lujosos, sino que sea el yo interno, con el adorno incorruptible de un espíritu tierno y sereno, lo cual es precioso delante de Dios» (1 Pedro 3:3-4).

Cuando Pablo escribe «que la mujer aprenda en silencio [o en quietud][12] con toda sumisión», ordena algo que los rabinos prohibían: que la mujer aprenda acerca de la Palabra de Dios. Por tanto, sus palabras suponen un avance en la educación de las mujeres de su tiempo. En el aprendizaje, la quietud y la sumisión no son cualidades negativas; de hecho, son características de la forma adecuada de aprender (Eclesiastés 9:17).

Aunque la mujer debe aprender, tiene prohibido enseñar al hombre y ejercer autoridad sobre él. Aprender en quietud es lo contrario a enseñar (v. 11), y la sumisión es lo opuesto a ejercer autoridad. La restricción de Pablo[13] (vs. 12) está basada en su nombramiento divino como apóstol, como hemos señalado anteriormente.

¿Qué se le prohíbe a la mujer en el versículo 12? Una respuesta sería "todo tipo de enseñanza y de autoridad sobre el hombre, incluyendo cualquier trabajo que le diera autoridad sobre el hombre y que le permitiera enseñar en un centro de estudios mixto". No obstante, el contexto sugiere que Pablo está hablando de la adoración en la Iglesia. Es probable que la oración pública del versículo 8 tuviera lugar en un servicio público. Los mandamientos sobre la vestimenta de las mujeres probablemente no los escribió solo pensando en la Iglesia, aunque el testimonio en la Iglesia debía ser una preocupación especial. Consideremos qué efecto podía tener sobre la congregación que las mujeres trataran de superarse las unas a las otras llevando a las reuniones joyas y vestidos caros. En 1 Ti. 3:14-15, Pablo dice explícitamente que sus instrucciones son para el comportamiento en la Iglesia.[14]

Si el contexto de estos dos versículos es el culto de adoración, seguimos teniendo dos alternativas: (1) toda forma de autoridad y de enseñanza, y (2) un tipo específico o una actividad específica de autoridad y enseñanza (es decir, el papel de anciano, que incluye la función de pastor o maestro y el ministro de la Palabra). En cualquier caso, la enseñanza prohibida a las

---

12 La palabra griega habla de tranquilidad y prudencia, no tanto de ausencia de palabras.

13 «Permito» connota un mandamiento; su significado es más rotundo que «apremiar» o «aconsejar». Está en tiempo presente, lo cual indica una acción continuada.

14 «Dei es un verbo impersonal que significa «uno debe» o "uno tiene que". El uso paulino y en general el uso en el Nuevo Testamento apunta a un alto grado de necesidad, que generalmente supone un obligación moral basada en la voluntad divina» (Hurley, *Man and Woman*, pág. 196).

mujeres no incluye orar, profetizar (1 Co. 11:2-16), instruir a hombres en privado (Hch. 18:26), enseñar a otras mujeres (Tito 2:3-4) y enseñar a niños (2 Ti. 1:5; 3:15; Prov. 1:8).

El tiempo presente de los infinitivos «enseñar» y «ejercer autoridad» sugiere que las actividades son habituales, algo hecho con regularidad. Pablo utiliza frecuentemente el verbo *enseñar* para referirse a la enseñanza con autoridad (Col, 1:28; 1 Ti. 4:11; 6:2; 2 Ti. 2;2), algo que hace como apóstol y Timoteo, como la persona al cargo de la iglesia en Éfeso. Enseñar y ejercer autoridad son las dos funciones del anciano; a continuación en el capítulo 3 aparecen los requisitos necesarios para ser anciano (vs. 2, 5; comparadas con 1 Ti. 5:17). Quizá Pablo está intentado descalificar a las mujeres para la tarea de anciano antes de pasar a listar los requisitos necesarios para ocupar dicha posición.

Este es el único lugar del Nuevo Testamento en el que aparece esta expresión de «ejercer autoridad sobre». Muchos la han asociado con el concepto de dictadura, arbitrariedad o interferencia en intereses o cuestiones ajenas. De ahí, algunos han extraído la conclusión de que lo que está prohibido es que las mujeres sean mandonas o desafíen públicamente a sus maridos. No obstante, Pablo no dice que las mujeres mandonas o dominantes no deban enseñar y ejercer autoridad sobre los hombres, sino que una mujer no debe enseñar o ejercer autoridad sobre los hombres. George W. Kinght III ha investigado el uso de *authentein* en la literatura extra-bíblica. Su conclusión es que el significado de este verbo es neutral, sin connotaciones negativas. Su significado normalmente sugerido por los traductores y lexicógrafos es «tener autoridad sobre».[15] Lo que 1 Timoteo 2:12 prohíbe a las mujeres es el ejercicio de autoridad.

Pablo da dos razones para esta prohibición: (1) Adán fue creado primero, y (2) la mujer fue engañada, no el hombre. No podemos cambiar ni ignorar estos dos acontecimientos históricos. 1 Corintios 11:8 también apunta a la importancia de que Adán fuera creado primero; consecuentemente, él es la cabeza de la esposa (11:3), y ella debe someterse a él (Ef. 5:22-23). La relación de la mujer con el hombre que encontramos en la Creación y el engaño de Eva hacen que sea inapropiado que una mujer enseñe y tenga autoridad sobre un hombre en la Iglesia.

El papel de la mujer en la Caída ha motivado muchas especulaciones estériles. Algunos dan por sentado que la mujer es inferior, la mujer es más

---

15 George W. Knight III, «AYZENTEO in Reference to Women in 1 Timothy 2.12», *New Testament Studies* 30 (1984): 154.

fácil de engañar, o no es tan capaz para enseñar (si es así, ¿por qué se le permite enseñar a los niños?). Pablo no está hablando de las mujeres en general, o de la naturaleza de la mujer, sino de Eva. El versículo 14 simplemente presenta un hecho del pasado; el tiempo verbal es aoristo, que apunta a una acción completada. Pablo contrasta la forma en la que Adán y Eva pecaron; Adán no fue engañado (sabía lo que estaba haciendo), pero la mujer fue completamente engañada.

Al darle la autoridad de la Iglesia a los hombres, este pasaje no está exaltando a todos los hombres por encima de todas las mujeres. No todos los hombres reciben la autoridad, sino solamente los que cumplen los requisitos de 1 Timoteo 3:7.

El versículo 15 es difícil de entender. No enseña la salvación por obras (dar a luz), y no es un mandamiento para confinar a las mujeres al hogar y los hijos. Probablemente esté más relacionado con los versículos 13-14 que con los vs. 11-12. El propósito del pasaje no es decir a las mujeres que su papel es el de tener hijos (en lugar de enseñar), sino animarlas, teniendo en mente la posición que ahora tienen como resultado de la Caída. El versículo 15 es como una liberación del juicio que encontramos en Génesis 3:16; y sin duda Pablo considera la maternidad una profesión honorable si la mujer continúa en fe, amor, santidad y sentido común. Pablo sí deseaba que las viudas jóvenes se casaran y tuvieran hijos (1 Ti. 5:14).[16]

Las falsas enseñanzas eran un problema en Éfeso, que era el lugar donde Timoteo estaba cuando Pablo le escribió. Una teoría[17], que pretende tener en

---

[16] 1 Cor. 11:12 puede ser útil: el hecho de que la mujer dependa del hombre, porque él fue creado primero y ella fue creada a causa de él, se equilibra gracias a que para la maternidad él depende de ella. La mujer se «salva» de la dependencia total del hombre (y posiblemente de su dominio) al cumplir parte del mandamiento cultural, la parte que le recuerda que en un sentido el hombre viene de ella y que existe una interdependencia entre el hombre y la mujer. Otra explicación del versículo 15, que normalmente se rechaza porque es muy poco clara, es que dar a luz se refiere al nacimiento del Niño Jesús. Varios factores favorecen esta interpretación: (1) el verbo «salvar» se entiende en su sentido normal del Nuevo Testamento, salvarse del pecado y de la muerte; (2) el artículo definido con el que aparece engendrar; (3) el nombre se refiere al nacimiento de niños (o de un niño), no a su educación, como algunos han sugerido; el sustantivo para la crianza o la educación de los niños es diferente; y (4) el contexto inmediato alude a Gé. 2-3, lo cual relaciona la promesa de la simiente (el salvador) y el juicio a la mujer (Gé. 3:15-16). Sabemos que el estilo paulino es difícil y rebuscado, y quizá eligió la palabra *engendrar* para hacernos recordar Gé. 3:16. Dar a luz no es solo un juicio para las mujeres; también es su camino a la salvación: mediante el *nacimiento* de Jesús. La fuerza de la proposición condicional sería entonces la misma que la de Mt. 24.13, «pero el que persevere hasta el fin, ese será salvo».

[17] Aida Besançon Spencer, «Eve at Ephesus (Should Women Be Ordained as Pastors according to the First Letter to Timothy 2:11-15)», *Journal of the Evangelical Theological Society*, n°. 4 (otoño de 1974): 215-22.

cuenta la situación cultural, es que las mujeres estaban entre estos falsos maestros y que lo único que prohíbe este texto es la falsa enseñanza. La ausencia de cualquier referencia a la enseñanza falsa en 1 Timoteo 2:9-15 la explican diciendo que la causa de la caída de Adán fue la falsa enseñanza. Esta teoría es insostenible por las siguientes razones:

1. La razón que aparece en el versículo 14 para prohibir a las mujeres que enseñen y que ejerzan autoridad sobre el hombre no es lo que Eva hizo a Adán (ya sea transmitirle una enseñanza falsa, persuadirle o seducirle), sino el hecho de que Eva fue engañada. Si Adán no fue engañado, la falsa enseñanza no fue la causa de su caída.

2. Esta teoría no tiene en cuenta la primera razón que aparece como base para la prohibición: que el hombre fue creado primero (v. 13).

3. Las mujeres en 1 Timoteo 2:9-15 son tratadas de forma diferente de los falsos maestros. Los falsos maestros no saben nada, buscan la controversia, aman el dinero y viven en inmoralidad; algunos se han apartado de su fe (1 Ti. 6:3, 10; 2 Ti. 3:1-9; 4:3-4). A Timoteo se le exhorta a corregirles «por si acaso Dios les da el arrepentimiento que conduce al pleno conocimiento de la verdad» (2 Ti. 2:25); en otras palabras, al menos algunos de estos maestros heterodoxos son incrédulos que se han introducido en la Iglesia (ver 1 Juan 2:18-19). Si la corrección no funciona, Timoteo debe evitar a tales personas (2 Ti. 3:5; ver también Tito 3:9-11). En 1 Ti. 1:3-7, donde los falsos maestros podían ser creyentes, quizás judaizantes, Pablo urge a Timoteo a ordenarles que no enseñen doctrinas diferentes, y que tampoco pierdan el tiempo con mitos y genealogías.

En contraste, en 1 Ti. 2:9-15 no se hace ninguna mención de las enseñanzas falsas o de la corrección de la heterodoxia. Este pasaje está en medio de una sección dirigida a los creyentes (2:1-3:16); en esta sección no se menciona a los falsos maestros. La idea de enseñar y ejercer autoridad en el versículo 12 no tiene en sí connotaciones negativas. Al contrario que los falsos maestros y las mujeres de 2 Timoteo 3:5, quienes «nunca llegarán a conocer la verdad», las mujeres de 1 Ti. 2:9-15 son creyentes que viven en fe, amor, santidad y sobriedad, a quienes se les exhorta a continuar en tales virtudes.

4. Si la enseñanza falsa o incorrecta fuera el objeto de la prohibición de Pablo, es injusto que lo aplique a todas las mujeres (y solamente a las mujeres), en lugar de especificar que se está refiriendo a las incompetentes, ignorantes o heterodoxas. Priscila estaba en Éfeso (Hechos 18:24-28). Sin duda, ella era una mujer capaz y ortodoxa; no obstante, la prohibición no la exime. Pablo no pone condiciones ni excepciones a sus mandamientos para las mujeres de los versículos 11-12.

1 Corintios 14:34-35

A primera vista, 1 Corintios 14:34-35 parece más represivo aún que 1 Timoteo 2:11-14. El verbo utilizado como «guardar silencio» en este pasaje hace referencia a una total ausencia de palabras. Así, ¿lo que se le pide a las mujeres es un silencio absoluto? Si es así, las mujeres no podrían cantar, leer ni orar en voz alta, ni siquiera el Padre Nuestro. Si es así, todo lo anterior referente a hablar en lenguas, profetizar y compartir en la Iglesia no es del interés de las mujeres; es «solo para hombres». El «todos» de 14:5 excluiría a las mujeres.

No obstante, si comparamos este texto con el de 1 Corintios 11:2-16, veremos claramente que no se trata de un silencio absoluto. Ese texto regula la forma en la que los hombres y las mujeres deben alabar, sobre todo orando y profetizando, para que Dios sea glorificado. Además, el uso que Pablo hace de «guardar silencio» en 1 Corintios 14 sugiere que no se está ordenando un silencio absoluto y que el contexto mismo define qué tipo de silencio tiene en mente. «Pero si no hay intérprete, que guarde silencio en la Iglesia y que hable para sí o para Dios» (1 Co. 14:28), y «Pero si a otro que está sentado le es revelado algo, que el primero calle» (1 Co. 14:30). En ningún caso se habla de un silencio absoluto; el que tiene el don de hablar en lenguas, ya sea hombre o mujer, puede participar en los cánticos, oraciones y demás, aunque no lo hará si no hay un intérprete.[18]

¿A qué se refiere el silencio del versículo 34? Un análisis de la palabra «hablar» no resuelve el problema porque la palabra griega tiene una gran variedad de significados, como nuestros verbos «hablar» o «decir».

El contexto empieza calificando el significado de "silencio" haciendo referencia a la ley (v. 34). ¿De qué ley está hablando Pablo? Algunos creen que se trata de una ley rabínica que exige el silencio como señal de la sujeción de la mujer.[19] Aunque Pablo utiliza *ley* en sentidos diferentes, aquí cita la ley para acabar con cualquier objeción. Se trata de la ley por antonomasia. Un uso tan rotundo no puede estar haciendo referencia a otra ley que a la del Antiguo Testamento (compárese el uso de 1 Co. 14.21). La referencia no es a Génesis 3:16, que es un juicio y no una prescripción; se refiere a las partes del Antiguo Testamento que enseñan la subordinación de la mujer a su marido. La mención que Pablo hace de la inmutabilidad de la ley de Dios hace de estas palabras un mandamiento válido en toda época y lugar.

---

18 Hurley, *Man and Women*, pág. 190-91.
19 Paul K. Jewett, *Man as Male and Female* (Grand Rapids: Eerdmans, 1975), pág. 114.

La apelación paulina de la ley es vista como un golpe tremendo para mantener a las mujeres a raya, pero hay otra forma de verlo. La ley puede ser vista como un límite. La mujer no tiene que someterse en aquellas áreas que la ley no recoge; la mujer solamente debe someterse según la ley. El Antiguo Testamento permitía que las mujeres profetizaran; por tanto, 1 Corintios 14:34 no prohíbe que las mujeres profeticen.

No es el silencio lo que la ley ordena, sino la sumisión. Una traducción acertada del mandamiento del versículo 34 es «sujetarse». «Estar subordinado» y «estar sujeto» están en pasiva y tienen un tono derrotista. En griego, el verbo es reflexivo. Es una acción que uno hace o se impone a sí mismo. La mujer, el igual ontológico del hombre, se somete voluntariamente en reconocimiento de su posición como mujer (1 Co. 11:3).

El versículo 35 también podría definir el sentido de "silencio" o de "no hablar" que Pablo tiene en mente. Así, "hablar" significaría "hacer preguntas". El diálogo, con preguntas y respuestas, era una manera de enseñar muy común en el primer siglo.[20] Así, en el diálogo a las mujeres no se les permitía hacer preguntas porque era una forma de enseñar. (En la sinagoga, era el rabino o el maestro oficial el que hacía las preguntas, no los estudiantes). Cuando Pablo dice que las mujeres han de preguntar en casa, está ofreciéndoles un espacio para aprender; vemos que Pablo no niega la educación a las mujeres. Es importante que las mujeres aprendan, pero no deben tomar parte en la enseñanza oficial de la Iglesia.

1 Corintios 11:2-16

Este pasaje trata la participación de las mujeres en la Iglesia de forma positiva. El interés principal de Pablo es que los hombres y las mujeres (cuando oren y profeticen) adoren a Dios de forma que Él sea glorificado. La cuestión más importante para Pablo es la gloria de Dios. Acaba de escribir «ya sea que comáis o bebáis... hacedlo todo para la gloria de Dios» (1 Co. 10:31). La verdadera preocupación al tratar el tema de cubrirse o no la cabeza en el versículo 7 es «la gloria» o, mejor dicho, quién recibe la gloria. El tema principal del pasaje

---

[20] Los rabinos, haciendo preguntas que otros rabinos o estudiantes debían responder, utilizaron el diálogo para enseñar. Los griegos (Sócrates, por ejemplo) también utilizaban el diálogo para instruir. Dado que la iglesia primitiva siguió el modelo de adoración de la Sinagoga, es probable que también lo utilizara. En Hechos 20:7-12, Pablo dialoga en la parte de la reunión dedicada a la enseñanza. Las palabras de Pablo se definen como "discurso", y también como las acciones de "confesar" o "declarar", el verbo del que deriva la palabra *homilía*.

no es la subordinación de la mujer. La relación hombre-mujer se discute aquí solo porque es necesario considerarla si se va a hablar de la forma en la que los hombres y las mujeres oran y profetizan durante la adoración.

¿Siguen siendo válidas hoy las instrucciones de Pablo? Frecuentemente, el mandamiento de cubrirse se entiende como una cuestión cultural. Esta presuposición es dudosa por varias razones:

1. Con frecuencia se argumenta que Pablo está corrigiendo un error de la cultura corintia: las mujeres de Corinto estaban haciendo de las suyas e ignoraban el decoro social, por eso Pablo les escribió para que se comportaran como corresponde a una mujer cubriéndose la cabeza. No obstante, Pablo comienza esta sección alabando a los corintios (vs. 2); no les critica hasta el versículo 17. Posiblemente, Pablo esté ofreciendo una base teológica para explicar lo que los corintios ya estaban haciendo. La inclusión de esta sección en las Escrituras no puede racionalizarse como una exhortación a conformarse a las exigencias culturales de aquella época y lugar; aparece en las Escrituras por una razón más profunda, una que se remonta hasta la Creación.

2. La razón de cubrirse la cabeza está directamente relacionada con el liderazgo del marido; la cabeza es importante.

3. No tenemos mucha información sobre las costumbres de Corinto.[21] Algunos estudiosos afirman que Pablo rechazaba las costumbres de su época,[22] y otros afirman que las respetó para evitar que la gente se ofendiera o porque él también estaba condicionado por su contexto y no podía ver más allá de las fronteras culturales.

4. El abandono de la costumbre de cubrirse la cabeza, en la mayoría de las denominaciones durante este siglo, no ha tenido lugar por razones teológicas, sino por razones culturales (los sombreros han pasado de moda y son demasiado caros).

---

21 Conzelmann relata que las judías y las griegas respetables de su época no aparecían en público sin cubrirse la cabeza (Hans Conzelmann, *I Corinthians* [Filadelfia: Fortress Press, 1975], pág. 185). *The Woman's Bible* [La Biblia de las Mujeres] incluye esta información: Corinto fue destruida en el año 146 a.C. por los romanos, quienes la reconocieron como colonia romana en el año 46 d.C. Las mujeres romanas no llevaban velo y se entremezclaban libremente con los hombres. Elizabeth Cady Stanton, *The Original Feminist Attack on the Bible (The Woman's Bible)*, parte 2 (Nueva York: Arno Press, 1974), pág. 151. Los hombres romanos y judíos se cubrían la cabeza para las oraciones y los griegos oraban con la cabeza descubierta, R.C.H. Lenski, *The Interpretation of St. Paul's First and Second Epistles to the Corinthians* (Minneapolis: Ausburg, 1961), págs. 434-35. Si las poblaciones se mezclaron, lo normal es que las costumbres también se mezclaran.

22 Peter Brunner, *The Ministry and the Ministry of Women* (St. Louis: Concordia, 1971), pág. 23.

En 1 Corintios 11:2-16 el elemento determinante es el concepto de "ser la cabeza". ¿Qué significa exactamente? En el Antiguo Testamento, *cabeza* significaba «el más alto» o «frente» junto con «primero» o «comienzo». Dado que incluía las ideas de altura, elevación y anterioridad o precedencia, el concepto de *cabeza* se asoció con el liderazgo (Ex. 18:25; Nm. 1:16; 25:15). Así, el término *cabeza* se usaba para designar al presidente de la sinagoga. Pablo relaciona las ideas de *autoridad* y *cabeza*. En Efesios 5:21-23, la mujer se somete a su marido precisamente porque él es su cabeza, del mismo modo que Cristo es la Cabeza de la Iglesia.[23] La idea de "fuente" también está incluida. La Iglesia tiene su origen en Cristo, del mismo modo que la mujer tiene su origen en el hombre (1 Co. 11:8). Ser "la fuente de" es el requisito imprescindible para ser *cabeza*, pero esta idea de *origen* no elimina la idea de autoridad. Ser la cabeza implica tener autoridad (ver también Col. 2:10; Ef. 1:21-23).

No obstante, ser la cabeza no indica una superioridad automática. En los ejemplos del vs. 3, la cabeza de Cristo es Dios. Dios y Cristo son Dios por igual. Por lo tanto, el hombre no es la cabeza de su mujer porque él sea mejor, intrínsecamente hablando. Dios estableció que así fuera: nombró al hombre como cabeza.

El versículo 3 indica que el hecho de que el hombre sea la cabeza no es una moda pasajera. La jerarquía hombre-mujer está colocada entre dos jerarquías incuestionables: Cristo es la cabeza de cada hombre, y Dios es la cabeza de Cristo.

Un entendimiento adecuado de 1 Corintios 11:2-16 es crucial para tratar bien el tema de la participación del hombre y la mujer en el culto de adoración. La situación que Pablo reguló es la que encontramos en 1 Corintios 14, un culto informal en el que participaban muchas personas. Si el hombre ora o profetiza, debe hacerlo sin cubrirse la cabeza. Si la mujer ora o profetiza, debe cubrirse. Este pasaje no exige que la mujer se cubra la cabeza en la Iglesia en todo momento; solamente cuando participe verbalmente, si lo hace. Lo contrario es válido para los hombres.

1 Corintios 11:2-16 enseña que la mujer puede y debe participar activamente en la adoración, orando y profetizando. El único requisito es que se cubran para que la gloria sea para Dios, en lugar de para sus maridos: este

---

23 Acerca del significado de "cabeza", Hurley escribe, "La norma de Cristo es por el bien del Cuerpo, la Iglesia. Aquí [Ef. 1:20-22; cf. Ef. 5:22-23] se presenta la idea del amor, unidad y gobierno por el bien de los demás. Pablo relaciona la norma de Cristo y el amor de Cristo por su iglesia usando los dos significados en la palabra 'cabeza' (*kephale*) Hurley, *Man and Woman*, pág. 146.

requisito es necesario porque su marido es la cabeza. En este pasaje vemos reflejados los tres principios previamente mencionados: (1) la subordinación de la mujer está implícita en el reconocimiento de su marido como cabeza, en la necesidad de cubrirse y en que ella es la gloria del hombre; (2) la igualdad de la mujer se muestra en su «autoridad» para participar en la adoración y en el acuerdo tácito de que ella está hecha a imagen de Dios; y (3) la interdependencia del hombre y de la mujer está relacionada con la unidad de los creyentes en el Cuerpo de Cristo. Este tercer principio debería servir para impedir el abuso de los otros dos principios.

Gálatas 3:28

Según los defensores de la igualdad completa entre los sexos, Gálatas 3:28 es como una bomba que Pablo lanzó en medio del mundo chauvinista en el que vivía. El versículo va desvelando su significado de forma gradual, hasta que la Iglesia se dio cuenta de que no debía haber distinciones entre el hombre y la mujer, sino que Efesios 5:22-33; Colosenses 3:18; 1 Corintios 11:2-16; 14:34-35 y 1 Timoteo 2:11-15 eran simplemente medidas temporales o solamente reflejo de lo difícil que fue para Pablo renunciar a su herencia patriarcal. Uno de los problemas de esta teoría acerca de Gálatas 3:28 es su acercamiento a la Escritura. Pone a la Escritura en contra de la Escritura; (según algunos) un versículo contradice a otro versículo.

Otra objeción a la interpretación igualitaria de Gálatas 3:28 es que malinterpreta el propio texto. La idea de Gálatas 3:23-29 es que la fe, no la ley, es el camino a la salvación. El mensaje de Pablo es que independientemente de la nacionalidad, estatus social o género, todos estamos justificados por la fe (vs. 24); somos hijos de Dios (vs. 26), y todos nos hemos revestido en Cristo (vs. 27), todos somos herederos según la promesa (vs. 29). Sin duda, el énfasis aquí es la situación espiritual.

Ésta es una afirmación extraordinaria; eran noticias muy buenas, sobre todo en el siglo primero. Todas las clases y tipos de personas tienen la misma relación con Dios mediante Cristo. Esto tiene consecuencias para las relaciones humanas, pero no necesariamente las que buscan los defensores de la igualdad. Gálatas 3:28 enseña la *unidad* en Cristo, no la *igualdad*; estas dos palabras no tienen el mismo significado.

En 1 Corintios 12, Pablo explica las aplicaciones prácticas de la unidad, de la unión, de ser uno en Cristo. Los celos, los resentimientos y las hostilidades entre creyentes deben cesar. Esto no significa que las causas inmediatas –como la posición que el marido tiene como cabeza o la variedad de dones– sean malas y deban ser eliminadas. Los creyentes deben trabajar codo con codo. Esa unión significa que lo que beneficia a uno nos beneficia a todos, y lo que perjudica a uno nos perjudica a todos. Debemos cuidarnos y ayudarnos mutuamente.

En 1 Corintios 12 encontramos la idea de la unidad (vs. 13) y la idea de la jerarquía (vs. 28). Por tanto, la unidad y la jerarquía en el Cuerpo de Cristo no se contradicen. La unidad, ser parte del otro, permite que exista la jerarquía sin preocuparse por la inferioridad o la superioridad (1 Co. 12:15-26). De la misma forma, la unión del marido y de su mujer debe eliminar las cuestiones de inferioridad y superioridad. La armonía debe verse reforzada por el conocimiento de que cada creyente tiene el mismo valor ante Cristo, que la jerarquía es ordenada por Dios, y que todas las posiciones son necesarias para el funcionamiento correcto del Cuerpo.

Pablo no dice que todos *seremos* uno en Cristo, sino que proclama firmemente que todos *somos* uno. Gálatas 3:28 era ya era cierto cuando Pablo lo escribió, a pesar de que los judíos se burlaban de los gentiles, aún existía la esclavitud y las mujeres, a causa de las leyes y la costumbre, estaban a merced de sus maridos. El cumplimiento de Gálatas 3:28 no depende de la existencia o eliminación de las instituciones sociales o de las costumbres.

Las tres categorías que aparecen en Gálatas 3:28 tienen una naturaleza diferente. Dado que la esclavitud es una institución social creada por seres humanos pecadores que no fueron capaces de ver que todas las personas habían sido creadas a imagen de Dios, puede ser erradicada. Dado que esta relación puede ser borrada, los mandamientos bíblicos que regulan la esclavitud pueden verse como temporales. No obstante, mientras las categorías existan, como en el caso del empleado y el jefe, los mandamientos siguen en pie. La distinción judío-gentil no ha desaparecido, y la Biblia no manda su eliminación. En su lugar, Pablo exhorta a los dos grupos a reconciliarse (Ef. 2:14-16). Este mandamiento sigue siendo válido. La distinción hombre-mujer es fundamental; Dios la estableció en la Creación, y no puede desaparecer. Dado que las categorías de marido y esposa y hombre y mujer siguen existiendo, los mandamientos tocantes a estas categorías permanecen. Cada una de las partes debe interpretarse según su naturaleza tal y como la Escritura las presenta.

Gálatas 3:28 no anula los pasajes que enseñan la sumisión de la mujer en la Iglesia o en el matrimonio. Los conceptos de la igualdad en cuanto al ser y la subordinación en cuanto a las funciones coexisten en la Biblia (1 Co. 11:2-16; 1 Pedro 3:1-7; 1 Co. 12:13, 28). La unión entre marido y mujer y entre Cristo y los creyentes enlaza los otros dos principios.

Resumiendo, tanto el Antiguo como el Nuevo Testamento enseñan los tres mismos principios: (1) el hombre y la mujer están hechos igualmente a imagen de Dios, y tienen la misma relación con Dios mediante Cristo (Gé. 1:26-27; Gá. 3:26-29; 1 Pe. 3:7). (2) La mujer tiene un papel subordinado en la Iglesia y en el matrimonio (1 Co. 11:3; 14:3; 1 Ti. 2:11; Ef. 5:22-24). (3) En la Iglesia y en el matrimonio, Dios ha establecido una unidad que armoniza y equilibra los dos primeros principios. Los creyentes son uno en Cristo y el marido y la mujer son uno sobre la base del amor (1 Co. 12-14; Ef. 5:25-31).

El siguiente paso

¿Cómo se pueden aplicar estos principios y pasajes a la actividad de las mujeres en la Iglesia? Por desgracia, la exégesis de los pasajes importantes no responde a todas las preguntas.

La pregunta más acuciante es: ¿Puede una mujer ocupar el puesto de pastor o ministro (anciano, o pastor y maestro, si utilizamos términos bíblicos)? Si la respuesta es sí, no hay que preguntarse nada más, porque si ellas pueden hacer el trabajo más «importante», también podrían desempeñar todos los demás.

El aspecto importante de la ordenación o la investidura que ahora nos interesa destacar es que reconoce los dones específicos que Dios ha dado a una persona. La ordenación no da nada; es simplemente el reconocimiento de la Iglesia de lo que Dios ha dado. Por tanto, la ordenación para el ministerio (o para labores de anciano o pastor y maestro) no es un derecho por el que tengamos que luchar; es una cuestión derivada de la Gracia de Dios.

Algunas denominaciones ordenan diáconos, como ya lo hacía la iglesia primitiva. Por regla general, se entiende que Hechos 6:1-6 es la ordenación de los primeros diáconos. Si las mujeres pueden ser diáconos, es correcto ordenarlas como tales. Pero la ordenación como diácono no tiene nada que ver con la ordenación como pastor.

En el tema de las mujeres ministro hay argumentos inválidos en ambas partes. Los siguientes son argumentos impropios en contra de las mujeres en el ministerio.

1. El argumento de la naturaleza: las mujeres son inferiores y, por tanto, no pueden ejercer la pastoría. Este argumento presupone que la subordinación de las mujeres enseñada en la Biblia implica que son inferiores (una presuposición falsa). Como hemos visto anteriormente, la Biblia enseña la

subordinación de la mujer en la Iglesia, basada en dos hechos objetivos: la Creación y la Caída. Nunca sugiere que las mujeres sean inferiores o que tengan ningún tipo de limitación.

2. El argumento de la naturaleza de Dios: Dios es Padre; Jesús se encarnó como *hombre*. Dado que el pastor representa a Cristo; también debe ser *hombre*. Aunque el uso de términos en masculino con referencia a Dios es significativo, y la encarnación de Jesús como hombre era teológicamente necesaria, la Escritura nunca ofrece este argumento. De hecho, no hay evidencias de que indiquen que el ministro representa a Cristo para la congregación. Es más, cuando se usa este argumento de la naturaleza de Dios en contra de la ordenación de mujeres para el ministerio podemos contestar desde el mismo principio: ambos hombre y mujer fueron creados a imagen de Dios. Si la Biblia no usa ninguno de estos argumentos en relación con el ministerio, la Iglesia tampoco debe hacerlo.

3. El argumento del ejemplo bíblico: cuando Jesús eligió solamente a hombres como apóstoles, estaba sentando el modelo de la Iglesia. Los apóstoles también eran todos judíos. Entonces, ¿todos los pastores deberían ser judíos? ¿Qué hechos y decisiones de Jesús son normativos, y cuáles no lo son? Otra objeción a este argumento es que el apostolado no es vigente en la actualidad, y que es un cargo que no se puede equiparar al de anciano o pastor y maestro. En el siglo primero estos dos cargos sí que existieron simultáneamente.

4. El argumento de la tradición: a lo largo de su historia, la Iglesia no ha ordenado a mujeres como ministros. En el pasado, el liderazgo de la mujer solo ha existido en las sectas o grupos heréticos como los montanistas. Aunque la práctica de la Iglesia merece nuestra atención, no es infalible; no tiene autoridad sobre nosotros. La Biblia es la única que la tiene.

Solamente existe un argumento válido en contra de la ordenación de mujeres para el ministerio: la prohibición bíblica. Encontramos esta prohibición en 1 Ti. 2:12. Podemos discutir si este pasaje prohíbe específicamente que las mujeres desempeñen la labor de anciano. Pero lo que está claro es que prohíbe que las mujeres lleguen a ser ministras (ancianas o pastoras y maestras) ya que las tareas concretas del anciano son enseñar (1 Ti. 3:2) y dirigir (1 Ti. 5:17). La razón por la cual las mujeres no pueden enseñar o tener autoridad sobre los hombres no se encuentra en ninguno de los argumentos anteriores, que no son válidos. De hecho, utilizarlos debilita la posición en contra de la ordenación de las mujeres. Las razones son (1) que el hombre fue creado primero, y (2) que el hombre no fue engañado, pero la mujer sí lo fue. Si estas razones no nos parecen razonables o justas es indiferente. Son las razones que Dios da, y nosotros tenemos que decidir si nos queremos someter a Él o no.

¿Son arbitrarias las razones de Dios? Parece que hacernos esta pregunta sea ir por el camino equivocado. Quizás la respuesta es que no, pero que lo que ocurre es que la razón humana finita no es capaz de comprehenderlas. La Biblia dice claramente que no se nos ha revelado todo y que no debemos confiar en la capacidad de razonamiento, pues no es del todo fiable (Prov. 3:5-7; 14:12; Is. 55:8-9; Ro. 9:20). Pero sí que se nos dice algo sobre por qué Dios creó dos sexos y puso a uno de ellos como cabeza.

En el Antiguo Testamento, Dios compara a su pueblo con una mujer y a él mismo con el marido. Con esta ilustración tangible, Dios enseña a su pueblo que deben someterse a Él y que les ama. En el Nuevo Testamento, después de hablar del perfecto ejemplo de Cristo y de que el Espíritu mora en los creyentes, la comparación es a la inversa.

Pablo le dice a la esposa que, a la hora de someterse, siga el modelo de la sumisión de la Iglesia a Cristo, y al marido que, para amar a su mujer, tome como modelo el sacrificio de amor que Cristo hizo por la Iglesia. La estructura de autoridad marido-esposa funciona como una imagen de la relación de la Iglesia con Cristo su Señor. Nuestra sumisión dentro de estas estructuras de autoridad nos recuerda (incluso a los que están en posiciones de liderazgo) nuestra necesidad de someternos a Dios.[24]

Dios creó la Humanidad a partir de una persona; el hecho de que Adán fuera creado primero le permite representar a toda la Humanidad. Él es la cabeza de la Humanidad (Ro. 5:12-21; 1 Co. 15:45-49). La mujer está incluida en el hombre; y la afirmación contraria no es cierta. Este aspecto de la relación hombre-mujer puede ser la respuesta a por qué los ancianos deben ser hombres: para que puedan representar a toda la congregación, tanto a hombres como a mujeres. Esta línea de pensamiento no es un argumento a favor de los ancianos hombres, sino un intento de entender por qué solo los hombres pueden ser ancianos.

La razón por la que todos los apóstoles eran hombres está expresada en el principio que encontramos en 1 Ti. 2:12-14, la subordinación de la mujer en la Iglesia. Aunque los ejemplos bíblicos por sí solos no son concluyentes, pueden ser mencionados como apoyo, para demostrar que 1 Ti. 2:12-14 no es un caso aislado. La historia bíblica desde el principio hasta el final ilustra este principio. En el Antiguo Testamento, solamente

---

24 Susan T. Foh, «Women Preachers - Why Now?» *Fundamentalist Journal* 4, no. 1 (Enero de 1985): 18.

los hombres podían ser sacerdotes y ancianos; los hombres destacan como patriarcas, reyes, profetas, jueces y autores de la Escritura (todos los autores conocidos eran hombres). Los apóstoles fueron solamente hombres (ver el pie de página 9); todos los evangelistas y misioneros mencionados en Hechos eran hombres. Los mandamientos a las mujeres en 1 Co. 11:3-16 y 14:34-35 confirman la prohibición de 1 Ti. 2:12-14. Incluso los mandamientos a las esposas (Nm. 30:1-15; Ef. 5:22-25; Col. 3:18-19; 1 Pe. 3:1-6) sirven para respaldar esta idea porque coinciden en que el orden de la Creación tiene consecuencias y que la jerarquía no es contraria a la voluntad de Dios.

Las objeciones

Los que abogan por la ordenación de las mujeres para el ministerio conocen bien los mandamientos bíblicos para las mujeres. ¿Por qué actúan como si no existieran? A continuación incluyo algunos de los argumentos a favor de la ordenación de mujeres para el ministerio.

1. *Ejemplos bíblicos.* Scanzoni y Hardesty dicen, por ejemplo: «Desde el principio, las mujeres participaron con los hombres de forma completa e igual»[25]. Las mujeres sí tuvieron un papel activo, pero las omisiones también son notables. No existen ejemplos de mujeres que enseñaran a la asamblea, ni siquiera a un grupo pequeño de personas. No leemos de ninguna ocasión en la que se desobedeciera lo ordenado en 1 Timoteo 2:12-14.

2. *Tradición.* Como en el caso de los ejemplos bíblicos, la tradición da testimonio de la incalculable actividad de las mujeres en la Iglesia, pero no de su ordenación para el ministerio.

3. *Experiencia.* La predicación de la mujer ha sido bendecida por Dios. Los tiempos han cambiado, y las mujeres tienen más formación, por lo que ahora deberían ser aceptadas como ministros. Pero esto es ignorar la Palabra de Dios. Sabemos que Dios puede sacar algo bueno de lo que se ha hecho mal (Fi. 1:15-18), pero eso no justifica la desobediencia. El Espíritu Santo que entrega los dones es el mismo que inspiró las Escrituras, incluyendo 1 Ti. 2:12-14. El Espíritu no se va a contradecir permitiendo que las mujeres alcancen una posición que la Palabra les ha negado. Las mujeres pueden y deben utilizar sus dones, pero pueden hacerlo de otras formas.

---

25 Letha Scanzoni y Nancy Hardesty, *All We're Meant to Be* (Waco, Tx: Word Books, 1975), pág. 60.

Otro argumento desde la experiencia es que algunas mujeres se «sienten» llamadas al ministerio. Es difícil decidir si uno tiene o no un «llamamiento» para el ministerio. El punto de partida es la Biblia. Si una mujer se examina a la luz de la Biblia, debería concluir que sus sentimientos la están engañando porque 1 Timoteo 2:12-14 prohíbe que las mujeres sean ancianas.

El Espíritu Santo da a las mujeres dones como la capacidad de enseñar o aconsejar, y algunas mujeres son expertas en exégesis y muy buenas hablando en público. La Iglesia no debe desperdiciar estos dones y talentos. Pero la Iglesia, en su búsqueda de formas creativas para utilizar los dones de sus mujeres, no debe invalidar la Palabra de Dios.

4. *El sacerdocio universal de los creyentes*. Este concepto no tiene nada que ver con el tema de las mujeres en el ministerio. No hay ningún tipo de continuidad entre la labor de sacerdote, que cesó cuando Cristo se sacrificó definitivamente por todos nosotros (He. 7:11-10:25), y la labor de anciano o de pastor y maestro. Sus responsabilidades son muy diferentes. La tarea principal del sacerdote era ofrecer sacrificios por los pecados. El ministro enseña la Palabra de Dios, administra los sacramentos, cuida de la congregación y dirige la Iglesia (incluyendo la disciplina de la Iglesia).

El sacerdocio universal de los creyentes significa que nos hemos de ofrecer como sacrificios espirituales a Dios (Ro. 12:1; 1 Pe. 2:5) y que podemos acceder a Dios mediante la sangre de Cristo (He. 10:19-22). Las mujeres son sacerdotes en estos dos sentidos como también lo son los hombres, pero este estatus no cualifica a nadie para ningún cargo en la Iglesia.

5. Predicar es equivalente a profetizar, y a las mujeres se les permite profetizar (1 Co. 11:3-16). Pero predicar y profetizar no es lo mismo. El sermón es una forma de enseñanza, y está prohibido a las mujeres. Con la profecía, Dios pone las palabras en boca del profeta (Dt. 18:18-19); no son el resultado del pensamiento del profeta. La predicación es el resultado de la preparación y estudio del orador. Su fuente es la Escritura, no la boca de Dios. Además, en Efesios 4:11 se distingue al profeta del pastor, maestro y evangelista (los que predican).

6. *Gálatas 3:28*. ¿Está enseñando este texto la igualdad de los dos sexos? Como hemos indicado previamente, Gálatas 3:28 no enseña que seamos iguales, sino que enseña que somos uno en Cristo. Esta «igualdad espiritual» sin «igualdad práctica» ha sido muy criticada; muchos afirman que «no es justa». Pero esta declaración habla de un cambio en las prioridades. Lo más importante es nuestra posición espiritual (Mc. 9:43-48). El mundo espiritual que aún no hemos visto es la realidad. La unidad del Cuerpo de Cristo no significa que tenga que haber uniformidad o que se tengan que eliminar todas las distincio-

nes, como Pablo demuestra usando la ilustración del Cuerpo humano. Gálatas 3:28 elimina las hostilidades entre las partes diferentes, y afirma que todas tienen el mismo estatus: hijos de Dios y herederos de la promesa, independientemente de su nacionalidad, estatus social o género. Todos los creyentes son igualmente importantes en el reino de Dios, pero eso no otorga a nadie el derecho a convertirse en cabezas, ojos u oídos (1 Co. 12:14-30).

¿Qué pueden hacer las mujeres en la Iglesia?

Hoy en día la Iglesia está confundida y no sabe lo que significan las prohibiciones bíblicas dirigidas a las mujeres. Como resultado, no hemos sabido aprovechar sus dones, y muchas mujeres se han decepcionado o frustrado. Letha Scanzoni y Nancy Hardesty escriben: «La Iglesia está desanimando activamente a las mujeres. Si el Espíritu Santo les ha dado dones para cambiar pañales, cuidar niños, hacer pasteles o poner tiritas, la Iglesia tiene un sitio para ellas. Pero si su don es la administración, la contabilidad, la investigación teológica, o el discurso público, ni hablar».[26]

Algunas iglesias, en parte influenciadas por los gritos seculares a favor de la liberación de la mujer y en parte por la confusión sobre cómo interpretar los pasajes difíciles acerca de las mujeres, «ponen vallas» a la ley. Entienden las prohibiciones de la forma más extremada posible; para asegurarse de que no se desobedece ningún mandamiento, prohíben más de lo que la Escritura misma hace. Algunas denominaciones no permiten que las mujeres lleguen a dirigir el coro o el departamento de la Escuela Dominical. Algunas personas piensan que las mujeres no pueden enseñar en centros de estudios mixtos ni ocupar ningún tipo de posición, ya sea eclesiástica o secular, que la ponga por encima de los hombres.

Otras iglesias han sucumbido a la llamada de la igualdad sexual y han eliminado todas las distinciones. Sin prestar demasiada atención a las Escrituras, algunas iglesias de forma aleatoria permiten a las mujeres hacer algunas cosas y no otras; la tradición es lo que explica esta situación.

El primer paso para saber qué pueden hacer las mujeres en la Iglesia es entender correctamente 1 Corintios 11:2-16; 14:34-35 y 1 Timoteo 2:11-14. Hemos concluido que las mujeres deben orar y profetizar[27] en la congrega-

---

26 Ibíd, pág. 178-89.
27 El debate sobre la existencia de la profecía no corresponde a este capítulo. El equivalente sería la lectura de las Escrituras, dado que las Escrituras son la palabra directa de Dios para la Iglesia, como es el caso de la profecía.

ción mientras estén cubiertas, que el silencio de 1 Corintios 14:34-35 se refiere a no preguntar durante el periodo de instrucción, y que la intención de 1 Timoteo 2:12 es impedir que se considere a las mujeres como elegibles para el puesto de anciano, la posición supone dirigir y enseñar a la Iglesia. Por desgracia, estas conclusiones exegéticas no responden a todas las preguntas. El culto de adoración del Nuevo Testamento y la estructura eclesial eran muy diferentes a las de ahora. En la actualidad, hay cargos en las iglesias que no existían en las iglesias primitivas: junta directiva, el tesorero, maestro de Escuela Dominical, responsable del departamento de la Escuela Dominical, representante y/o presidente de la denominación, etc. ¿Cómo podemos saber cuáles de estos cargos pueden ser ocupados por mujeres?

Mi forma de ver 1 Timoteo 2:12 es que se refiere específicamente a las tareas del anciano. Por tanto, los otros cargos están abiertos a las mujeres. Para el anciano, enseñar y ejercer la autoridad son actividades inseparables; él tiene el derecho de enseñar y de que la Iglesia ponga en práctica su enseñanza regulando la disciplina. El anciano tiene autoridad sobre las almas humanas (1 Timoteo 4:16; He. 13:17); debe enseñar a los demás la verdad de Dios y corregirles para que crezcan en la Gracia de Dios. Es su responsabilidad asegurarse de que la fe, como se enseñó originalmente, se mantiene y es transmitida (2 Timoteo 1:13-14). No obstante, hay otros tipos de autoridad que pueden delegarse a las mujeres. Las mujeres pueden contribuir en el uso de fondos, la elección de programas, la propiedad de la Iglesia y demás, al igual que cualquier hombre que, siendo miembro de la Iglesia, no tiene ningún cargo eclesial reconocido. Este tipo de autoridad no es de la misma categoría que la del anciano, que está sobre la vida y la doctrina de las personas.

Otras tareas que las mujeres pueden desempeñar son la de bibliotecaria, tesorera, directora de Escuela Dominical, administradora, editora del boletín de la Iglesia, directora del coro, presidenta de algún comité y escritora.

Debemos tener precaución a la hora de abrir a las mujeres todos los cargos eclesiásticos que no sean el de anciano. En algunos casos, alguna administradora o diaconisa, por ejemplo, ha tenido que asumir parte de las tareas del anciano. Aquí es necesaria una clarificación. Puede que lo mejor sea devolver esas tareas concretas a los ancianos, y no negarles a las mujeres la posición que se les había dado. De forma inevitable, esta situación saca a relucir la cuestión del gobierno o dirección de la Iglesia. ¿Existe una regla que sea bíblica y normativa para la Iglesia? Aunque la solución no es fácil, creo que cuanto más se conforme ésta a las directrices bíblicas, más fácil será aplicar la Escritura y ver lo que las mujeres pueden hacer en ella.

El cargo de maestro de Escuela Dominical requiere una atención especial. Tradicionalmente, las mujeres han enseñado a los niños y a otras mujeres en la Escuela Dominical, pero el anterior entendimiento de 1 Timoteo 2:12 abre la puerta a todos los niveles de enseñanza, incluyendo las clases mixtas de adultos. ¿Es esto correcto? Esta pregunta es más complicada que la referente a la administración, porque el maestro de Escuela Dominical con frecuencia hace exactamente lo mismo que el pastor cuando predica. De hecho, en muchas ocasiones, la Escuela Dominical se parece más a la instrucción o enseñanza de la iglesia primitiva (1 Co. 14:34-35), donde no estaba permitido que la mujer preguntara.

¿Cuál es la naturaleza de la Escuela Dominical? Normalmente, no se considera parte del culto de adoración. Es opcional; la asistencia de los miembros no es obligatoria. Por esta razón, si es que no hay otras, la Escuela Dominical puede distinguirse de la reunión de culto, a la que todo el pueblo de Dios debe asistir.

Fue Robert Raikes quien en 1781 creó el concepto de Escuela Dominical en Inglaterra, con el objetivo de enseñar a los niños pobres a leer y escribir, reformar su comportamiento conflictivo y darles una educación religiosa. Dado el éxito que tuvo, esta práctica se extendió rápidamente. Su origen está fuera de la Iglesia (ideada por una persona), lo que subraya el carácter no oficial de esta actividad.

El maestro de Escuela Dominical no tiene el poder de establecer una disciplina de iglesia para que los miembros practiquen sus enseñanzas. Éstas tienen un carácter no oficial, más informal y abierto al debate (que se parece a la enseñanza mutua entre todos los creyentes, Col. 3:16) que la enseñanza oficial del ministro o pastor durante el culto de adoración. Incluso si el pastor da clases de Escuela Dominical, el estilo que usa suele reflejar esta diferencia. La labor del maestro de Escuela Dominical no es la misma que la del pastor.

La diferencia entre lo que el maestro de Escuela Dominical hace y lo que el pastor hace cuando predica está en la autoridad que tienen. El hecho de que la Escuela Dominical tenga lugar en domingo no debe ocultar esa diferencia. Para ser totalmente fieles al concepto bíblico de autoridad bíblica, los miembros de la Iglesia deberían entender esta diferencia para que vean claramente que en sus iglesias se está obedeciendo lo que aparece en 1 Timoteo 2:12. Si una denominación o iglesia desea ampliar el tiempo de enseñanza oficial, y lo hace utilizando la Escuela Dominical, el maestro debe ser un anciano, y las mujeres no deben participar, ni siquiera haciendo preguntas. En cualquier caso, se tendrá que explicar y definir a los participantes el tipo de enseñanza que se va a impartir, para que puedan obedecerse los mandamientos bíblicos. Siempre debe definirse la naturaleza de la enseñanza que se va a ofrecer, de modo que las mujeres sepan cuáles son sus límites, si es que los hay.

¿Hasta qué punto pueden participar las mujeres en el culto de adoración? Al hacer esta pregunta, surge otra: ¿existe un formato bíblico de culto? El tema de «las mujeres» hace que también analicemos el tema del orden tradicional del culto, en parte porque 1 Corintios 11:2-16 y 14:34-35 son parte de una sección mayor que trata de la reunión de la Iglesia (1 Cor. 11-14), y en parte porque las mujeres, que en la actualidad son más conscientes de sus capacidades, quieren utilizar sus dones en el culto.

En el culto tradicional, no hay mucha cabida para que participen los miembros que no tienen un cargo eclesial, a no ser que lo hagan como grupo. La participación de las mujeres en estas actividades de grupos, como orar el Padrenuestro, cantar himnos y leer para dirigir a la congregación, está permitido en 1 Corintios 11:2-16 (las mujeres deben orar y profetizar, incluyendo la lectura de la Palabra inspirada de Dios) y Col. 3:16. El silencio ordenado para las mujeres en la iglesia en 1 Corintios 14:34-35 tiene que ver con el periodo de instrucción, es decir, lo que hoy equivaldría al sermón que se predica en el culto.

Pero si hablamos de un culto más informal, que se parezca más a los de la iglesia primitiva, ya hay alguna que otra cuestión que resolver. En primer lugar, debemos determinar el tema de cubrirse la cabeza que aparece en 1 Corintios 11:5. Este tema es crucial porque los hombres, incluyendo al pastor, también tienen que saber qué significa no cubrirse la cabeza. En vez de no permitir que las mujeres participen mientras se intenta identificar cuál es el sentido de cubrirse la cabeza, lo mejor sería que la denominación o iglesia tomara una decisión provisional, y propusiera qué longitud o qué corte de pelo es el apropiado. Posiblemente las mujeres deberían cubrirse durante la oración y la lectura de las Escrituras en grupo, pero sin duda alguna deben cubrirse cuando oren y lean la Biblia de forma individual. En 1 Corintios 11:2-16, Pablo parece estar pensando solamente en la oración y profecía individual, porque dice que cada (o todo) hombre (vs. 4) y cada (o toda) mujer (vs. 5) y los profetas deben hablar por turnos (1 Cor. 14:29-32).

También se plantea otro tema. ¿Puede una mujer compartir su testimonio, motivos de oración y de gratitud? ¿Puede una misionera ofrecer un informe en la asamblea? Si una mujer puede orar, parecería razonable que también pudiera compartir sus motivos de oración y de gratitud. Recordemos que es durante el periodo de instrucción, el sermón y su discusión cuando las mujeres deben permanecer en silencio. Dado que los testimonios personales e informes misioneros, aunque son instructivos, no tienen la misma autoridad que la enseñanza oficial, diremos que la mujer puede darlos, siempre que no sustituyan al sermón.

Una mujer que no tenga ningún cargo, ¿podrá hacer todo lo que hace un hombre que tampoco tenga ningún cargo? Decir que sí, basándonos en 1 Ti. 2:11-14, es bastante tentador. Después de todo, no todos los hombres están autorizados para enseñar y ejercer autoridad; ser hombre no es el único requisito para ser anciano. No obstante, 1 Corintios 14:34-35 parece sugerir que todos los hombres pueden hacer preguntas, que las únicas que quedan excluidas de la discusión son las mujeres. Por tanto, la respuesta a la pregunta es "sí", pero con la excepción de comentarios y/o preguntas en el periodo de instrucción.

¿Qué ocurre si no hay hombres cualificados para ser ancianos y sí que hay mujeres preparadas, como ocurre en algunos campos misioneros? ¿Pueden, entonces, asumir el liderazgo las mujeres? Las leyes de Dios no cambian ni siquiera en los casos excepcionales. No obstante, es presuntuoso (y no refleja la realidad) asegurar que Dios siempre proveerá hombres capacitados para la pastoría.

Elisabeth Elliot se enfrentó a esta situación después de que su marido y otros misioneros fueran masacrados por los indios aucas. Entonces ella era la única persona con formación teológica que podía hablar la lengua de los aucas. Su reacción fue llevar los estudios bíblicos y «enseñar» un sermón, antes del culto, a un hombre auca que parecía lo suficientemente capaz. Es decir, se negó a predicar en los cultos oficiales. ¿Fue Elisabeth una legalista, obedeciendo la letra de la ley, e ignorando la situación en la que se encontraba? ¿O es su solución parecida a la de Priscila y Aquila? Cuando se enteraron de las enseñanzas equivocadas de Apolos, no usurparon su lugar como maestro, sino que le enseñaron en privado, y él continuó con su ministerio. Elisabeth Elliot enseñó de forma privada a hombres aucas para que pudieran convertirse en ancianos de sus iglesias. Este tipo de solución a un caso tan excepcional honra la Palabra de Dios.

En 1 Corintios 12:28, Pablo enumera varios dones dados a los cristianos en orden jerárquico: apóstoles, profetas, maestros, hacer milagros, sanidades, ayudas, administraciones, lenguas. Debido a que los corintios, como los cristianos en la actualidad, se resistían a la idea de jerarquía, Pablo les escribió acerca del Cuerpo de Cristo. Como el cuerpo humano, la Iglesia se compone de diferentes unidades funcionales, personas con diferentes dones. Algunos dones o funciones parecen más importantes que otros, pero eso es un engaño, elaborado por el orgullo vanidoso y el descontento del viejo hombre. Todas las partes son fundamentales para el correcto funcionamiento del cuerpo, y cada una es igualmente importante. El amor, que es la aplicación de comprender que somos uno, es más importante que cualquier don o posición, y transforma la jerarquía del Cuerpo de Cristo.

De los dones mencionados en 1 Cor. 12:28, solamente dos no son dados a las mujeres. No hubo mujeres apóstoles. Y, dado que en este contexto, *maestro* se refiere a los formadores oficiales de la Iglesia, las mujeres fueron excluidas de este cargo. El resto de cargos están abiertos a las mujeres. Efesios 4:11 contiene un listado algo diferente: apóstoles, profetas, evangelistas y pastores y maestros. Basándonos en la discusión previa, es evidente que las mujeres no deben ser "pastores y maestros", la designación bíblica más parecida al concepto moderno de pastor o ministro. El "pastor y maestro" es un anciano (Hch. 20:17, 28; 1 TI. 5:17; Tito 1:5-9; 1 Pe. 5:1-3).

Pero, ¿qué es un evangelista? ¿Pueden serlo las mujeres? ¿Los evangelistas son ancianos? El sustantivo *evangelista* solamente aparece tres veces en el Nuevo Testamento (Ef. 4:11; Hch. 21:8; 2 Ti. 4:5). En Efesios 4:11, es uno de los dones y cargos a desempeñar en la Iglesia y es distinto al de apóstol, profeta y pastor y maestro. Timoteo, un evangelista (2 Ti. 4:5), es un hombre que enseña con autoridad y que tiene la responsabilidad sobre los ancianos y personas de la Iglesia. Pablo le dijo «Predica la palabra; insiste a tiempo y fuera de tiempo; redarguye, reprende, exhorta con mucha paciencia e instrucción». (2 Ti. 4:2). Si esas son las tareas del evangelista, este cargo está fuera del alcance de las mujeres. No obstante, Timoteo ocupó varios cargos diferentes, y no queda muy claro cuál de ellos le daba autoridad para enseñar y disciplinar. Felipe el evangelista (Hch. 21:8) encaja en la idea que tenemos de evangelista en la actualidad, un predicador que viaja de ciudad en ciudad y que no está atado a una iglesia local, un pastor y maestro itinerante. Felipe tenía poder para bautizar (Hch. 8:38), un acto que refleja la autoridad de la Iglesia.

El verbo *predicar* o *predicar el Evangelio* aparece con frecuencia. ¿Quién predica? Los ángeles, Jesús, Juan el Bautista, los doce apóstoles, Pablo, Felipe, Bernabé y los que fueron esparcidos a causa de la persecución (una referencia indeterminada). En ningún lugar del Nuevo Testamento aparece un ejemplo específico en el que encontremos a una mujer evangelizando o predicando.

Por tanto, los datos bíblicos en cuanto al tema de las mujeres evangelistas son poco concluyentes y francamente escasos, si no inexistentes. Básicamente, hay dos formas de ver este cargo: como anciano que no está ligado a una iglesia local o como testigo «glorificado». Si consideramos a los que evangelizaban, la primera descripción es la más cercana a la descripción bíblica. La principal función del evangelista sería enseñar o predicar con autoridad. Se diferencia del pastor y maestro en que no está asociado con una iglesia específica y, probablemente, en que generalmente se dirige a personas no cristianas. Para fundar nuevas iglesias, el evangelista debe ser capaz de administrar los sacramentos (Bautismo y Santa Cena) y enseñar con autoridad a los recién convertidos.

Negar este cargo (como un tipo de anciano) no es rechazar a las mujeres misioneras. Como en el caso de Elisabeth Elliot, las mujeres misioneras no deben actuar como ancianos de su punto de misión, es decir, no deben predicar, impartir disciplina o administrar los sacramentos. Por esta razón, un equipo de misioneros debería incluir a alguien que haya sido ordenado como anciano o pastor. No obstante, las misioneras pueden realizar muchas contribuciones: estudios bíblicos, enseñar a personas de forma individual, traducir, aconsejar. Uno no tiene que haber sido ordenado como evangelista para contar las buenas nuevas de Jesucristo a los demás. Las mujeres pueden dar testimonio de su Señor libremente.

¿Las mujeres pueden ser diaconisas? Una vez más, las referencias bíblicas no son concluyentes, pero parece ser que la mayoría apunta a que sí pueden serlo. En Romanos 16:1, Febe recibe el nombre de *diakonon*, y las evidencias confirman que la traducción equivalente es «diácono/diaconisa».

En medio de las instrucciones para los diáconos en 1 Ti. 3:8-13, Pablo se dirige a las mujeres (vs. 11). Es posible interpretar esto como una referencia a las esposas de los diáconos; no obstante, está claro que ese no es un requisito para las mujeres de los diáconos. Además, puede considerarse que ya se habla de ellas en el versículo 12, donde se dice a los diáconos que deben tener una sola mujer y deben gobernar sus casas correctamente. El versículo 11 comienza con la expresión «de igual manera», como la sección dirigida a los diáconos (vs. 8). La repetición de esta conjunción sugiere que se trata de otro grupo similar, un grupo de mujeres diaconisas. El sustantivo femenino «diaconisa» no aparece en el Nuevo Testamento. Para referirse a las mujeres "diácono", Pablo tendría que hacer referencia concreta al género femenino. Es por eso que Pablo incluye un mandamiento para las mujeres en medio de sus instrucciones a los diáconos. Los requisitos para las mujeres del versículo 11 son comparables a los de los diáconos de los vs. 8-9. En una cultura donde los hombres y las mujeres estaban separados, la Iglesia necesitaba que las mujeres visitaran a enfermas y que hicieran otras tareas de servicio entre las mujeres.

Las labores de un diácono, aunque no se describen claramente en las Escrituras, no son inapropiadas para las mujeres. No incluyen la instrucción con autoridad, prohibida a las mujeres en 1 Ti. 2:11-14. El diácono tiene, principalmente, el objetivo de centrarse en lo físico o material. Los requisitos (digno, de una sola palabra, sobrio, prudente, de conducta decorosa) encajan con alguien que puede trabajar en el área administrativa, financiera y social. El cargo surgió, probablemente, de la necesidad de asegurar una distribución de alimentos justa para las viudas (Hch. 6:1-6).

El testimonio de la iglesia primitiva (los padres griegos y Teodoro de Mopsuesto) confirma que la referencia de 1 Timoteo 3:11 está dirigida a las diaconisas. En el año 111 d.C., Plinio, gobernador de Bitinia, interrogó a dos sirvientas a las que se llamaba diaconisas (*ministrae*). Podría ser una referencia a una tarea eclesial.[28] En los siglos III y IV tenemos ejemplos más claros de la existencia de diaconisas en las iglesias.

En la Didascalia (principios del tercer siglo) y en las Constituciones Apostólicas (finales del segundo siglo), se trazaron las tareas de una diaconisa. Las diaconisas debían ayudar al Clero en el bautismo de mujeres y en la instrucción de las catecúmenas; ministrar a los pobres y enfermos, particularmente a las mujeres; y visitar a mujeres de hogares. Debían hacer de intermediarias entre el Clero y las mujeres de la congregación. La labor de diaconisa desapareció en Occidente en el siglo IV y en Oriente en el siglo XII.

En la actualidad, las diaconisas pueden (y deben) desarrollar las mismas funciones, incluyendo los aspectos administrativos y financieros de esos servicios. En las iglesias donde los diáconos han adoptado parte de las tareas de los ancianos, el trabajo debería distribuirse según la pauta bíblica; es decir, a ninguna mujer se le debe negar el puesto de diaconisa porque en una iglesia en particular las diaconisas estén enseñando o ejercitando disciplina eclesial. Es más, la tarea de las diaconisas no debe limitarse a preparar la Santa Cena y limpiar después, a pesar de que tales tareas deberían hacerlas ellas.

En resumen, ¿qué pueden hacer las mujeres en la Iglesia? En el culto de adoración, pueden participar en todo menos en el periodo de instrucción y debate. Las mujeres que tengan la cabeza cubierta pueden dirigir a la congregación en oración y profetizar (incluso pueden leer porciones de la Palabra). En cuanto a los cargos, las mujeres no pueden ser ancianas (ni pastoras y maestras, ni evangelistas, ni ministras), porque estos cargos implican enseñanza y dirección. Pueden ser diaconisas o administradoras. En general, la Iglesia malgasta los dones de sus mujeres y de sus miembros que no tienen cargos específicos. Debemos hacer un esfuerzo mayor para ayudar a los miembros del Cuerpo a identificar sus dones y utilizarlos para su crecimiento y para la gloria de Dios.

---

28 A. F. Walls, «Deaconess» en *New Bible Dictionary*, ed. J.D. Douglas (Grand Rapids: Eerdmans, 1962), pág. 298.

Respuesta de una postura tradicionalista
Robert D. Culver

Hace algún tiempo leí el libro *Women and the Word of God*[1] [Las mujeres y la Palabra de Dios], de Susan Foh, y ahora he intentado digerir su ensayo. Gracias a ella he descubierto varios aspectos acerca de las enseñanzas de la Escritura acerca de las mujeres, y estoy en general de acuerdo con lo que ella escribe y el espíritu y punto de vista desde el que escribe. Llama a las cosas por su nombre. Su interpretación de la Escritura y sus sugerencias prácticas en el presente ensayo aparecen casi todas en el libro, pero las encontré algo menos persuasivas, aunque coincido con la mayoría.

Susan Foh nos recuerda de forma directa que debemos tener cuidado al leer las Escrituras desde nuestro contexto cultural. Ella dice: «La igualdad está muy en boga en la actualidad (no es políticamente correcto hablar en contra de la igualdad), y damos por sentado que es un tema que aparece en las Escrituras. Pero, ¿lo es?». Ella sabe que, de hecho, es un concepto totalmente anti-bíblico. ¡Bravo!

Ella y las fuentes que usa han demostrado que las diferentes versiones de la Biblia que apuntan al concepto de autoridad están en lo cierto. De nuevo, ¡bravo!

Señala que en el llamado feminismo bíblico existe una fuerte tendencia a poner «las Escrituras en contra de las Escrituras». De modo que sitúan Gálatas 3:28 en contra de todo lo demás que Pablo dijo acerca del hombre y de la mujer en Cristo. Susan Foh no solamente lo rechaza, sino que demuestra que es absurdo. No podría estar más de acuerdo con ella. He citado a Karl Barth en cuanto a este respecto.

Según ella, en los primeros capítulos del Génesis podemos encontrar «tres principios». Aunque no es la forma en la que yo lo explicaría, coincido plenamente y creo que merece la pena recuperar el resumen que hace: «Resumiendo, tanto el Antiguo como el Nuevo Testamento enseñan los tres mismos principios: (1) el hombre y la mujer están hechos igualmente a imagen de Dios, y tienen la misma relación con Dios mediante Cristo (Gé. 1:26-27; Gá. 3:26-29; 1 Pe. 3:7). (2) La mujer tiene un papel subordinado en la Iglesia y en el matrimonio (1 Co. 11:3; 14:3; 1 Ti. 2:11; Ef. 5:22-24). (3) En la Iglesia y en el matrimonio, Dios ha establecido una unidad que armoniza y equilibra los dos pri-

---

1 Susan T. Foh, *Women and the Word of God: A Response to Biblical Feminism* (Phillipsburg, NJ: Presbyterian and Reformed, 1980).

meros principios. Los creyentes son uno en Cristo y el marido y la mujer son uno sobre la base del amor».

Aunque yo iría mucho más allá. La bibliografía que aparece en su libro es una guía excelente de la literatura sobre este tema, aunque veo que no menciona ninguna literatura sobre la teología de la Iglesia y el ministerio en los primeros Padres de la Iglesia. Aunque no trato el tema en mi ensayo, he leído lo suficiente como para estar convencido de que no solo existía una concepción muy concreta acerca del oficio de presbítero durante los primeros siglos, sino que éste se ocupaba tanto del gobierno como de la enseñanza. A nadie se le ocurrió nunca que las mujeres podían acceder a un cargo así. Parece ser que el cargo de obispo local (pastor, presbítero) a cargo de un rebaño tiene su origen en el siglo primero. Sin duda, ya existía cuando se escribieron la *Didakhe*, las *Fuentes del Canon Apostólico* y las *Cartas de Ignacio*, todos ellos documentos muy tempranos.

Si comento todas las opiniones del ensayo de Susan Foh que he marcado con un interrogante porque para mí son algo erróneas, se me tacharía de quisquilloso. Pero, al menos, comentaré uno o dos puntos que me parecen importantes, con la esperanza de que ella reflexione y vuelva a repensar esas cuestiones.

Foh adopta una perspectiva un tanto extraña acerca de Génesis 3:16, «Tu deseo será para tu marido, y él tendrá gobierno sobre ti». Afirma que el funcionamiento armonioso de los «tres principios» (la igualdad ontológica, la subordinación funcional de la mujer a su marido y la unión) fue «destruido» por la Caída. Tendría que pensármelo más; y puede ser cierto o no, como varios escritores piensan, que la traducción «sugiera que, de alguna manera, a través del deseo de la mujer, él será capaz de gobernarla».

La mayoría de comentarios que he leído explican que el «deseo», aunque no sea precisamente sexual, sí incluye ese elemento, y cubre una gran variedad de cosas que una mujer (Eva, la mujer arquetípica) espera del hombre que es su marido. Pero Foh sostiene que el deseo no es sexual, y que no tiene nada que ver con la «dependencia psicológica». Más bien es un deseo de dominar a su marido. Este versículo, en su opinión, es el «comienzo» textual de lo que llama «la batalla de los sexos».[2]

¿Cuál es la base exegética de este punto de vista? La clave es la correspondencia entre Génesis 3:16 y 4:7. En este último, «su deseo de pecado es para ti [Caín]; pero tú debes dominarlo». La idea es que el pecado quiere

---

2 Ibíd, pág. 69.

controlar a Caín. De modo que, según la analogía que Foh ve, la mujer, cuyo deseo es hacia su marido, querrá controlar a su marido. «Como en Génesis 4:7, hay una lucha en Génesis 3:16 entre el que tiene el deseo (la mujer) y el que debe dominar o ser el señor (marido)».[3]

En contra de esta interpretación, presento los siguiente argumentos:

1. Haya o no una predicción o una maldición en Génesis 3:16, lo cierto es que en el texto hebreo no tenemos una orden, como Foh lo entiende: «Él debe [o tiene que] dominarte». Además, la situación tampoco la requiere, como sí ocurre en Génesis 4:7.

2. No es cierto, como asegura en su ensayo, que el deseo sexual u otras características de las necesidades sentimentales de las mujeres jóvenes no esté incluido en el término *teshuqah* («deseo») que aparece en 3:16. Ahora bien, sí parece no estar incluido cuando el término lo encontramos en 4:7. No obstante, esta palabra solamente aparece tres veces en la Biblia, la tercera en una canción de amor erótico: «Yo soy de mi amado, y su deseo tiende hacia mí» (Cantares 7:10). La estructura de la frase, excepto por las preposiciones, *'al* en Cantares 4:7 y *'al* en Génesis 3:16, son prácticamente idénticas. El dominio que una primera parte pueda imponerle a una segunda no tiene nada que ver con los impulsos sentimentales-sexuales del amor de la joven en Cantares, y creo que no hay ninguna razón de peso para creer que en Génesis 3:16 también se está haciendo referencia a ese tipo de deseo o impulsos.

3. El libro y el ensayo de Foh no van respaldados por ninguna opinión de estudiosos, ya sean antiguos o modernos. Por lo que sé, ella es la primera que ha planteado una teoría así. No obstante, me han contado que está teniendo bastante éxito.

4. Lo que ella llama «el juicio» y «la maldición»[4] sobre la mujer no es *solamente* eso. Puede que en ello haya algo de castigo (el dolor que ahora acompaña el parto), pero también hay un plan de Dios para perpetuar la raza y para que venga el Redentor.

Una teoría más completa y adecuada sería la siguiente: ahora que el pecado ha aparecido, Dios ajusta la constitución física y social para que la raza humana pueda «fructificar y multiplicarse». Adán y Eva iban a morir. Nunca habría más de cuatro o cinco generaciones vivas al mismo tiempo, al menos después de Moisés. Si la raza tenía que cumplir su mandato de la Creación de «llenar la tierra» y dominarla, era

---

3 Ibíd.
4 Ibíd., págs. 66-67.

necesario un incremento de la natalidad. Pero para que no hubiera un exceso de población, los partos irían acompañados de un gran dolor. Al conocer este dolor, podía haber ocurrido que muchas mujeres hubieran optado por no emparejarse, por lo que Dios hizo algo para asegurarse de que eso apenas sucediera. También la cambió para que «su deseo fuera para su marido», es decir, que el deseo por tener un compañero fuera más rotundo que su miedo a los dolores del parto. Varios autores respetados y competentes sostienen esta teoría, entre ellos Franz Delitzsch (*New Commentary on Genesis*), G. Von Rad (*Genesis*), H.C. Leupold (*Exposition of Genesis*).

Todos estamos de acuerdo en cuanto a las consecuencias del pecado de nuestros primeros padres: la culpa, la corrupción de la Naturaleza, el castigo. Luchamos con estas realidades teológicas y personales todos los días. No necesitamos otra lucha más: una inevitable lucha putativa de poder entre el hombre y la mujer. Ojalá nos libremos de esta consecuencia de la Caída, hasta ahora oculta. Espero que Susan Foh retire su insistente afirmación de que hay en todas las mujeres un impulso automático, interno, a dominar las vidas de sus maridos. ¿Acaso hay en el hombre un impulso irresistible e inmutable a *no* amar a su mujer? Sin duda, no lo hay. Por tanto, que no se nos intente convencer de la existencia de un deseo universal en las mujeres de dominar a sus maridos. ¡Dios no lo quiera!

Otro tema en el que estoy en desacuerdo es la insistencia de Foh en que no hay diferencias físicas importantes entre los hombres y las mujeres. Así lo expresa en el capítulo seis de su libro, capítulo titulado «La metafísica del sexo». No cree que la Biblia favorezca la división de los trabajos a realizar por los hombres y los trabajos a realizar por las mujeres. Yo apunto a Tito 2:5 que, entre otras cosas, ordena a las ancianas a que enseñen a las mujeres jóvenes a ser *oikourgous*, «trabajadoras en casa». ¿Os imagináis a los padres dándoles esta instrucción a los jóvenes varones?

Susan Foh enumera cuatro argumentos «inválidos», a los que llama «impropios». Uno de ellos es «el argumento de la naturaleza». Si no rechazara las diferencias de tipo psíquico, emocional y mental entre el hombre y la mujer, no insistiría en que este argumento es el mismo de que «las mujeres son inferiores y no pueden ser ministros».

He mencionado en mi ensayo cómo las personas a lo largo de las épocas han considerado a los hombres y a las mujeres como «creados» para diferentes roles en la sociedad, precisamente porque esa es la forma en la que las cosas se mueven en armonía con la naturaleza de las cosas. La mezcla o confusión de los roles, como Weaver señaló convincentemente en *Ideas Have Consequences* [Las ideas tienen consecuencias], se debe sobre todo a un rechazo de su naturaleza. De algún modo, la preparación del hombre para ciertas funciones, y la de la mujer para otras, siempre ha sustentado el hecho de que la naturaleza del hombre y la naturaleza de la mujer son distintas. Si no es así, entonces el liderazgo prescrito del hombre en casa y en la Iglesia está más enraizado en una concepción islámica de Dios que en la relación con un Dios santo y sabio, que sabe más que nosotros acerca de «la situación ideal de las cosas». En mi ensayo ya he argumentado en contra de esta teoría.

Otro de los argumentos «inválidos» e «impropios» según Susan Foh es «el argumento del ejemplo bíblico», que en la Biblia solo aparecen apóstoles varones. Ella se burla preguntando si el hecho de que «todos los apóstoles eran judíos» nos obliga a que todos los pastores también lo sean. Un momento. ¿Qué sucede con los reyes, profetas y apóstoles? Dudo que Foh se atreva a culpar a las costumbres paternalistas de la Antigüedad. Parece más razonable aceptar que Dios, quien hizo «una ayuda idónea para el hombre» y «a la mujer para el hombre» y no al contrario, debe haber actuado según su providencia. Los medios en la Naturaleza existen para llegar a un fin último (ver Salmo 104). Los precedentes quieren decir algo. Incluso se ha llegado a decir que las «leyes de la naturaleza» son «las costumbres de Dios». Quizás el liderazgo masculino sea también una de las costumbres de Dios. Creo que las teorías de Susan Foh encierran cierta forma de cripto-feminismo.

También insiste en que las tradiciones no significan nada. A mí me parece evidente que la autora tiene algo que aprender sobre el arte de la persuasión, que no es lo mismo que las pruebas de laboratorio y las normas del debate formal. Lo que sabemos al observar el comportamiento del hombre y mujer, y al tener en cuenta los precedentes históricos y bíblicos, tiene más peso para muchas personas que algunas de nuestras trabajadas exégesis. Y, ¿acaso la tradición - a lo largo de milenios de historia bíblica y de la Iglesia - no nos dice algo sobre la interpretación que las generaciones anteriores hicieron de la Palabra de Dios? Ninguno de nosotros debería rechazarla. No puedo evitar preguntarme por qué Susan Foh desea librarse de ella. ¿Prejuicio femenino? No, no creo. De hecho, más adelante en su ensayo parece reconocer algunas de las cosas que he comentado en estos tres últimos párrafos.

Respuesta de una postura en pro del ministerio plural
Walter L. Liefeld

El ensayo de Foh contiene una exégesis bastante buena y muchas observaciones interesantes. Por eso, creo que es una pena que trabaje sobre la base de dos presuposiciones injustas y tan simplistas. Comienza su ensayo diciendo que las diferentes teorías sobre las mujeres surgen de las diferentes teorías sobre la Biblia. Una es la de la inerrancia, y la otra es la que permite la opinión humana. La idea es que todos los que están de acuerdo con ella pertenecen a la primera categoría y que todos los que no están de acuerdo con ella, pertenecen a la segunda. La otra presuposición es que la cuestión sobre qué mandamientos son aplicables hoy en día se resuelve apelando a la primera presuposición.

Su razonamiento es, por tanto, el siguiente: si la Biblia es inerrante y no contiene opinión humana, todos los mandamientos siguen siendo válidos en la actualidad. Cree que interpretar un mandamiento teniendo en cuenta el contexto social es relativizarlo. Según este razonamiento, las viudas menores de sesenta años no pueden aparecer en la lista de los diáconos (1 Ti. 5:9), aunque la situación social de ahora es diferente a la de entonces. Sugerir que el amor fraternal puede expresarse de forma diferente a como se expresaba en aquella cultura (es decir, con un beso santo) es, según sus argumentos, "relativizar el mandamiento bíblico.»

Foh objetaría inmediatamente que estas expresiones son en sí mismas expresiones culturales. Pero tenemos que darnos cuenta de que la apariencia pública y la conducta de las mujeres es también una expresión cultural. Foh confunde el *principio* de la relación entre una mujer y su marido con la *expresión* cultural de esa relación; eso es ignorar un elemento básico de la Hermenéutica. Yo, como Foh, creo en la inerrancia de la Biblia, y me opongo rotundamente a los que dicen que la verdad de la Biblia es relativa porque ya no estamos en la misma cultura en la que se escribió. Me preocupa, como a Foh, la forma de pensar de algunas escritoras feministas de las últimas décadas. Pero Foh ha reaccionado de forma extrema y así le ha restado credibilidad a su teoría.

Su problema hermenéutico se refleja en el uso que hace de 1 Corintios 2:14 para apoyar que «la Biblia debe interpretarse bajo la guía del Espíritu Santo». Claro que deberíamos hacerlo todo bajo la dirección del Espíritu Santo (y eso incluye la lectura de la Biblia). Romanos 8:14 nos dice que dejarse guiar por el Espíritu es una de las características de «los hijos de Dios». Pero es erróneo basar el concepto que llamamos «iluminación» del Espíritu Santo para interpretar las Escrituras en el texto de 1 Corintios 2:14.

Ese pasaje habla de aceptar y entender lo que viene del Espíritu de Dios, pero no enseña que de alguna forma Dios nos muestra cuál es la interpretación correcta. Si fuera así, y si pensáramos en la aplicación de esa idea, entonces, ¿qué ocurre cuando dos cristianos interpretan un versículo de forma diferente? ¿Diremos que uno de los dos no ha sido guiado por el Espíritu? ¿Creeremos que estamos ante un problema espiritual, en vez de verlo como un problema exegético? ¿Está sugiriendo Foh que los que no están de acuerdo con ella no están interpretando la Biblia «bajo la guía del Espíritu Santo»? Es extraño que cristianos que aceptan que puede haber diferencias de opinión legítimas entre los creyentes sobre, por ejemplo, el tema de la predestinación, no sean capaces de reconocer que también puede haber diferencias legítimas en cuanto al tema de la mujer.

Otro «principio de interpretación» problemático es el de que los pasajes más claros sirvan para interpretar a los menos claros. Suena convincente. No obstante, creo que, a veces, deberíamos preguntarnos si un pasaje nos parece *menos* claro solamente porque necesitamos más información acerca del contexto o trasfondo, y si otro pasaje nos parece *más* claro solamente porque contiene frases o palabras aparentemente transparentes que, en realidad, no dicen lo que parecen decir. 1 Corintios 11:1 y 1 Timoteo 2:12 están en esta última categoría.

Otro «principio» que Foh cita es que la «Escritura no se contradice a sí misma». Es importante aplicar esto en todas las direcciones. ¿Puede uno o dos versículos que restringen el ministerio de la mujer contradecir otros ejemplos bíblicos de mujeres en posiciones de ministerio y liderazgo?

He dedicado un espacio considerable a estas presuposiciones preliminares porque pueden ser utilizadas con extrema facilidad para validar una posición o desechar otra. Hay algunas afirmaciones en el ensayo que voy a tratar ahora, aunque solo sea de forma breve. En primer lugar, aunque es cierto que la creación de la Humanidad termina con la mujer, ¿supone eso que es inferior? ¿Qué diríamos entonces del hecho de que tanto el hombre como la mujer fueron creados después de los animales? En segundo lugar, si Eva fue creada a través de Adán ¿supone eso que el principio de desigualdad es válido? Deberíamos centrarnos en la Caída y en la forma en que la Iglesia debe trabajar para anular los efectos de la Caída: ya «no hay hombre ni mujer» (Gá. 3:28). Aunque en la Creación hubiera algún elemento de subordinación, ¿no deberíamos esperar un nivel más alto de relación en la *nueva* creación en Cristo? Más todavía, Foh enfatiza el hecho de que la mujer vino del hombre, pero no menciona la otra cara de la moneda que encontramos en 1 Corintios 11:11-12: «Sin embargo, en el Señor, ni la mujer es independiente del hombre, ni el hombre independiente de la mujer. Porque así como la mujer procede del hombre, también el hombre nace de la mujer».

Foh dice que «darle el nombre a alguien está asociado con tener autoridad sobre esa persona.» Pero no tiene en cuenta que aunque Adán define a su esposa como «mujer» (*'ishshah*) en Génesis 2:23, no la llamó Eva hasta *después de la Caída*. Si hay algún tipo de control, es a partir del terrible efecto de que el hombre asumiera el dominio sobre la mujer (Génesis 3:16).

La interpretación que Foh hace del «deseo» de la mujer hacia su marido como «un deseo de controlarle» se basa en un paralelo verbal que aparece en Génesis 4:7, donde se está tratando un tema diferente. No tiene en cuenta un pasaje donde sí se habla del mismo tema, la relación íntima entre un hombre y una mujer (Cantar de los Cantares 7:10): «Yo soy de mi amado, y su *deseo* tiende hacia mí». Es interesante que aquí la palabra se aplica al hombre, no a la mujer, un hecho que pone en entredicho la teoría de Foh.

La discusión sobre Febe como «ayudante» (Romanos 16:1-2) y la nota que la acompaña no se apoyan en ninguna fuente clásica (ni tampoco en la información citada recientemente de los papiros, que a mí también se me ha pasado mencionar en mi ensayo). Pero tiene razón cuando dice que esa palabra no recoge un concepto de liderazgo demasiado amplio. Sus comentarios sobre Junia, incluyendo la nota, son precavidos. Está dispuesta a reconocer que Junia podría haber sido una mujer apóstol en «un sentido no técnico». Piensa, no obstante, que 1 Timoteo 2:12 debe restringir nuestras interpretaciones porque es un texto más claro, y no permite que ese ejemplo ponga en cuestión su interpretación del pasaje de Timoteo.

El debate actual sobre el significado del verbo *authentein* (que es muy poco común) de 1 Timoteo 2:12, incluyendo la explicación de Foh, está basado en gran medida en un artículo escrito por George W. Knight III, citado en una de las notas al pie de Foh. Knight le asigna un significado «neutral», en vez de «negativo», asegurando que tan solo se está refiriendo al ejercicio de autoridad. Otro estudio ha confirmado que la familia de palabras a la que este verbo pertenecía se utilizaba en el periodo del Nuevo Testamento con más de un significado.[1] Algunos lo utilizaban en el sentido de ejercer autoridad mientras que, al mismo tiempo, otros lo utilizaban con

---

1 L. E. Wilshire, «The TLG Computer and Further Reference to [Authenteo] in 1 Timothy 2:12», *New Testament Studies* 34 (1988): 120-34.

un significado más intenso. Dado que su uso en ese periodo y en varios contextos recoge diferentes significados (iniciar una acción, originar algo, imponer autoridad o dominar), los exegetas deberían pensárselo mucho antes de concluir que 1 Timoteo 2:12 solo puede significar "ejercer autoridad". Si eso es lo que quería decir, lo más normal es que hubiera usado la palabra *exousiazo*, mucho más habitual.

El debate sobre 1 Corintios es interesante, y la conclusión de evitar deshonrar va por buen camino. Si Foh hubiera prestado más atención al vocabulario referente a la honra y la deshonra en esa parte de 1 Corintios y en la literatura sobre las convenciones morales contemporáneas, hubiera tenido un entendimiento más adecuado del pasaje. Si reconociera la importancia de las circunstancias de 1 Corintios 11 (es decir, en la Iglesia) y de la cultura (es decir, en la Sociedad), sería capaz de ver que (1) el mandamiento acerca de cubrirse la cabeza o el estilo de peinado era importante entonces, pero no ahora, y (2) que otros mandamientos de Pablo acerca de la apariencia y la conducta de las mujeres en público pueden estar relacionados con la imagen apropiada que Pablo quería dar a los no creyentes.

Resumiendo, gran parte de este ensayo se basa en la interpretación que la autora hace de 1 Timoteo 2:12, una interpretación que yo considero defectuosa. Pero en otros casos es bastante moderada en cuanto a las posturas más tradicionales. Ahora, si cree que como la Biblia es inerrante, solo puede haber una interpretación válida, y si cree que considerar los factores culturales es un peligro, le pediré que tenga aún más moderación y no se deje influenciar tanto por esas perspectivas tradicionales.

Respuesta de una postura en pro de la igualdad
Alvera Mickelsen

El ensayo de Susan Foh ilustra los peligros a los que nos exponemos si usamos principios hermenéuticos inadecuados a la hora de interpretar la Biblia. Ella expone cuatro principios:

1. La Biblia debe ser interpretada bajo la dirección del Espíritu Santo (estoy de acuerdo).

2. La Biblia es una unidad, cuyo autor último es el Espíritu Santo, y Jesucristo es el principio unificador (estoy de acuerdo, excepto en que la autoría del Espíritu Santo fue *a través* de seres humanos).

3. La Escritura no se contradice a sí misma; la Escritura se interpreta a sí misma. «Las contradicciones no pueden existir», dice Foh. En su opi-

nión, las aparentes contradicciones no son más que fruto de la falta de entendimiento del lector. Da igual qué término usemos para referirnos a ese tipo de pasajes («contradicciones», «diversidad»); el resultado es el mismo, y Foh y el resto de nosotros debemos enfrentarnos a ellos de forma honesta.

4. Los pasajes más claros interpretan a los más oscuros. Es un terreno resbaladizo, ya que por lo general las ideas preconcebidas del intérprete son las que determinan qué pasaje es «el más claro». ¿Es Gálatas 3:28 («No hay judío ni griego, no hay esclavo ni libre, no hay hombre ni mujer; porque todos sois uno en Cristo Jesús») más o menos claro que 1 Timoteo 2:12 («Yo no permito que la mujer enseñe o ejerza autoridad sobre el hombre»)? Al final, esto nos devuelve a la triste situación de que un grupo aboga por un versículo, y otro grupo por el otro, diciendo: «¡para nosotros es evidente que éste es más claro!».

En lugar de estos criterios subjetivos, debemos tener unas *bases* sólidas para determinar qué pasajes son ideales más generales y cuáles son «regulaciones para unas personas en una situación concreta». Y Foh no nos ofrece dichas bases.

Foh también ataca la consideración de los contextos histórico, cultural y geográfico, porque tal consideración «relativiza los mandamientos bíblicos sobre las mujeres». Explica que «si el material bíblico nos ha sido dado en forma de un mandamiento para la Iglesia en conjunto ... debe verse como algo válido para todas las épocas. Si no hay nada en el texto que indique que un mandamiento está limitado a un caso o circunstancia especial, nosotros no tenemos la autoridad de limitar el texto, ni podemos entrar en la mente de Pablo.»

Por desgracia, aquellos que defienden esta teoría no son capaces de llevarla a cabo. Por ejemplo, el Nuevo Testamento ordena cinco veces a los cristianos que se saluden «con ósculo santo». No hay nada en el contexto que indique que este mandamiento esté limitado a casos o circunstancias especiales. No obstante, las iglesias tradicionales del mundo occidental raramente cumplen este mandamiento.

El mandamiento general a todas las iglesias gentiles en Hechos 15 es otro mandamiento que ha sido ignorado. Los cristianos gentiles *en todas las iglesias* recibieron la orden de abstenerse de «cosas contaminadas por los ídolos, de fornicación, de lo estrangulado y de sangre.» Lo único que intentamos mantener es el mandamiento acerca de la castidad, porque el mismo Cristo lo expresó de forma muy clara. Es cierto, la mayoría de nosotros no tiene que preocuparse de comer algo ofrecido a los ídolos. Pero todavía no me he encontrado con ningún cristiano que diga que no puede comerse un filete poco hecho (¡sangre!) a causa de este mandamiento. Crecí en el campo, y con mucha frecuencia veía cómo mataban a los pollos dándoles un golpe seco en la nuca. Normalmente no preguntamos en la carnicería o en casa de algún amigo cómo han matado al pollo que sirven para comer. Estos mandamientos no aparecen en los pactos eclesiales. ¿Por qué no? ¿Sobre qué base Foh y otros niegan este claro mandamiento del Nuevo Testamento que nunca fue revocado?

Podríamos seguir citando ejemplos y escribir un capítulo, ¡o incluso un libro entero!. Muchas iglesias utilizan doce palabras de 1 Timoteo 2:12 como base absoluta para negar la participación de las mujeres en muchas áreas del servicio, pero estas mismas iglesias ignoran totalmente no solamente 1 Timoteo 2:8-10, sino también los catorce versículos en 1 Timoteo 5:3-16 que dan instrucciones detalladas a la Iglesia para ayudar a las viudas. No hay nada en el texto que indique que estos versículos solamente eran para la iglesia de Éfeso de aquella época.

En realidad, cuando Foh aplica 1 Timoteo 2:12 a *todas* las situaciones y a *todas* las épocas está relativizando Pentecostés: la proclamación de Pedro de que los hombres y las mujeres profetizarán, es decir, llevarán el mensaje de Dios.

Foh dice que la presencia de la falsa enseñanza en Éfeso no puede considerarse una causa de la prohibición de 1 Timoteo 2:12, porque en los versículos 9-15 no aparece nada acerca de la falsa enseñanza. ¡Pero si la preocupación de Pablo por la falsa enseñanza impregna todo el libro! Los capítulos 1 y 4 están dedicados casi exclusivamente a los peligros de la falsa enseñanza, y el capítulo 6 termina advirtiéndonos sobre ella con un lenguaje que apunta claramente al gnosticismo («lo que falsamente se llama conocimiento»). La mención doble a la castidad o a la modestia (vs. 9, 15) sugiere que la «falsa enseñanza» incluía el estilo de vida tanto como las ideas. Al considerar el versículo 12 no podemos olvidar la profunda preocupación que Pablo tenía por la falsa enseñanza.

Obviamente, necesitamos principios sanos para diferenciar «las ideas y normas generales de la Escritura» de las docenas de «regulaciones para unas personas en una situación concreta». En realidad, todos los cristianos lo hacen, lo admitan o no. Por desgracia, la mayoría simplemente sigue la tradición de su propia iglesia, en lugar de examinar por ellos mismos los motivos por los que tomar decisiones.

Dado que, como Foh dice, el principio unificador de la Biblia es Jesucristo, debemos estar seguros de que, al interpretar otras partes de la Biblia, no anulamos las palabras de nuestro Salvador. ¿Cómo reconciliamos su mandamiento de «tratar a los demás como queréis que os traten porque *esto es la ley y los profetas*» con prácticas que son contrarias a esto? Si los hombres no quieren que se les prohíba usar los dones que Dios les ha dado, no deben limitar a las mujeres que profesen ser seguidoras de Jesucristo.

Las restricciones de Foh anulan la Gran Comisión de Jesús, por lo que respecta a las mujeres. Cristo dijo «Id, pues, y haced discípulos de todas las naciones, bautizándolos en el nombre del Padre y del Hijo y del Espíritu Santo» (Mt. 28:19). Su respuesta de que las mujeres pueden enseñar a los hombres conversos de forma privada, para que éstos a su vez puedan enseñar y predicar es irrelevante para nuestro debate. Cualquier buen misionero, hombre o mujer, trabajará a través de los cristianos nativos todo lo que pueda. Pero, antes de que se conviertan, ¿cómo oirán?

Ni Foh ni Culver mencionan una de las enseñanzas más importantes de Cristo: su condena de las estructuras de poder y de la jerarquía. Esta enseñanza era *clave* en su ministerio, porque se repite en los cuatro Evangelios, y en ocasiones se menciona más de una vez: «Sabéis que los gobernantes de los gentiles se enseñorean sobre ellos y que los grandes ejercen autoridad sobre ellos. *No ha de ser así entre vosotros*, sino que el que quiera entre vosotros llegar a ser grande, será vuestro servidor, y el que quiera entre vosotros ser el primero, será vuestro siervo; así como el Hijo del Hombre no vino para ser servido, sino para servir y para dar su vida en rescate de muchos». (Mt. 20:25-28 [cursivas mías]).

Aquellos que defienden la subordinación de la mujer raramente mencionan esta importante enseñanza de Cristo en los debates acerca de las mujeres en la Iglesia y en el hogar. Tales personas casi siempre se inclinan por la jerarquía, dicen que en la Biblia la encontramos en muchísimos lugares (cuestionable), y nunca se enfrentan a la rotunda condena que Jesús hizo de la jerarquía. Foh dice que encontramos jerarquía en el listado que Pablo hace de los nombramientos de Dios para la Iglesia. El listado es el siguiente: apóstoles, profetas, maestros, milagros, sanidades, ayudas, administraciones, lenguas.

Si esto *es* una jerarquía (algo que el texto no indica), ¿dónde están entonces los pastores? Ni siquiera están en la lista. Los pastores aparecen en la lista de Efesios 4:11 después de los apóstoles, profetas y evangelistas. Los profetas aparecen en segundo lugar en ambas listas. En el Nuevo Testamento tenemos mujeres profetisas, las hijas de Felipe y Ana que estaba en el Templo cuando Jesús fue presentado. Según la teoría de Foh, las mujeres profetas están en la escala jerárquica por encima de los pastores y los maestros. Dudo que Pablo estuviera pensando en una jerarquía, pues conocía demasiado bien las enseñanzas de Jesús. El propósito de 1 Corintios 12 era, más bien, enfatizar la unidad y la interdependencia de los miembros del Cuerpo de Cristo: lo opuesto a la jerarquía.

Foh insiste en que la profecía es diferente a la predicación o a la enseñanza porque la profecía no es el resultado de la preparación o el pensamiento del ponente. Por tanto, las mujeres profetisas del Antiguo y Nuevo Testamento no violan su interpretación de 1 Timoteo 2:12, que dice que las mujeres nunca deben enseñar a los hombres. Pero, ¿acaso profetas como Moisés, Isaías, Miqueas, Débora, Hulda y otros profetas no utilizaron su razonamiento cuando profetizaban? Si interpretamos sus profecías con sentido común, veremos que sí lo utilizaron. Miqueas escribe en 3:8, «Yo, en cambio, estoy lleno del poder del Espíritu del Señor, y de juicio y de valor, para dar a conocer a Jacob su rebelión y a Israel su pecado». Sabía por qué estaba profetizando y en el poder de quién hablaba. Esto no suena como si Dios le «dictara» las palabras que debía decir sin dejar lugar a la capacidad pensante de Miqueas. Más bien, muestra que el Espíritu de Dios le llenaba de energía para proclamar el mensaje de Dios.

Foh dice que no hay ejemplos bíblicos de mujeres que enseñaran en la asamblea, o a un grupo de personas. En el Antiguo Testamento, Hulda la profetisa llevó el mensaje de Dios al *Sumo Sacerdote y a varios hombres que estaban con él*. Las mujeres que fueron al sepulcro «enseñaron» el mensaje de la Resurrección al *grupo de discípulos reunidos*, que no las creyeron porque las mujeres no eran consideradas testigos creíbles en la cultura judía de aquellos tiempos. Foh dice que no aparecen mujeres evangelistas en el Nuevo Testamento. ¡Pero la mujer samaritana parece ser la primera evangelista de la Historia: «Y en aquella ciudad, muchos de los samaritanos creyeron en Él por la palabra de la mujer, que daba testimonio» (Jn. 4:39). Su testimonio estaba dirigido a un grupo de personas (4:28). Hechos 9:2 indica que Saulo pretendía arrestar tanto a hombres como a mujeres creyentes. ¿Por qué se iba a preocupar de las creyentes si no evangelizaban ni extendían el Evangelio?

1 Corintios 14 parece decirnos lo mismo en cuanto a los profetas del Nuevo Testamento. En el versículo 3 dice: «El que profetiza habla a los hombres para edificación, exhortación y consolación». Los versículos 24-25 parecen mostrar los efectos evangelizadores de la verdadera profecía, porque cuando un no creyente entra en la asamblea y oye a alguien profetizar «los secretos de su corazón quedarán al descubierto, y él se postrará, y adorará a Dios, declarando que en verdad Dios está entre vosotros». La disminución que Foh hace

de la profecía no dice mucho a favor de los profetas del Antiguo y del Nuevo Testamento, pero indica hasta dónde son capaces de llegar algunos para apoyar una interpretación tan particular de 1 Timoteo 2:12.

Cuando Foh intenta aplicar sus propios principios, surgen más problemas. Las definiciones que hace de la enseñanza «con autoridad» y la enseñanza «oficial» de los pastores o ancianos son difíciles de entender si pensamos en el contexto de las iglesias evangélicas de hoy. Liefeld ha dicho bien que la *autoridad* de las enseñanzas bíblicas no está en la persona que enseña, sino en la *Palabra de Dios* que él o ella proclama. Foh, por otra parte, dice que el *anciano* «tiene el derecho de enseñar y de que la Iglesia ponga en práctica su enseñanza regulando la disciplina de la misma (...) Es su responsabilidad asegurarse de que la fe, como se enseñó originalmente, se mantenga y sea transmitida». Tiene autoridad «sobre la vida y la doctrina de las personas».

Esto se parece más a la postura de la Iglesia Católica más antigua que a la de las iglesias protestantes que enseñan que cada cristiano o cristiana es responsable ante Dios y capaz de leer y entender las Escrituras. Las Escrituras enfatizan que los pastores y otros líderes de iglesias deben servir a los creyentes, animarles en su caminar con Dios, ayudarles a entender las Escrituras, orar por ellos y con ellos, dirigirles mediante su *ejemplo*, ayudar a la comunidad de creyentes a evangelizar. La «autoridad» que Foh propone parece estar bastante alejada del espíritu y ministerio del propio Cristo. El deseo de ejercer poder sobre los demás fue el pecado original en el jardín del Edén y sigue siendo la raíz de muchos de los pecados en nuestras iglesias y en la sociedad.

Otros problemas inherentes a los principios que Foh expone salen a flote cuando intenta aplicarlos a la situación de la Iglesia de hoy. Dice que las mujeres pueden enseñar en la Escuela Dominical porque es diferente del culto de adoración normal, porque la asistencia a la Escuela Dominical no es obligatoria. Pero, ¿en qué iglesias se *obliga* a los miembros a asistir a los cultos de adoración? También dice que el maestro de Escuela Dominical impone la enseñanza que imparte haciendo uso de la disciplina de Iglesia. Pero, ¿acaso lo hace el pastor o anciano? Probablemente hay más disciplina en la clase de los niños que imparte una mujer que en la de los adultos que imparte un anciano.

Según Foh, uno de los trabajos que las mujeres pueden hacer es escribir. En realidad, los comentarios escritos o materiales educativos sobre la Biblia tienen, frecuentemente, una influencia sobre hombres y mujeres mucho mayor que los sermones. El material de la Escuela Dominical es, en muchas iglesias, la enseñanza más oficial. No obstante, según Foh, la mujer puede enseñar al hombre escribiendo este tipo de materiales.

La aplicación de otras enseñanzas es aún más difícil. En cuanto a 1 Corintios 11, Foh sugiere que una denominación o iglesia debería establecer la longitud o corte de pelo adecuado para las mujeres que participen en el culto (obviamente, también debería hacerse con los hombres, dado que el pasaje también habla de la longitud de su cabello). La idea de que las iglesias o las denominaciones se enfrascaran en un nuevo legalismo referente a la longitud del pelo sería espantosa para la mayoría de cristianos, y con razón. El apóstol Pablo sudó tinta para enseñar a los cristianos que tales legalismos perjudican más que ayudan al Evangelio. La Biblia enfatiza que a Dios le preocupa más un corazón contrito y dispuesto, el amor por el prójimo y por Dios, que las formalidades como la longitud del cabello de los que oran o cantan.

El concepto de mantener a las mujeres en un lugar restringido va en contra de la «libertad en Cristo» que Jesús demostró y que Pablo predicó. Invalida el evento de Pentecostés, que se suponía que iba a inaugurar la «nueva vida» que Cristo vino a traer: una vida en la que la discriminación de clases, raza, sexo y edad no tendrían lugar. La iglesia cristiana no nació para ser una versión revisada del judaísmo. Tenía que ser «vino nuevo» en un odre nuevo. Por desgracia, algunas iglesias se parecen más a las sinagogas judías dominadas por los hombres que a la Iglesia de Jesucristo llena de su Espíritu que honraba y utilizaba todos los dones de todos los creyentes.

En Gálatas, Pablo proclamó la libertad en Cristo para todos los hombres y mujeres. Advierte a sus lectores que tengan cuidado con los que quieren imponer el yugo del legalismo judío. Ilustró esta idea haciendo referencia a Sara (la madre del libre) y a Agar (la madre del esclavo). Escribe: «Así que, hermanos, no *somos hijos de la sierva [Agar], sino de la libre [Sara]. Para libertad fue que Cristo nos hizo libres*; por tanto, permaneced libres y no os sometáis otra vez al yugo de la esclavitud.» (Gálatas 4:31, 5:1).

Las restricciones legalistas como las que Foh y Culver proponen son un yugo de esclavitud para las mujeres y para la Iglesia de Cristo. Cristo vino a liberarnos de una atadura que ha perjudicado a la Iglesia a través de los siglos.

3. UNA POSTURA EN PRO DEL MINISTERIO PLURAL: «Vuestros hijos e hijas profetizarán»
Walter A. Liefeld

Las conclusiones a las que llegamos cuando hablamos sobre el tema de las mujeres y el ministerio invariablemente están afectadas por la forma en la que se formulan las preguntas. Por ejemplo, podríamos decir que hay una sola pregunta: ¿Debería el ministerio cristiano, que por naturaleza es *espiritual*, estar limitado por el género del ministro, que por naturaleza es una distinción *humana*? Es una forma sencilla y directa de decirlo. Llega al fondo de la cuestión y propone un debate sin ambigüedad. Consigue que el que afirme que hay una distinción –física, mental, social o espiritual– que hace que la mujer no sirva para ciertos aspectos del ministerio, tenga que probar por qué opina así. Confronta a la oposición con un texto aparentemente nada ambiguo: «No hay hombre ni mujer, porque todos sois uno en Cristo Jesús» (Gá. 3:28).

La teoría contraria es citar dos pasajes que imponen restricciones: «Las mujeres guarden silencio en las iglesias» (1 Co. 14:34) y «No permito que la mujer enseñe o que ejerza autoridad sobre el hombre» (1 Ti. 2:12). La pregunta en este caso sería algo distinga: ¿Puede una persona mantener las aparentes restricciones que Pablo introdujo y al mismo tiempo negar que el género no tiene nada que ver a la hora de ejercer el ministerio? La construcción teológica, como por ejemplo el concepto de que el marido es la «cabeza» de la mujer, se mantiene y la estructura sigue formándose hasta completarse.

Las respuestas a las dos posiciones que acabamos de enunciar suelen atribuir a la postura contraria más de lo que los propios opositores pretenden afirmar. Pocas posiciones pueden defenderse correctamente desde el extremismo. Cuando así lo hacen, se tienen que enzarzar en matizaciones y en la precisión. Quizás uno de los ejemplos más comunes de este escenario de ataques y matices ocurre cuando las feministas cristianas acusan a los tradicionalistas de considerar a las mujeres subordinadas y, por tanto, inferiores. Estos responden matizando lo siguiente: es cierto que mantienen la subordinación, pero es una cuestión de función, no de esencia, y por tanto no implica inferioridad. El debate prosigue acerca de si realmente puede (en la sociedad humana, es decir, exceptuando el ejemplo teológico de la subordinación del Hijo al Padre) existir subordinación sin un cierto sentido de inferioridad.

Estas no son las únicas diferencias entre las diversas posiciones; las razones que hay detrás de las posiciones también varían. Así, las feministas cristianas pueden explicar (o confundir, depende de cada punto de vista), los versículos restrictivos diciendo que pertenecen a una cultura pasada o a unas circunstancias específicamente limitadas; o atribuyéndolos a los opositores de Pablo o, en unos pocos casos, a la mentalidad de Pablo, aún bajo la influencia de su trasfondo patriarcal judío; o interpretándolos de un modo que encaje mejor con su visión del testimonio general de las Escrituras acerca de la dignidad, dones y capacidad para el ministerio de las mujeres.

Los tradicionalistas pueden basar sus conclusiones en una forma particular de entender el concepto de "ser cabeza", en la creencia de que las mujeres son más fáciles de engañar, y en una interpretación de 1 Corintios 14:34 de que las mujeres deben permanecer en silencio en todo momento, no solamente bajo circunstancias específicas, o en la interpretación de 1 Timoteo 2:12 de que la mujer no puede predicar, porque la predicación es una herramienta con autoridad, el ejercicio de la cual Pablo prohíbe a las mujeres. Esta descripción, por supuesto, no es exhaustiva, pero ilustra la compleja variedad de teorías.

La importancia de la perspectiva y la percepción

Cuando se discute un tema que afecta profundamente a la Iglesia y, como en este caso, al menos al cincuenta por ciento de miembros de la misma, puede ser de gran ayuda alejarse, para ganar cierta perspectiva e incluso reconocer algunas incoherencias de nuestra propia posición. Vernos a nosotros mismos como los demás nos ven siempre es sano.

¿Qué piensa alguien que visita una iglesia cuando, por ejemplo, una mujer puede «compartir» desde el frente, pero no puede «predicar»? ¿Por qué, en algunos grupos, los hombres pueden escuchar a las mujeres si están en una habitación contigua, pero no en la misma habitación? ¿Por qué la mujer puede predicar en el sótano, pero no en la primera planta? ¿Qué transformación interna prohíbe repentinamente que un adolescente que está acostumbrado a orar en la reunión del grupo de jóvenes ore en la reunión de adultos? ¿Podemos aprender algo del comentario de un estudiante de otro continente que se siente insultado y víctima del racismo al ver que las mujeres misioneras podían enseñarle cuando él estaba en su país, pero que no pueden enseñar a los hombres en América?

¿Es coherente afirmar, como hacen algunos, que el don de lenguas descrito en 1 Corintios 14 ya no es vigente, pero que el silencio de las mujeres, que aparece en el mismo capítulo, sí lo es? ¿Es coherente prohibir a las mujeres que enseñen por causa de 1 Timoteo 2, mientras que les está permitido adornarse el pelo con oro y otras joyas, algo que se prohíbe claramente en ese mismo capítulo, diciendo que uno está relacionado con la cultura y el otro no? ¿Por qué insisten algunos cristianos en que las mujeres se cubran la cabeza, pero les prohíben hablar, si cubrirse la cabeza en 1 Corintios 11 estaba específicamente relacionado con que las mujeres hablaran?

¿Por qué permitir a las mujeres cantar en la iglesia, cuando los líderes eclesiales de una generación anterior usaban a niños sopranos para que las voces de las mujeres no se oyeran como melodía principal? ¿Por qué permitir que una mujer directora de coro seleccione himnos con contenido doctrinal, escritos por mujeres y para que los canten mujeres, pero no permitir que una mujer enseñe la misma doctrina sin música? ¿Puede hablar una mujer del amor de Dios en Juan 3:16, pero no de otros atributos de Dios en pasajes didácticos? ¿Por qué aliviar el dolor del parto y fabricar máquinas agrícolas para superar los efectos de la Caída y la maldición, mientras que se sigue manteniendo el dominio del hombre sobre la mujer, también resultado de la Caída? ¿Por qué escuchar la enseñanza de una mujer en un vídeo o casete, pero prohibirle hablar en la Iglesia en persona?

Estas ilustraciones siempre representan a un bando, y algunas han recibido respuestas, pero ilustran el tipo de preguntas que la gente se está haciendo. Se trata, sobre todo, de una cuestión de percepciones sociales, pero veremos que estas percepciones tienen un papel muy importante en las razones que hay detrás de ciertas instrucciones del Nuevo Testamento acerca de las mujeres y su rol en la Iglesia y en la Sociedad.

La importancia de hacer las preguntas correctas

Podemos ver fácilmente que el tema de las mujeres y el ministerio no es monolítico; se compone de varios estratos de sub-temas. La solución al tema principal debe llegar de la solución de los otros temas. Pero también encontramos opiniones diferentes sobre cuáles son estos otros temas. Algo útil es identificar cuestiones prácticas, como las mencionadas anteriormente, con las que nos encontramos en la vida diaria. Llegar a tener una imagen clara de esos temas y darse cuenta de nuestras propias incoherencias cuando intentamos responderlas, puede ayudarnos a mantener los pies en el suelo mientras debatimos estos temas exegéticos.

Si esto fuera un estudio profundo, nos encontraríamos con dos preguntas que necesitarían de un estudio exhaustivo. Basándonos en la frase «mujeres y ministerio», las preguntas a las que me refiero son: ¿Cómo afecta el género al ministerio? Y (2) ¿Cómo afecta la naturaleza del ministerio a los roles de las mujeres?

Muchas preguntas estarían relacionadas con la primera. Por ejemplo: ¿Hay algo inherentemente diferente entre los hombres y las mujeres que haga que ellos sean capaces para el ministerio y ellas no? ¿Qué importancia tiene el orden de la Creación: primero el hombre, luego la mujer? ¿Cómo afecta la Caída a la idoneidad de la mujer para el ministerio? ¿Qué efecto tiene la redención de Cristo sobre las consecuencias de la Caída? ¿Qué podemos concluir de los ejemplos reales del ministerio de las mujeres en la historia bíblica? ¿Por qué Pablo escribió lo que escribió acerca de las mujeres?

Nos vamos a centrar más en la segunda pregunta, "¿Cómo afecta la naturaleza del ministerio a los roles de las mujeres?", porque considero que se la ha ignorado bastante y que ha sido relativamente malinterpretada. La pregunta última es, de hecho, la siguiente: ¿Pueden ser ordenadas las mujeres? Este tema ha sido objeto de varios artículos y libros[1], y de grandes debates en el seno de varias denominaciones. Pero las muchas incertidumbres y preguntas sin resolver nos impiden ver este importante tema de forma clara. Un gran problema es la divergencia de teorías entre los cristianos sobre lo que significa e implica la ordenación.

¿Es un reconocimiento de dones espirituales? ¿Es un permiso para predicar? ¿Es un permiso para enseñar? ¿Es un permiso para administrar los sacramentos? ¿Otorga autoridad sobre la Iglesia? ¿Otorga un rango supe-

---

1 Ver la bibliografía al final de este libro, donde encontrará una amplia variedad de libros que tratan de la ordenación de las mujeres.

rior al de los otros creyentes? ¿Qué es la «imposición de manos»? ¿Qué significaba en la época del Nuevo Testamento? ¿Es cierto, como frecuentemente se cree, que otorgaba autoridad para enseñar a los rabinos y, por tanto, por analogía, a los ministros cristianos? ¿Por qué Jesús nunca les impuso las manos a los apóstoles?

¿Deberían ser ordenados los ancianos? ¿Puede una mujer ser anciano? ¿Existe alguna correlación entre enviar a un misionero y ordenar a un pastor? ¿Puede una misionera en el campo de misión instruir a discípulos cristianos y tener una autoridad que no tendría en su propio país como pastora? ¿La enseñanza implica autoridad? ¿Dónde recae en última instancia la autoridad en la iglesia del Nuevo Testamento? ¿Cuál es el papel del servicio en relación con el ministerio?

Es muy difícil encontrar la respuesta correcta al tema de las mujeres y el ministerio. Pocas denominaciones responderán a las preguntas anteriores de la misma forma. Entonces, ¿cómo pueden estar de acuerdo todos los cristianos en el tema básico de la ordenación y ministerio de las mujeres? Son bien conocidas las agonizantes discusiones dentro del seno de la Iglesia Católica Romana, y también las luchas de la Iglesia Episcopal. Hay algunos fundamentalistas independientes que otorgan una gran libertad a las mujeres en varios ministerios, incluyendo enseñar en institutos bíblicos, y otros que sostienen que no se puede afirmar la inerrancia y ser feminista.

No es raro encontrar entre los fundamentalistas y los evangélicos un concepto de ministerio que otorga autoridad *de facto* al pastor, como en las denominaciones altamente estructuradas. En algunos casos, el pastor tiene tanto poder que es psicológicamente difícil que los miembros conciban que una mujer pueda estar en ese puesto. Este hecho, combinado con un entendimiento particular de 1 Timoteo 2:12, hace imposible que vean bien que una mujer llegue a subir al púlpito.

Teniendo en cuenta estas circunstancias, quiero dedicar una atención especial al final de este ensayo a temas relacionados con la naturaleza de la ordenación y del ministerio en el sentido bíblico. Esto nos ayudará a ganar clarividencia en cuanto al tema que estamos tratando y a ver el ministerio de las mujeres en una forma que, para algunos, será una perspectiva diferente.

¿Qué presuposiciones necesitan ser reevaluadas?

El debate de las mujeres en el ministerio se ha visto entorpecido por varias presuposiciones. Una es que es imposible ser feminista y sostener la inerrancia y la infalibilidad de las Escrituras. ¿Es justo o correcto decir, como Foh ha dicho, que las feministas bíblicas «han ido demasiado lejos [es decir, incluso han rechazado la infalibilidad de las Escrituras en cuestiones de Ciencia, Geografía e Historia] al relativizar el concepto bíblico de la fiabilidad de las Escrituras»? A esta declaración, añade: «*las feministas bíblicas* [la cursiva es mía] han abandonado la posición histórica y bíblica de que las Escrituras son inspiradas por Dios y, por tanto, sin error».[2]

Es cierto que *algunas* feministas han ido demasiado lejos. Pero, ¿acaso ayuda a este debate sugerir que solo la interpretación propia es coherente con la fiabilidad bíblica? Si las feministas bíblicas piensan honestamente que Efesios 5:23 y 1 Timoteo 2:12 (sus ejemplos) tienen otros significados aparte de los que Foh les da, ¿significa eso necesariamente que ellas «sostienen que la Biblia es defectuosa», como Foh dice? Me parece raro que, aunque los cristianos han defendido posturas opuestas en cuanto a muchos temas (desde el calvinismo y el arminianismo a la naturaleza del Milenio, a los tipos de bautismo...) sin necesidad de insinuar que los que no están de acuerdo con sus interpretaciones están rechazando la doctrina de la inerrancia, esta acusación sí se usa cuando se habla del tema de las mujeres.

Otro tema farragoso es el papel de la cultura. Las presuposiciones son de dos tipos. Una es que las ideas de las feministas cristianas vienen de fuentes seculares. ¿Es esto justo? ¿No sería mejor reconocer que (1) aunque algunas feministas cristianas se han visto influenciadas por movimientos seculares, (2) esto no significa que no hayan estudiado profundamente las Escrituras? La presuposición acerca de la cultura es que las feministas cristianas relativizan las Escrituras, sometiéndolas a la cultura. Así, Foh también dice: «Si la enseñanza de Pablo acerca de las mujeres en la Iglesia es cultural, quizás su enseñanza acerca de la justificación o de su fe en Dios también lo es. Una vez que comenzamos a amputar partes del Nuevo Testamento, ¿cómo sabremos cuándo parar?»[3]. Aquí nos encontramos con una falacia: no lograr ver que el tema de los *roles* de los hombres y las mujeres en un contexto social (como lo es la Iglesia), donde los que hablan en público serán vistos desde el punto de vista de las normas sociales contemporáneas acerca de los roles de cada sexo, es bastante diferente de una *doctrina* como la Justificación y de la *fe* personal de cada uno.

---

[2] Susan T. Foh, *Women and the Word of God* (Phillipsburg, NJ: Presbyterian and Reformed, 1980), págs. 6-7, 14, 19-20.
[3] Ibíd., pág. 46.

Es más, algunos evangélicos no ven del todo claro si la Escritura está *sujeta* a la cultura o si la Escritura *habla* a la cultura. Es significativo que Pablo discuta el tema del orden en 1 Corintios 11 y 14 en términos de percepciones sociales, como la vergüenza, el honor y otras cuestiones que tienen que ver con el decoro. También es significativo que esas palabras aparezcan a continuación de una sección en la cual él muestra cómo ser «todo para todos [judíos y gentiles]» para ganar algunos para Cristo (1 Co. 8:19-23). ¿Cómo podemos evitar asociar esto con el hecho de que Pablo dice que la razón para la sumisión tanto de esclavos como de mujeres en Tito 2:5, 10 es la percepción social? La cuestión no es que la enseñanza de Pablo esté determinada por la cultura, sino que su evangelización está dirigida a la cultura.

Otra presuposición falsa que debemos rechazar es que los tradicionalistas creen que las mujeres son inferiores. Probablemente, pocos llegarían a afirmar algo así, aunque admitirían que la comprensión que tienen de ciertos pasajes bíblicos en ocasiones puede parecer, acertada o equivocadamente, indicar tal cosa de forma inconsciente. Una ayuda considerable sería que nosotros, los hombres, reconociéramos la facilidad con la que asumimos subconscientemente que nuestro trabajo en el ministerio es más importante que el de las mujeres. También ayudaría que las feministas reconocieran que las interpretaciones tradicionalistas de pasajes específicos pueden tener validez intrínseca, es decir, que no son interpretaciones sesgadas, producto de una motivación concreta.

Existe una presuposición que tiene dos caras. Por un lado, si las mujeres reciben el liderazgo en la Iglesia, «conquistarán» la Iglesia; por otro lado, si la mujer sube al púlpito, los hombres no vendrán a la Iglesia. La mejor forma de tratar esto ahora es decir que tales miedos deberían estar subordinados al tema de lo que dice realmente el texto bíblico, no viceversa.

La última cuestión difícil es el significado del término *cabeza* (gr, *kephale*). Los tradicionalistas tienden a asumir que siempre significa «gobierno, dominio» o «autoridad» e interpretan Efesios 5:22-23 (sobre las mujeres y maridos) y 1 Corintios 11:2-16 (acerca de cubrirse la cabeza) según esa presuposición. Otros estudiosos han demostrado que, en ocasiones, se utilizaba en el sentido de «fuente». Aunque los estudiosos trabajan con las mismas evidencias, los mismos textos, las diferencias al seleccionar y sopesar las evidencias les han llevado a conclusiones totalmente opuestas. Un estudio que seleccionó un número de usos figurados de una base de datos con 2000 apariciones de la palabra en cuestión[4] inicialmente parecía apoyar el significado de "gobierno, dominio" y "cabeza", pero la metodología utilizada ha sido duramente criticada por otros estudiosos. Si dependemos, sobre todo, del contexto bíblico de cada aparición, la conclusión a la que llegamos cambia constantemente. En Efesios 5:22, por ejemplo, que el marido sea la cabeza está relacionado tanto con la sumisión de la mujer como con la provisión amorosa que el marido debe ofrecer a su mujer. No hay una sola palabra acerca de que el marido "gobierne". En el contexto más amplio de Efesios, *kephale* significa tanto "gobierno" (1:22) como "fuente" (4:15-16). Además de la confusión que ya existe en cuanto a estos temas, el prejuicio popular que asocia las ideas feministas con el sexo ilícito, el abuso y la crisis de la familia está confundiendo aún más a los creyentes.

¿Qué podemos aprender de la historia bíblica?

Si queremos formular las preguntas correctas, lo que tenemos que hacer es contrastarlas con las enseñanzas y ejemplos en toda la Escritura. Los ejemplos bíblicos de mujeres que se implicaron en varios ministerios demuestran que el ministerio en sí no estaba prohibido a las mujeres. No hay duda de que las mujeres han tenido ministerios importantes en tiempos bíblicos y a lo largo de la historia de la Iglesia. No obstante, dado que la atención se suele centrar casi exclusivamente en los pasajes restrictivos, es fácil infravalorar el resto de la Escritura y perder el equilibrio correcto. Los casos de mujeres profetisas son ahora muy conocidos, a pesar de que no siempre se menciona que la Biblia llama a Miriam "líder" (Miq. 6:3-4) y que Débora era una líder («juez») antes de que Barac no quisiera dirigir la entrada en batalla (Jueces 4:4-6).

---

4 Wayne Grudem, «Does [*Kephale*] ("Head") Mean 'Source' or 'Authority Over' in Greek Literature? A Survey of 2,336 examples», publicado tanto como apéndice en el libro de George W. Knight III, *The Role Relationship of Men and Women* (Chicago: Moody, 1985) y en *The Trinity Journal*, n.s. 6 (1985): 38-59. Una de las críticas más agudas al artículo de Grudem es obra de Gordon Fee; ver su comentario de 1 Corintios en la serie New International Comentary on the New Testament (Grand Rapids: Eerdmans, 1987), págs. 502-3, pies de página 42-46. Desde entonces, el argumento más sólido a favor del significado «fuente» ha sido presentado por Catherine Clark Kroeger en «The Classical Concept of *Head* as 'Source'», en *Equal to Serve*, de Gretchen Gaebelein Hull (Old Tappan, NJ: Revell, 1987), Apendix III, págs. 267-83. Ver también Gilbert Belizikian, «A Critique of Wayne Grudem's Treatment of *Kephale* in Ancient Greek Texts» (ETS 0025, Theological Research Exchange Network, 1987) 20.

Aunque Dios levantara a mujeres como Débora (o Hulda - 2 Re. 22:14-20, 2 Cro. 34:22-28 cuya decisión acerca de la Ley redescubierta afectó a toda la nación) solamente por la deserción de los hombres, lo cierto es que seguimos teniendo una pregunta de dos caras: (1) Cuando Dios dio a las mujeres el ministerio del liderazgo, ¿hizo bien o mal? (2) Partiendo de que Dios todo lo hace bien, ¿podemos pensar que esto indica que no es intrínsecamente pecaminoso para las mujeres tener ministerios de liderazgo y que Dios otorgaría ministerios a las mujeres en la actualidad, incluso aunque solo fuera por necesidad? El hecho de que la antigua sociedad judía fuese patriarcal hace todavía más sorprendente que eligiera a mujeres.

La literatura judía extra-bíblica que comenzó a aparecer en el periodo intertestamentario y continuó en el periodo del Nuevo Testamento contenía muchas referencias a las mujeres, algunas positivas, y muchas negativas. Había varios ejemplos notorios, incluyendo la figura santa y majestuosa de Judit. Pero, para muchos, el valor de la mujer estaba principalmente en su papel como esposa y madre. La prominencia de la mujer en la vida y ministerio de Jesús contrasta con su contexto. Los rabinos no tenían discípulas, pero María se sentó a los pies de Jesús, no en posición de adoración, como muchos han interpretado, sino de discipulado. Lucas incluso nos dice que María estaba «escuchando lo que Él decía» (10:39). El texto bíblico aclara que hubo otras mujeres que ministraron a y con Jesús (Mt. 27:55; Lc. 8:1-3).

Hechos 2:17-18 contiene una declaración de crucial importancia. Durante la explicación de Pentecostés, Pedro cita la promesa de Joel 2:28-32: «Y vuestros hijos e hijas profetizarán… y aun sobre mis siervos y sobre mis siervas derramaré mi Espíritu en esos días, y profetizarán». En la época del Antiguo Testamento, los profetas escogidos por Dios eran pocos; ahora este ministerio se distribuía ampliamente, tanto entre hombres como entre mujeres. Teniendo en cuenta la importancia de este acontecimiento para la Iglesia en la época presente, es sorprendente que perdamos tan fácilmente la importancia de esta cita.

Algunos dirían que, debido a 1 Corintios 13:8-12, la profecía cesó al finalizar el Canon del Nuevo Testamento. Eso es incorrecto, ya que ese pasaje se refiere a un tiempo todavía futuro, cuando veremos «cara a cara» y «conoceremos plenamente», al igual que ahora somos plenamente conocidos. Dios no entregó el don de la profecía a hombres y mujeres como uno de los rasgos principales de la nueva época de la Iglesia para luego quitárnoslo casi inmediatamente. Este don de profecía era –como vemos en 1 Corintios 14:5, 26, 31– para la edificación e instrucción de la Iglesia.

Las feministas afirman que esto demuestra que las mujeres estaban enseñando; los tradicionalistas afirman que la instrucción y edificación eran solamente resultados secundarios de la profecía. Por supuesto, no era el mismo tipo de profecía que las profecías inspiradas y llenas de autoridad del Antiguo Testamento. Prueba de ello es el hecho de que la Iglesia tuviera que evaluar las profecías (14:29). Pero cualquiera que piense que los hombres no deben aprender de las mujeres debería fijarse en que eso es lo que sucedía en 1 Corintios 11:5, y que Pablo les alabó por ello (que contrasta claramente con el siguiente pasaje, donde *no* les alabó por la forma en la que entendían la Santa Cena, vs. 17-34).

Romanos 16 da amplia fe de la presencia de mujeres entre el grupo de colaboradores de Pablo. Febe era una *diakonos*. La forma en la que esto se interpreta ejemplifica en efecto las diferentes presuposiciones mencionadas anteriormente. Las feministas afirman que era una «diaconisa»; los tradicionalistas dicen que la palabra no tiene por qué ser técnica, que podía significar «sierva». Con frecuencia se ha señalado que si Febe y las otras mujeres mencionadas en este capítulo hubieran sido hombres, nadie hubiera dudado en traducir las palabras que las describen con términos como «diácono», «líder», «ministro». La otra palabra utilizada para describir a Febe viene de una familia de palabras que tiene el sentido de un liderazgo fuerte. El espacio no nos permite defender esta idea de forma detallada, pero la forma femenina puede, como mínimo, entenderse como que era una benefactora, cuyo papel quizás era determinar quién era digno de recibir la ayuda económica de la comunidad.[5]

Un acercamiento diferente puede verse con respecto al nombre Junia[s], que Pablo describe diciendo «que se destaca entre los apóstoles» (Ro. 16:7). Que yo sepa, no hay ningún caso en el que Junias aparezca en la literatura antigua como nombre masculino.[6] Como era de esperar, los tradicionalistas y feministas tienen diferentes formas de verlo, y también discuten sobre si la traducción correcta es «entre los apóstoles» o si significa «por los apóstoles». En mi opinión, la preposición griega *en* apunta al primer significado.

---

5 La evidencia más reciente de los papiros sobre el uso de *prostatis* describe a una viuda que recibe la custodia y pleno control de la herencia de su hijo.

6 Aida Besançon Spencer tiene una buena discusión sobre el nombre propio Junia en *Beyond the Curse: Women Called to Ministry* (Nashville: Thomas Nelson Publishers, 1985), págs. 101-2. Los recientes estudios exhaustivos a cargo de uno de mis estudiantes, Matthew Arnold, incluyendo las fuentes latina y griega, no han encontrado evidencias de que existiera una forma masculina de este nombre.

Más tarde discutiremos el ministerio de Priscila y Aquila, también mencionado en este capítulo (vs. 3), pero de momento diremos que el nombre de Priscila, como en todos los demás pasajes, aparece primero.

Resumiendo, cualquier discusión de las restricciones paulinas del ministerio de las mujeres debe compararse con el impresionante contexto de mujeres que ministraron tanto en la historia del Antiguo como del Nuevo Testamento. Y los ministerios que realizaron todavía ganan más importancia si pensamos en el contexto social bíblico, un contexto nada favorable para las mujeres.

¿Qué hacemos con las aparentes diferencias que encontramos en las Escrituras?

Los dos pasajes en el Nuevo Testamento que parecen restringir el ministerio de las mujeres son 1 Corintios 14:34 y 1 Timoteo 2:12. Si un lector leyera 1 Timoteo 2:12 sin conocer los casos de mujeres que profetizaron en el Antiguo y el Nuevo Testamento, o de Priscila que enseñó a Apolos, o el versículo fundacional de Gálatas 3:28 «en Cristo no hay hombre ni mujer», probablemente llegaría a la conclusión de que la Biblia tiene una visión muy estrecha de la capacidad didáctica de las mujeres. Pero teniendo en cuenta estos conocimientos, el lector seguramente pensará que si conociéramos las circunstancias en las que se dio 1 Timoteo 2:12, nos sería más fácil entender la perspectiva de Pablo. Dado que Priscila sí que enseñó doctrina y dado que las mujeres que profetizaban en Corinto (y seguramente por doquier) estaban instruyendo y edificando a la Iglesia, es razonable preguntarnos si 1 Timoteo se refiere a un tipo de enseñanza diferente.

Por regla general (al menos en la práctica, aunque no se afirme explícitamente), se acepta que este pasaje no prohíbe que las mujeres enseñen a otras mujeres o a niños o a «nativos». Pero si los siguientes versículos acerca del engaño de Eva significan, como puede ser, que las enseñanzas de las mujeres podrían no ser fiables, lo lógico sería pensar que a quienes no tendrían que enseñar las mujeres es, precisamente, a las otras mujeres, los niños y los «nativos» (quienes presumiblemente no tendrían forma de discernir si las enseñanzas recibidas eran correctas). O, por ponerlo de otra forma, si las mujeres son fácilmente engañables, ¿por qué debemos dejarlas enseñar o dar testimonio?

Existen poderosas razones para sospechar que, o bien la enseñanza a la que se refiere 1 Timoteo 2:12 era un tipo de instrucción especializada, o bien existía alguna razón en particular por la cual las mujeres de la congregación en la que Timoteo servía no eran aptas para enseñar. Ninguna de estas propuestas minimiza la fuerza de la referencia a Génesis 3 y al engaño de Eva. Pablo no explica por qué hace tal alusión. Muchos asumen que pretende con ello demostrar que las mujeres son *incapaces* de enseñar.

1 Timoteo 2:12 y 1 Corintios 14:34 no deben ser aislarse del resto de las Escrituras. Ya hemos visto que deben entenderse teniendo en cuenta el contexto del Antiguo Testamento, de los Evangelios y de Hechos. Además, también deben compararse honestamente con otras Escrituras específicas que parecen llevar a una conclusión diferente.

Uno de estos pasajes es Gálatas 3:28, que dice que en el Señor ya no hay «hombre ni mujer». Se trata de un pasaje crucial que, o bien se cita como pasaje que está por encima del resto de textos referentes al tema de la mujer, o bien se minimiza debido a las implicaciones que tiene. Es importante entender este versículo en su contexto, para no llegar al extremo equivocado.

En Gálatas, Pablo trata con temas como la ley, la justificación y la libertad del Espíritu. El contexto inmediato es el contraste entre la ley y la promesa. Los versículos 23-25 describen la secuencia cronológica en la que la ley precede a la fe, por la cual somos justificados: «Pero ahora que ha venido la fe, ya no estamos bajo ayo» (vs. 25). Ahora, «todos sois hijos de Dios mediante la fe en Cristo Jesús» (vs. 26). Se trata de una nueva relación con Dios, que va acompañada, como afirmará en el versículo 28, de una nueva relación con los demás.

La idea de que algo nuevo ha comenzado, que vemos en términos de sucesión cronológica y luego en términos de relación, también se hace evidente mediante la terminología del Bautismo y la expresión «revestirse de Cristo». Sabemos por Efesios 4:20-24 y Colosenses 3:9-11 que este es el lenguaje de conversión y de nueva vida. En este último pasaje, Pablo continúa: «no hay distinción entre griego y judío, circunciso e incircunciso, bárbaro, escita, esclavo o libre». (Col. 3:11). La implicación de esto puede verse en las exhortaciones que aparecen inmediatamente después, exhortaciones a soportarse y amarse mutuamente (vs. 12-14). Obviamente, en el pasaje de Colosenses, cuando uno se ha puesto el nuevo vestido de Cristo, la desaparición de las diferencias en Cristo afecta no solo a la *posición*, sino también a la *práctica*.[7] No es menos en el

---

7 Tanto Efesios 4:20-24 como Colosenses 3:9-11 hablan de «ponerse» el nuevo hombre como si fuera ropa nueva. Este parece ser el lenguaje común para describir la nueva vida en Cristo. El uso de la ropa como figura de las características de un comportamiento concreto se remonta al Antiguo Testamento; ver Job 29:14; Salmos 35:26; 109:29; 132:9, Isaías 11:5; 59:17; Romanos 13:12, 14: 1 Tesalonicenses 5:8. Ver F.F. Bruce, *Epistle to the Colossians*, The New International Commentary on the New Testament (Grand Rapids: Eerdmans, 1984), págs. 145-46 y nota 72.

contexto de Gálatas. Es decir, tiene implicaciones para las relaciones sociales, no solo para la posición espiritual.

El hecho de que en griego Pablo pase de «ni judío *ni* griego... ni esclavo *ni* libre» a «ni hombre *y* mujer» puede indicar que tiene en mente la igualdad tanto en la creación original como en la nueva creación en Cristo. Génesis 1:27 dice: «Creó, pues, Dios al hombre a imagen suya, a imagen de Dios lo creó; varón *y* hembra *los* creó» (cursivas mías).

Algunos argumentan que este versículo es básico para entender el resto, y que independientemente de la diferenciación funcional que parezcan enseñar otros versículos, la igualdad social de Gálatas 3:28 hace que cualquier distinción entre hombres y mujeres en la Iglesia sea inadmisible. Otros, por el contrario, elaboran sus teorías desde los versículos que hablan de que la mujer no puede hablar, ni enseñar, y limitan el significado de Gálatas 3:28 a la Soteriología. No puedo aceptar ninguna de estas argumentaciones.

La última teoría distorsiona el contexto y debilita la fuerza del versículo, mientras que la primera ignora que Pablo especificó que había diferentes costumbres para los hombres y para las mujeres en la Iglesia (por razones que veremos más adelante). También deberíamos comprender que la igualdad de sexos en Cristo no abroga las diferencias en la relación matrimonial (ver Ef. 5:22-33; Col. 3:18-19).

Además, aunque pertenecemos a la nueva época y nuestra ciudadanía está en los cielos, todavía vivimos en el orden presente creado por Dios y pertenecemos a familias terrenales. Por tanto, en la Iglesia, Pablo quería que la mujer llevara velo (o pelo largo recogido) para no poner un impedimento que echara atrás a las personas de su época; es decir, para quitar de en medio lo que impedía que aceptaran el Evangelio de Cristo. También restringió su participación pública. Por tanto, es imposible decir que no hay diferencias entre la mujer y el hombre cristiano en la Iglesia, pero tampoco podemos decir que cuando Pablo dice que «no hay hombre ni mujer» no se está refiriendo a las relaciones sociales.

Gálatas 3:28 debe verse como contraste con el estatus de inferioridad que normalmente recibían las mujeres en los tiempos de Pablo. Es una afirmación que no debemos ignorar o suavizar para mantener una posición restrictiva. Gálatas 3:28 no solo se aplica al ámbito espiritual de la soteriología, sino que también se aplica a las relaciones sociales dentro de la Iglesia. Al mismo tiempo, no significa que todas las distinciones han de ser eliminadas. Ninguna aseveración debe analizarse aislada de la totalidad de la revelación bíblica sobre ese mismo tema, ya sea una aseveración positiva, como Gálatas 3:28, o una aseveración negativa, como 1 Timoteo 2:12.

Otro pasaje que necesita ser estudiado en relación con 1 Timoteo 2:12 es Hechos 18:24-26. Aquí tenemos el caso donde una *narración*, en la que Priscila y Aquila enseñan a Apolos, parece estar en conflicto con un *mandamiento*, que las mujeres no deben enseñar. ¿Acaso vamos a decir que Hechos sienta el principio de que las mujeres sí pueden enseñar y que debemos interpretar el pasaje de Timoteo a la luz de ese principio? ¿O entendemos el pasaje de Timoteo como la norma, e intentamos explicar la acción de Priscila de una forma que sea coherente con nuestra interpretación?

Podemos hacer varias observaciones acerca del incidente de Priscila y Aquila. Las palabras del texto indican que tanto él como ella enseñaron a Apolos. Priscila no le enseñó sola, pero no se la excluyó del ministerio de la enseñanza. Una segunda observación es que su nombre aparece primero. Curiosamente, más adelante encontramos un manuscrito cuyo copista cambió el orden de los nombres al uso más común, el nombre del hombre primero. En ese mismo manuscrito, mediante una hábil reorganización de las palabras, también se minimizó la referencia a las mujeres griegas importantes que aparece en Hechos 17:12.[8] Está claro que ver el nombre de la mujer en primer lugar ofendía a algunos miembros de aquella sociedad patriarcal. Una tercera observación es que el hombre al que ella enseñó era un maestro culto e inteligente (Hechos 18:24-26). Priscila no estaba enseñando a un niño o a una persona inculta proveniente de los últimos recodos del Imperio Romano.

Parece ser que la instrucción de Priscila tuvo lugar en privado. ¿Qué conclusión podemos sacar de esto? ¿Debemos asumir que en el periodo del Nuevo Testamento era correcto que una mujer impartiera la enseñanza en privado (pero no en público)? Si es así, ¿significa esto que la cuestión está en si la enseñanza se da en público o en privado? Esto parece poco compatible con el énfasis de la Escritura en lo que es interior, fundamental, espiritual, por oposición a lo que es externo o circunstancial.

Entonces, ¿la cuestión está en si la enseñanza se hace de forma "oficial" o no? El Nuevo Testamento no enseña la existencia de la «oficialidad» en la Iglesia, a excepción de que ésta estaba dirigida por ancianos y otros líderes.

---

8 Hechos 17:12. La variante aparece en el texto Nestlé-Aland (Stutgart: Deutsche Bibelgesellschaft), pero no en el texto de las Sociedades Bíblicas Unidas, editado por K. Aland et al. Ambos textos contienen otra variante en la misma tradición de manuscritos que minimiza sutilmente a las mujeres (Hechos 17:4) y una en el que se omite totalmente la mención de Dámaris, la mujer que se convirtió como fruto del discurso de Pablo en el Areópago de Atenas (Hechos 17:34). Todo esto se trata en *A Textual Commentary on the Greek New Testament*, de Bruce F. Metzger (Londres: United Bible Societies, 1971), págs. 453-54, 459-60.

Pero el concepto de «oficialidad» es una concepción de la iglesia primitiva que no encontramos de forma explícita hasta los escritos de Cipriano.

Además, podemos preguntarnos si el Nuevo Testamento daría más importancia a la enseñanza pública a los miembros normales de la Iglesia que a la enseñanza privada a un hombre que llegó a ser maestro de muchos otros. Obviamente, el texto de Hechos no deja entrever que Priscila estuviera errando al enseñar a una persona tan influyente. ¿No podemos concluir, por analogía, que es bíblicamente aceptable que una mujer enseñe a personas que se están preparando en un seminario o instituto bíblico para ser maestros y líderes?

¿Existe una tercera posibilidad? ¿Un maestro enseña con autoridad? ¿Enseña el Nuevo Testamento que algunas personas están más autorizadas que otras para enseñar la Palabra de Dios? ¿Hay algún tipo de nombramiento que confiere autoridad o poder o legislación judicial sobre los demás? ¿Dónde pone la propia Biblia el centro de la autoridad en la Iglesia? Todas estas preguntas son reflejo de una cuestión muy importante, que vamos a tratar en breve.

A raíz del incidente de Priscila, otra conclusión posible es preguntarnos si la pregunta que debemos hacernos para determinar si es apropiado o no que una mujer enseñe, es si su vida espiritual es agradable a Dios y si tiene suficientes conocimientos de las Escrituras y de la doctrina. Una de las explicaciones de 1 Timoteo 2:12 es que las mujeres en tiempos de Pablo (y quizás especialmente en Éfeso, donde estaba Timoteo) no eran válidas para enseñar. Si es así, tal pasaje no sería una prohibición general en contra de que las mujeres enseñen, sino más bien una restricción en una situación específica. En el caso de Priscila, vemos claramente que ese problema no existe.

En ocasiones, se afirma que cuando Pablo defiende su argumento con referencias o alusiones al Antiguo Testamento, eso significa que la aplicación de su enseñanza debe hacerse de la misma forma, y universalmente y para todas las épocas. Pero eso es llevar demasiado lejos, aunque sutilmente, la afirmación más acertada que dice lo siguiente: lo que tal cita establece es un *principio* que tiene que aplicarse apropiadamente en cada situación análoga. Por ejemplo, en 1 Corintios 11, donde hay una referencia al orden de la Creación, el *principio* es que la mujer no debería deshonrar a su marido, que es su «cabeza», pero la mayoría de los cristianos coinciden en que la *aplicación* de este principio en la actualidad *no* es llevar un velo (o el pelo recogido) como en el siglo primero, tiempo en el que las que llevaban el pelo suelto eran las prostitutas.

Quizás no nos hemos dado cuenta de que la apariencia de las mujeres no era lo único que tenía serias implicaciones en la sociedad del primer siglo (y no solamente en Corinto o Éfeso), sino que incluso el mismo acto de hablar en público también las tenía. Plutarco, que vivió en tiempos apostólicos, decía que si una mujer hablaba en público, eso era igual de vergonzoso que si llevaba un brazo desnudo.[9] Hemos de darnos cuenta de que, en tiempos de Pablo, el que la mujer hablara y enseñara en la Iglesia podía ser un problema moral, y algo perjudicial para la Iglesia y el Señor: y podía alejar a las personas de Cristo. En nuestras sociedades actuales, especialmente en Occidente, eso ya no ocurre.

De hecho, la situación es justo al revés: prohibir que una mujer tenga en la Iglesia la misma dignidad y oportunidad que tiene en la sociedad es un obstáculo para muchas personas. Por tanto, si intentamos hacer la misma aplicación (el silencio de las mujeres), en lugar de seguir el mismo principio (evitar la vergüenza y la deshonra del marido), en realidad estaremos cometiendo el error que Pablo quería evitar: es decir, ofenderemos la sensibilidad moral de las personas y seremos un obstáculo para que acepten el Evangelio.

Resumiendo, los principios del Antiguo Testamento y las enseñanzas de Pablo en cuanto a estos temas son, sin duda, universalmente ciertos para todas las épocas, pero las aplicaciones de los principios pueden diferir cuando éstos tienen que ver con la percepción pública y la forma en que ésta afectará a la opinión pública sobre el mensaje del Evangelio. Reconocemos este principio cuando optamos por dar la mano en lugar de dar un ósculo santo (ordenado *cinco veces* en el Nuevo Testamento), cuando no insistimos en que deben levantarse las manos al orar (que se recomienda en 1 Timoteo 2, el mismo pasaje que prohíbe que las mujeres enseñen), cuando permitimos que se ayude a las viudas menores de sesenta años (que se prohíbe un par de capítulos después en el mismo libro de Timoteo), y cuando realizamos otros actos de servicio humilde en lugar de lavar los pies de aquellos a quienes servimos (que fue una demostración del *principio* de autoridad que Jesús tenía para enseñar y de su Señorío; Juan 13:13-14).

También merece la pena señalar que, cuando Pablo se refiere a que la mujer tiene la misma categoría que el hombre (Gá. 3:28), o a la relación entre marido y mujer (Ef. 5:22-23; 1 Cor. 11:11-12), habla de Cristo y de estar en Cristo. Pero cuando pone *restricciones* a las mujeres, hace referencia

---

9 Plutarco, Moralia «Consejos para el novio y la novia», traducción de Frank Cole Babbit (Cambridge, Mass.: Harvard University Press, 1928), pág. 31.

al Antiguo Testamento (1 Ti. 2:12-15 y también 1 Cor. 14:34, si, como muchos piensan, la palabra *ley* es la Ley del Antiguo Testamento). Parece como si las mujeres cristianas tuvieran que seguir normas pre-cristianas para no ofender a los judíos («a los que están bajo la ley, como bajo la ley», 1 Cor. 9:20), del mismo modo que seguían la ética convencional para no ofender a los paganos (1 Cor. 9:21). Pero, desde la perspectiva de la Redención y de la nueva creación, que supera tanto la maldición como la Caída, sigue siendo cierto que «no hay hombre ni mujer en Cristo».

Así, el principio de Pablo no es "llevar velo" o "no dejar hablar a las mujeres", sino más bien, conformarse a las normas judías y a las normas moralistas paganas por el bien del Evangelio. Como hemos visto, en tiempos bíblicos, que una mujer hablara en público era considerado como un símbolo de indecencia. Sustituir el *principio* («a todos me he hecho todo, para que por todos los medios salve algunos», 1 Cor. 9:22) por la *norma* (el velo o silencio de la mujer) no es solamente sustituir el espíritu por la letra, ¡sino que puede llevar a la negación del principio!

Si en el primer siglo el discurso público de una mujer era una ofensa para las personas a las que Pablo quería llegar con el Evangelio, hoy ocurre justamente lo contrario. Una sociedad que acepta que las mujeres lleguen a ser directoras ejecutivas de importantes compañías y decanas en las universidades más prestigiosas no querrá escuchar a una iglesia que las relega al silencio. Muchos dicen que este razonamiento es "conformarse con el mundo"; entonces, ¿cómo entienden el principio que Pablo establece al decir que se hizo a "todo" para que hubiera gente que llegara a conocer a Cristo?

¿Cómo se relacionan con todo esto los principios misioneros de Pablo?

Las siguientes observaciones son breves, pero importantes. Pablo tenía un principio básico al que se subordinaban todos los demás principios de forma temporal. Entender esto nos ayudará a comprender sus instrucciones acerca de las mujeres. Será interesante ver algunas diferencias entre Gálatas y 1 Corintios.

En Gálatas Pablo estableció el principio de que el creyente está «muerto para» la ley. No se consigue la salvación haciendo las obras de la ley del Antiguo Testamento. Junto con esto, Pablo vuelve a hablar de su autoridad como apóstol. Como hemos visto, también estableció el principio acerca del hombre y la mujer en Cristo. Pero en 1 Corintios Pablo dice que él, el apóstol que habla de "ser libre de la ley", está dispuesto a estar «bajo la ley» para ganar a los que están bajo la ley. Sin olvidar que las obras de la ley no salvan, él adopta esa posición para acercar el Evangelio a las personas. ¿No nos dice eso que, sin olvidar la igualdad entre el hombre y la mujer, también pudo acomodarse a las normas sociales de los judíos y demás acerca de las actividades públicas de las mujeres para ganarles para Cristo?

Si en tiempos de Pablo para algunos era vergonzoso que las mujeres hablaran en público, o que aparecieran sin velo, o con el pelo suelto, ¿cuáles son las implicaciones si en nuestra sociedad actual es vergonzoso restringir a las mujeres la plena igualdad y oportunidades? Si Pablo pudo adaptar el principio sin abandonarlo, ¿podemos decir algo a los que deseamos alcanzar mediante la igualdad de oportunidades que las mujeres reciben en la Iglesia, sin abandonar las convicciones que podamos tener (pensando en Efesios 5) acerca de la relación del marido y la mujer en el hogar? Si no es así, podríamos estar perpetuando la forma o norma (el silencio de la mujer) y abandonando el principio de adaptación que tan claramente nos enseñó Pablo.

Pero supongamos que no aceptamos todo lo anterior. Supongamos que las restricciones de Pablo no están solamente dirigidas a la usurpación o asunción de la autoridad, sino en contra de cualquier ejercicio de autoridad. ¿Significa esto que las mujeres no pueden ser ordenadas como ministras? A continuación trataremos la naturaleza de la ordenación (y la imposición de manos) y la cuestión «última»: ¿Puede una mujer ser investida como ministra o pastora? Luego, investigaremos la naturaleza del ministerio del Nuevo Testamento. Finalmente, consideraremos algunos de los textos bíblicos importantes.

El tema de la ordenación

En las secciones anteriores hemos visto el contexto bíblico y algunas cuestiones tocantes a la relación entre el género y el ministerio. En las secciones siguientes analizaremos la naturaleza del ministerio y sus implicaciones con respecto a las mujeres. La idea principal que quiero transmitir es que la iglesia del Nuevo Testamento no ordenaba o investía a personas para posiciones de *autoridad*, sino que designaba a personas para ministerios de *servicio*.

Cuando la iglesia de Antioquía les impuso las manos a Pablo y a Bernabé (Hechos 13:1-3), éstos ya llevaban bastante tiempo sirviendo en la obra del Señor. No les estaban dando más derechos, rango o autoridad, sino que les estaban comisionando para una nueva tarea. Pablo y Bernabé nombraron ancianos (Hechos 14:23). El verbo originalmente significaba "señalar con la mano"; no fue hasta más adelante que se asoció con la ordenación, pero inicialmente no significaba imponer las manos a alguien.

La imposición de manos sobre Timoteo (1 Timoteo 4:14; 2 Ti. 1:6) se hizo en relación con la recepción de un don espiritual, no con la entrega de autoridad o rango. Frecuentemente, se dice que debemos ver esta imposición como las imposiciones de manos a los rabinos para autorizarles a enseñar. No obstante, recientes estudios han demostrado que no hay pruebas de esto en el primer siglo.[10] Hay un número de referencias en la literatura rabínica acerca de la ordenación. Esta práctica es posterior al periodo del Nuevo Testamento, y además el significado del rito era diferente al de 1 y 2 Timoteo. Incluía también la entrega de autoridad judicial. Aparte de eso, no tenemos más referencias a la imposición de manos en relación con la ordenación rabínica. En el Sanedrín también se imponían las manos, pero eso no otorgaba autoridad para enseñar.

En el Antiguo Testamento, la imposición de manos era una forma de reconocimiento o identificación; por ejemplo, las personas que recibían una bendición especial, los animales ofrecidos en sacrificio, o las personas designadas para un servicio particular, como Josué y los levitas.[11] Josué fue investido como el sucesor de Moisés, y los levitas para ministrar al Señor. No encontramos ningún ejemplo en el que la imposición de manos se use para nombrar a alguien para el cargo de maestro.

Resumiendo, no existe un uso uniforme de la imposición de manos en las Escrituras. En el Nuevo Testamento, Jesús no impuso las manos a los apóstoles o a ningún otro grupo de discípulos, lo cual sería extraño si ése era el modelo a seguir para nombrar a personas. En Hechos, los únicos pasajes posiblemente relevantes son 6:1-6 (donde se impone las manos sobre siete que fueron nombrados, no para un ministerio de enseñanza, sino para servir a las viudas griegas necesitadas), 9:17 (donde Ananías impuso sus manos sobre Pablo para que pudiera ver de nuevo y recibir el Espíritu Santo; ver también 8:17, 19:6) y 13:1-3, citado anteriormente. Por tanto, hay muchos casos en las Escrituras en los que se recurre a la imposición de manos, pero no en el sentido de nombrar para el ministerio de la enseñanza. Los eruditos ahora están reconociendo que aunque durante

10 Estos dos trabajos son: Edward J. Kilmartin, «Ministry and Ordination in Early Christianity against a Jewish Background», *Studia Liturgia* 13 (1979), y Lawrence A. Hoffman, «Jewish Ordination on the Eve of Christianity», *Studia Liturgia* 13 (1979).

11 Véase, por ejemplo, Génesis 48:14, 17, 18; Levítico 1:4; Números 8:10, 12; 27:18, 23; Deuteronomio 34:9.

mucho tiempo se ha creído que se trataba de una práctica rabínica muy común, de hecho, nunca lo fue.

Por tanto, no había en la Escritura un patrón de ordenación o nombramiento que elevara a las personas a una posición de rango y autoridad superior. La imposición de manos se utilizaba para la recepción del Espíritu Santo y el nombramiento de personas para el servicio. La única vez que también se usa para conferir autoridad es en el caso de Josué, y fue para ejercer el liderazgo bajo la guía del sacerdote Eliezer, no para enseñar o predicar como lo entendemos ahora.

En muchas iglesias evangélicas en nuestros días, la ordenación o investidura es simplemente una forma de designar a los que Dios ha llamado al ministerio. El «privilegio» de haber sido ordenado *no* equivale a tener un derecho exclusivo para presidir ciertos sacramentos o para ejercer autoridad sobre la Iglesia, prácticas que no tienen ningún precedente en las Escrituras. Todos los creyentes tenemos un sacerdocio espiritual, y las funciones sacramentales no están reservadas a una clase (o género). La Escritura utiliza la palabra *sacerdote* para describir a todo cristiano, no solo a unos cuantos.

Si la ordenación se entiende como la entrega del sacerdocio o de un rango superior, será porque así se estableció en época de la iglesia primitiva, pues en el Nuevo Testamento no encontramos ningún ejemplo de ello. No vamos a debatir aquí la legitimidad de esa tradición; lo que está claro es que en las iglesias con esa tradición el papel de las mujeres está determinado por esa forma de entender las cosas. Pero si estamos tratando solamente con prácticas ya establecidas en la iglesia del Nuevo Testamento, también podemos preguntarnos si debemos excluir a las mujeres de la designación o nombramiento para un servicio espiritual. Incluso si no estamos de acuerdo con dar a la mujer un cargo de autoridad, esta forma de entender la ordenación no debería poner obstáculos a las mujeres.[12]

El lugar de la autoridad

Aunque es cierto que algunos pastores creen que es lícito ejercer una gran medida de autoridad, como vetar la selección de diáconos que la Iglesia ha hecho, eso no significa que la Biblia enseñe que toda autoridad tiene que

---

12 Acerca de todo el tema de la ordenación, véase Marjorie Warkentin, *Ordination: A Biblical Historical View* (Grand Rapids: Eerdmans, 1982).

residir en una persona. La cabeza de la Iglesia es una, nuestro Señor Jesucristo. El Espíritu Santo ejerce autoridad divina en la Tierra («El Señor es el Espíritu» - 2 Cor. 3:17).

Los evangélicos afirmamos que la Biblia es nuestra autoridad; algunos también la describen de la siguiente forma: «nuestra única norma de fe y práctica». En las Escrituras, a los ancianos se les dice que han de guardar al rebaño (Hechos 20:25-31; Tito 1:9). Son líderes de la Iglesia, y su función es dirigirla, pero se les advierte que no la dominen (1 Pedro 5:3). Por ejemplo, la preocupación de los presbiterianos en cuanto al liderazgo de las mujeres es comprensible si 1 Timoteo 2:12 se refiere al ejercicio normal de autoridad (aunque véase más adelante). No obstante, también debemos señalar que las Escrituras no hablan de que un anciano tenga autoridad personal como individuo.

En muchas iglesias evangélicas, la autoridad está en la congregación. En tales casos, si en la congregación hay mayoría de mujeres, ¡serán ellas las que tengan la autoridad! Algunos defienden que el predicador que sube al púlpito tiene autoridad personal, pero esto no se enseña en las Escrituras (aparte de la autoridad apostólica). La autoridad está en la Palabra misma, no en el individuo que la enseña. Los dones espirituales (que, por supuesto Dios da tanto a hombres como a mujeres) no confieren autoridad. Esto se ve en el hecho de que la congregación de Corinto debía evaluar lo que los profetas decían (1 Cor. 14:29).

¿Cuál es la implicación del ministerio como servicio?

El ministerio bíblico no es tener autoridad sobre los demás, sino servir a los demás. En Marcos 10:35-45, vemos que los gobernantes galileos buscaban el señorío y la autoridad, mientras que Jesús, el Hijo del hombre, vino a servir, no a ser servido. El ministro cristiano debe ser como el Señor Jesús. Y vemos que ahora las discusiones acerca de la ordenación de mujeres casi siempre incluyen el tema de la autoridad (¡o *solo* se centran en el tema de la autoridad!). La pregunta no debería ser «¿Qué *autoridad* permite la Escritura a las mujeres?», sino «¿Qué *ministerios* permite la Escritura a las mujeres?».

La siguiente pregunta debería ser: «¿Cómo reconocemos públicamente que Dios ha escogido a este siervo/a?». ¿Hay alguna razón por la que el modo de reconocer a los siervos no deba emplearse para las mujeres del mismo modo que se emplea para los hombres? Las Escrituras no mencionan ningún rango entre los siervos del Siervo Sufriente de Dios, nada acerca de dominación entre los pastores que sirven al Gran Pastor. A los pastores se les dice: «Pastoread el rebaño de Dios entre vosotros, velando por él, no por obligación, sino voluntariamente, como quiere Dios; no por la avaricia del dinero, sino con sincero deseo; tampoco como teniendo señorío sobre los que os han sido confiados, sino demostrando ser ejemplos para el rebaño» (1 Pedro 5:2-3). Es sorprendente que cuando Pablo enumera los requisitos de los ancianos, su razón para mencionar la importancia de gobernar a su propia familia bien no es para que el anciano pueda «gobernar» a la Iglesia, sino más bien para que pueda «cuidar» (*epimeleomai*) de ella (1 Ti. 3:4-5).

En conclusión, dado que el ministerio es servicio más que el ejercicio personal de la autoridad, ni las mujeres ni los hombres deberían buscar la elevación a una posición de poder sobre los demás. Al contrario, si entendemos la ordenación como un simple reconocimiento o nombramiento de los que van a servir, ¿por qué negársela a las mujeres?

¿Qué implica la autoridad?

Hay razones para dudar de que Pablo no quería que las mujeres tuvieran la autoridad que nosotros solemos llamar "autoridad eclesiástica normal". Puede ser que el tipo de autoridad prohibida a las mujeres en 1 Timoteo 2:12 no fuese un tipo de autoridad normal.

La cuestión es que el verbo griego que comúnmente se usa para "ejercer autoridad" (*exousiazo*) no es el verbo utilizado aquí. En su lugar aparece un verbo nada común, *authenteo*, que no aparece en ningún otro lugar del Nuevo Testamento. Por desgracia, algunos autores han escrito sobre este verbo adoptando posturas extremas o expuestas de forma muy pobre.[13] En siglos anteriores había descrito una acción violenta («asesinar», «cometer suicidio», «proyectarse sexualmente»). No hay evidencias de que en la época del Nuevo Testamento se siguiera usando de esta forma (al contra-

---

13 Entre los libros publicados están los de Catherine Kroeger, «A Strange Greek Verb», *Reformed Journal* 29 (1979) y George W. Knight III, «AUTHENTEO in Reference to Women in 1 Timothy 2:12», *New Testament Studies* 30 (1984): 143-7, quienes adoptan posturas opuestas. Kroeger ha continuado su investigación e incluye varios comentarios acerca del verbo en «1 Timothy 2:12 - A Classicist's View» en Alvera Mickelsen, ed., *Women, Authority and the Bible* (Downers Grove, Ill,: InterVarsity Press, 1986), págs. 225-43. Ver mi respuesta a su ensayo en las páginas 244-47. Ver también la obra de L.E. Wilshire, «The TLG Computer and Further Reference to [Authenteo] in 1 Timothy 2:12», *New Testament Studies* 34 (1988): 120-34.

rio de lo que algunos opinan), pero tampoco significaba simplemente «ejercer autoridad» (como otros mantienen). Más bien, se utilizaba para describir la dominación y la apropiación por parte de una persona del derecho de iniciar u originar algo.

Las circunstancias de las Epístolas Pastorales pueden explicar el uso de este extraño verbo. Cada vez se reconoce más que las circunstancias de 1 Timoteo y de las otras epístolas pastorales eran radicalmente diferentes a las de hoy en día. La dificultad está en saber exactamente cuál era la relación entre las circunstancias de los días Pablo y sus enseñanzas.

Algunas feministas proponen construcciones bastante cuestionables que más bien parecen esfuerzos para esquivar el texto. Pero hay otros estudiosos evangélicos que están convencidos de la unidad de la enseñanza bíblica acerca del ministerio y la mujer y desean honestamente reconciliar las aparentes contradicciones que encontramos en los pasajes sobre el tema. Por tanto, están dispuestos a estudiar las circunstancias para ver si había razones particulares por las cuales Pablo, basándose en la narración del Génesis, prohibía a las mujeres enseñar. Al leer las observaciones que incluyo a continuación no llego a las mismas conclusiones que otros autores; no obstante, creo que debemos reconocer que son aportaciones relevantes en cuanto al tema que estamos debatiendo:

1. Las mujeres eran víctimas de los falsos maestros que se aprovechaban sexualmente de ellas (2 Ti. 3:6-7). Algunos sugieren que puede que también las mujeres expusieran falsas enseñanzas.

2. Las mujeres no habían estudiado y no eran capaces de enseñar.

3. Las mujeres no se consideraban fiables como testigos (a pesar de que fueron las primeras en ver el sepulcro vacío, Pablo no las cita como testigos en 1 Cor. 15).

4. La Iglesia estaba a punto de enfrentarse (si no lo había hecho ya) con las primeras tendencias gnósticas. Entre tales tendencias estaba la idea de un principio femenino en Dios, y un énfasis en Eva sobre Adán (que es lo que motivó, según algunos, que Pablo escribiera una corrección afirmando que Adán fue creado primero).[14]

---

14 Encontrará una opinión diferente sobre el gnosticismo y las mujeres en Elaine Pagels, *The Gnostic Gospels* (New York: Random House, 1979) págs. 48-69, y Louis A. Brighton, "The Ordination of Women: A Twentieth-Century Gnostic Heresy?" *Concordia Journal* 8 (1982). Los textos gnósticos pueden hallarse en *Nag Hammadi Library*, traducido por miembros del *Coptic Gnostic Library Project* [Proyecto de la Biblioteca Gnóstica Copta] del *Institute for Antiquity and Christianity* [Instituto de Antigüedad y Cristianismo], James M. Robinson, Director (San Francisco: Harper & Row, 1977).

5. En el mundo griego, siempre se entendió que las mujeres podían profetizar, pero no podían enseñar.[15] Esto ayudaría a explicar por qué Pablo permite en 1 Corintios 11 que las mujeres profeticen, pero en 1 Timoteo 2 les prohíbe enseñar.

6. Entre los judíos, los maestros de las Escrituras no eran solamente respetados, sino reverenciados. El Señor Jesús aludió al hecho de que los jueces de los tiempos antiguos que aplicaban la Palabra de Dios en casos legales estaban considerados casi como seres divinos (ver en Juan 10:34 la cita que Jesús hace del Salmo 82:6, «sois dioses»). En un ambiente así, las mujeres podían ser aceptadas como maestras.

Buscar las circunstancias inmediatas a las que se dirige la Escritura es un principio de interpretación bíblica. Sin duda, en ocasiones el contexto cultural es oscuro, y en ocasiones mandamientos que son para todas las épocas se limitan erróneamente a la cultura en la que se escribieron. No obstante, si el papel de las mujeres era, al menos parcialmente, un tema de percepción social (de modo que ciertas actividades de las mujeres, como la enseñanza pública o hablar sin cubrirse la cabeza, podían hacer daño al Evangelio), esto debería verse en la forma en la que aplicamos los textos referentes al tema.

De las seis circunstancias que he mencionado, más de una puede ser relevante para nuestra interpretación y aplicación actual, aunque es obvio que sería necesario realizar un trabajo de clarificación. Además, el resto del párrafo de 1 Timoteo 2:12-15 ofrece una referencia al hecho de que las mujeres cristianas pueden ser «salvas». No tenemos espacio para resumir todas las teorías, pero es interesante considerar que Pablo puede estar mostrando que Dios ha provisto una manera de deshacer los efectos de la Caída (la «maldición»). La injusta subordinación de las mujeres a los hombres caídos se solucionó con la Redención de Cristo. Algunos creen que «dar a luz» en este pasaje es una referencia al nacimiento de Cristo, la «semilla de la mujer» predicha en el mismo pasaje de Génesis 3 que habla de la maldición. Puede que Pablo esté queriendo decir que las mujeres que continúen viviendo en fiel devoción (1 Timoteo 2:15) están cualificadas para ministrar cuando las condiciones lo permitan.[16]

---

15 James Sigountos y Myron Shank, «Public Roles for Women in the Pauline Church: A Reappraisal of the Evidence», *Journal of the Evangelical Theological Society* 26 (1983): 283-95.

16 Un reciente estudio que adopta esta teoría es *Beyond the Curse: Women Called to Ministry* (Nashville: Thomas Nelson Publishers, 1985), de Aida Besançon Spencer, págs. 91-95. Se ha llevado a cabo un extenso trabajo exegético sobre este tema y otros relacionados con el pasaje de 1 Timoteo. Ver especialmente Douglas J. Moo, «1 Timothy 2:11-15: Meaning and Significance», *Trinity Journal* n.s. 1 (1980): 62-83; Phillip B. Payne «Libertarian Women

Resumiendo, el tipo de autoridad que Pablo prohibió a las mujeres era algo diferente y algo más que lo que normalmente concebimos como autoridad eclesiástica. Las secciones anteriores nos llevan a las siguientes conclusiones: debemos desechar la idea de que las mujeres no son aptas para el ministerio porque no deben ejercer autoridad sobre el hombre, por las razones siguientes: (1) Bíblicamente, la ordenación no significa la entrega de autoridad sobre los demás. (2) En las Escrituras, la autoridad última de Dios no recae en la persona del pastor o anciano. (3) La característica principal del ministerio cristiano es el servicio, no el ejercicio de autoridad. (4) La referencia a la autoridad en 1 Timoteo es un caso especial, difícil de entender, pero no supone un impedimento para los ministerios normales de la mujer. Aunque estos cuatro puntos están relacionados, no son interdependientes. Es decir, cada uno de ellos puede, por sí solo, cuestionar las restricciones que se imponen sobre las mujeres para que no puedan ser nombradas para el ministerio.

¿Qué es la enseñanza?

Las restricciones contemporáneas que impiden que las mujeres enseñen Biblia se basan en un concepto de enseñanza que difiere del concepto que encontramos en 1 Timoteo 2:12.

La «enseñanza» prohibida a las mujeres en 1 Timoteo no era la explicación de textos bíblicos, dado que la Biblia ni estaba completa ni difundida. En ese momento, enseñar significaba transmitir la tradición apostólica. Las enseñanzas con autoridad del Señor Jesús y de los apóstoles se transmitieron al principio de forma oral, antes de ser universalmente accesibles en la forma escrita del Nuevo Testamento.

Pero tenemos que reconocer que el testimonio de esa tradición no habría sido aceptada si se hubiera transmitido en boca de las mujeres, pues

---

in Ephesus: A Response to Douglas J. Moo's article, 'The Interpretation of 1 Timothy 2:11-15: Meaning and Significance'», *Trinity Journal* n.s. 2 (1981): 169-97; Douglas J. Moo, «The Interpretation of 1 Timothy 2:11-15: A Rejoinder», *Trinity Journal* n.s. 2 (1981): 198-222; Phillip B. Payne, «The Interpretation of 1 Timothy 2:11-15: A Surrejoinder», (disponible, pidiéndolo a la Evangelical Free Church of America [Iglesia Evangélica Libre de América]); M.D. Roberts, «Women Shall Be Saved: A Closer Look at 1 Timothy 2:15, « *TSF Bulletin* 5 (1981): 4-7; Aida Besançon Spencer, «Eve at Ephesus» *Journal of the Evangelical Theological Society* 17 (1974): 215-22; David M. Scholer, «1 Timothy 2:9-15 and the Place of Women in the Church's Ministry» en Mickelsen, *Women, Authority and the Bible*, págs. 193-223, seguido de una respuesta de Walter L. Liefeld, págs. 244-47.

legalmente no se las consideraba un testigo válido. Sean cuales fueren las razones contextuales o teológicas que Pablo tenía para prohibir que las mujeres enseñaran, el hecho es que esta enseñanza dependía de la autoridad del maestro, cosa que hoy no ocurre en la misma medida.

Algunos creen que la autoridad para enseñar que Pablo negó a las mujeres era el tipo de autoridad que tenían los escritores de las Escrituras. El paralelismo más cercano en la actualidad sería probablemente llevar el Evangelio de forma oral a pueblos donde aún no han llegado las nuevas de Jesús, un ministerio que pocas personas negarían a las mujeres. Por otro lado, el otro extremo sería enseñar las Escrituras a un auditorio de personas que tienen la Biblia en las manos, y entre las cuales hay maestros bíblicamente preparados dispuestos a corregir cualquier interpretación errónea. No obstante, esta caricatura coincide con el contexto en el que en muchas ocasiones se le niega a la mujer el ministerio de la enseñanza.

La frecuencia de la palabra «enseñar» (*didasko*) y formas derivadas disminuyó en los escritos cristianos durante las primeras décadas de la iglesia primitiva, mientras que el uso del término del cual deriva nuestra palabra «catecismo» parece haber ocupado su lugar.[17] Es decir, el antiguo ministerio de enseñar, que era la transmisión de tradición apostólica, dejó paso a una repetición uniforme y formal de la doctrina cristiana.

Con el tiempo, todo el Nuevo Testamento fue reconocido como Escritura Canónica, y fue distribuido ampliamente por toda la Cristiandad. Ahora ya se había acabado cualquier tipo de reticencia a escuchar la enseñanza de aquella tradición sagrada si la persona que la transmitía era una mujer. En la actualidad, tenemos el canon completo de las Escrituras como nuestra autoridad. No estamos bajo la autoridad de un maestro humano, sino bajo la autoridad de la *Palabra escrita de Dios*.

¿Qué podemos concluir?

Las preguntas y comentarios anteriores deberían (1) advertirnos de la existencia de posturas dogmáticas y extremas, (2) indicar la importancia de tener en cuenta toda la Escritura, (3) mostrarnos que los pasajes bíblicos aparentemente difíciles pueden solucionarse sin que pierdan su énfasis característico, y (4) avisarnos de que no podemos forzar los

---

17 G.W.H. Lampe, *Patristic Greek Lexicon* (Oxford: Clarendon Press, 1961), págs. 364-65, 732-33.

datos bíblicos para que concuerden con nuestra eclesiología contemporánea.

La característica bíblica principal del ministerio era el servicio más que la autoridad. Desde que se completó el canon bíblico, la autoridad ha estado en el mensaje bíblico, no en el mensajero. Las dificultades en torno a que las mujeres enseñen o tengan autoridad pueden resolverse entendiendo mejor qué significaba la enseñanza y la autoridad en la iglesia del Nuevo Testamento y qué significan ahora.

Aunque la Biblia no debe verse como culturalmente *relativa*, es culturalmente *relevante*. Algunos pasajes pretenden mostrarnos no solamente lo que Pablo hizo, sino por qué lo hizo y cómo podemos seguir sus principios en nuestros días. Ambas cosas son posibles: creer en la «letra de la ley» y seguir su espíritu. Algunas feministas han corrido el peligro de abandonar "la letra" porque han visto adónde ha llevado eso a sus contemporáneos tradicionalistas. Pero hay tradicionalistas que no han captado el espíritu de las Escrituras en su intento por ser fieles a la «letra». Ningún extremo es necesario; ninguno es sano. La respuesta no es comprometer las ideas que uno tenga, sino una mejor comprensión tanto de la *mujer* como del *ministerio* en la Escritura.[18]

---

18 Para ampliar lecturas, ver la bibliografía de este libro.

Respuesta de una postura tradicionalista
Robert D. Culver

El ensayo de Walter Liefeld parece decir que no hay algo a lo que podamos llamar «el ministerio». Temas como la ordenación, los maestros y la enseñanza con autoridad, los obispos (dirigentes) de la Iglesia y demás son, por tanto, temas ilegítimos. Intentaré resumir sus argumentos para luego poder pronunciarme.

Lamento sinceramente tener que ser mayormente negativo, a pesar de que Liefeld manifiesta que en todo momento ha intentado no ofender. (1) En mi opinión, comienza con explicaciones esencialmente erróneas tanto de los temas tratados como de las diferentes teorías. Nadie en este debate dice que un ministerio «espiritual» está limitado por la mera «distinción humana de género», aunque esto se nos imputa a algunos de nosotros. Las distinciones y limitaciones que propongo no son humanas. O tienen un origen apostólico, o no existen. (2) Me parece que no es muy honesto adjudicarme ideas y pensamientos si no los ha leído. No me quejo de que cite textos míos anteriores o el conocimiento general de mis teorías, pero denuncio el procedimiento por el que asegura saber lo que los oponentes tradicionalistas o feministas van a decir. Sería mucho más constructivo que se centrara en desarrollar su propia teoría.

El principal apartado de Liefeld es «La importancia de la perspectiva y la percepción». Pero en sus páginas no hay nada sobre ese tema, excepto acusaciones de incoherencia en las prácticas actuales de las iglesias que piensan que las Escrituras reservan ciertos cargos para los hombres. Respondo a aquel comentario típico que dice: «¿Podemos aprender algo del comentario de un estudiante de otro continente que se siente insultado y víctima del racismo al ver que las mujeres misioneras podían enseñarle cuando él estaba en su país, pero que no pueden enseñar a los hombres en América?».

Yo más bien preguntaría lo siguiente: ¿podemos aprender algo del hecho de que reservar el cargo de anciano y de pastor-maestro para los hombres parece cumplirse de forma más estricta en el África negra que en América? ¿Quizás deberíamos preguntar al estudiante la posición de la misionera que le enseñó? ¿Era un testimonio cristiano obediente o era la persona nombrada como «maestra de la iglesia» en su localidad? Lo más probable es que no fuera esto último.

También, ¿qué parte de 1 Timoteo 2 *prohíbe* el «pelo adornado con oro y otras joyas»? No conozco ningún trabajo exegético importante que esté de acuerdo. ¿Acaso Liefeld cree que Pablo no quiso decir lo que encontramos en este complicado pasaje? No lo creo. Si Liefeld solo está informándonos de las protestas de otros, ¿no sería bueno que nos dijera a quién se refiere, o que ofreciera alguna respuesta, o simplemente que lo ignorara?

Trataré algunas de las que Liefeld llama «las preguntas adecuadas». Yo creo que para la mayoría de nosotros solamente hay una pregunta básica: ¿Establece la Palabra de Dios que «*el ministerio*» es solo para los hombres? Liefeld, siguiendo un punto de vista sostenido por los primeros cuáqueros y después por los Hermanos de Plymouth, piensa que realmente no hay un cargo como el pastorado. Así pues, afirma que *el ministerio*, como la mayoría de gente lo entiende, no existe. Si está en lo cierto, mi capítulo, como también el de Foh y el de Mickelsen, son innecesarios e irrelevantes.

Liefeld argumenta que Susan Foh no es justa cuando dice que «las feministas bíblicas han abandonado la posición bíblica e histórica de las Escrituras inspiradas por Dios». Pero estoy seguro de que él mismo estaría dispuesto a dar los nombres de varios que abusan del concepto de la Inspiración bíblica. No hace mucho tiempo, ciertos escritos feministas de P.K. Jewett, en los que este autor buscaba corregir las teorías de Pablo sobre la mujer y el ministerio, causaron mucho revuelo y fueron duramente criticados por atentar contra la autoridad bíblica y apostólica. Este asunto apareció durante un tiempo en diferentes publicaciones académicas, como *The Journal of the Evangelical Theological Society*. Así que no seamos muy severos con Susan Foh.

Además, Liefeld cree que Pablo trata este tema en «1 Corintios 11 y 14 en términos de percepción social», y el tema de «los esclavos y las mujeres en Tito 2:5, 10». Quizás es cierto en parte, pero creo que debería darse cuenta de que Pablo utiliza varios aspectos de la doctrina de la Creación para defender su «percepción social» en relación con estos casos. Pablo no dice explícitamente en ningún momento que la tradición o el orden que defiende al hablar de los temas que estamos tratando en este libro estén enraizados en la percepción social actual o que sean una cuestión de prudencia evangelística. Me parece que en general, aunque hay elementos de percepción social y tradición, éstos no son los temas que más preocupan a Pablo. Está claro que no son la base principal detrás de la tradición y el orden. No obstante, las normas del pelo de las mujeres y de cubrirse la cabeza de 1 Corintios 11 son, según Pablo, *tradición* y *orden* apostólicos. Y Liefeld lo niega rotundamente. (Véase mi ensayo y comentarios sobre 1 Cor. 11:2 y 34).

En el apartado titulado «¿Qué podemos aprender de la historia bíblica»? Liefeld menciona algunas cuestiones con las que los demás autores estamos bastante de acuerdo. Pero creo que omite otras importantes lecciones que podemos sacar de la Historia, y no estoy de acuerdo en algunas de sus conclusiones. A continuación aparece mi breve respuesta.

Los casos de las muchas mujeres que ministraron a Jesús y también con Jesús (Mt. 27:55; Lc. 8:1-3) en todo caso demuestran que Jesús dependía del ministerio de estas mujeres *para con él y sus discípulos*, pero que éste no tenía nada que ver directamente con los ministerios de Jesús de sanidad, predicación y enseñanza. No hay ejemplos de mujeres en *el ministerio*, el ministerio de Jesús y de los apóstoles. Lo mismo se aplica a las ayudantes de Pablo.

En mi opinión, esta escaramuza preliminar, que ocupa más de un tercio del ensayo, no sienta las bases para lo que luego defiende en las secciones principales, «¿Qué hacemos con las aparentes diferencias que encontramos en las Escrituras?» y «El lugar de la autoridad». Parece que Liefeld piensa que la tendencia de nuestra época hacia el pleno liderazgo femenino en todos los aspectos de la vida marcará en breve el futuro de las iglesias cristianas. Intenta demostrar que no está asociado con el feminismo o con el tradicionalismo, y que prefiere lo que llama una postura equilibrada. No obstante, su ensayo acaba siendo un apoyo confuso, aunque definitivo, de lo que Mickelsen espera que llegue a ocurrir. Pero lo hace con una diferencia.

Liefeld aporta dos ideas: la primera, que la Iglesia del Nuevo Testamento no tenía cargos, solamente dones y funciones, que aparentemente funcionaban sin ninguna supervisión. No hay nada parecido a la *subordinación*. En otras palabras, no hay jerarquía (usando una palabra aceptada aunque engañosa). La segunda, los muchos mandatos de Pablo a Timoteo y a Tito a ejercer el «gobierno» o la «autoridad», y a los miembros a que se «sometan» y «obedezcan» no son vigentes en la actualidad.

Él cree que (1) la preocupación en la época de Pablo era transmitir la tradición apostólica *oralmente*, en ausencia de un Nuevo Testamento compilado y finalizado, y (2) por tanto, la necesidad no era una exposición de textos bíblicos como en las predicaciones actuales, sino la presencia de testigos «fiables» (auténticos) de lo que Jesús o Pablo u otro apóstol había dicho. (3) Esto dio paso, más adelante, a la "repetición uniforme y formal de la doctrina cristiana". Así, la razón por la que Pablo prohibió a las mujeres hablar formalmente en la Iglesia (porque según Liefeld, siempre estaban hablando) era el hecho práctico de que en aquella época no se consideraba a las mujeres como testigos fiables. La Teología o la Revelación divina parecen no tener nada que ver con las restricciones de Pablo.

En respuesta a este argumento diré que Liefeld ignora por completo varios textos que contradicen las teorías compartidas por Liefeld, los Hermanos de Plymouth, los cuáqueros y distintos grupos independientes en la actualidad. Estos cristianos sostienen que no existía ninguna estructura eclesiástica de autoridad (jerarquía) en la Iglesia del Nuevo Testamento. (Las primeras «reuniones» de los cuáqueros no seguían ningún formalismo; luego, con el tiempo, los Hermanos irían desarrollando «principios de reuniones» y un liderazgo formal). Creo que las afirmaciones de Walter Liefeld acerca de la falta de evidencia de estructura o autoridad en las iglesias del Nuevo Testamento se da de bruces si consideramos todas las evidencias relevantes:

1. «Pablo y Timoteo, siervos de Cristo Jesús, a todos los santos en Cristo Jesús que están en Filipos, incluyendo a los obispos y diáconos» (Fil. 1:1). ¿Suena esto como una iglesia sin ningún tipo de estructura o autoridad eclesiástica? Liefeld no trata este texto. Tampoco se refiere a los «obispos o supervisores». Creo que queda claro por qué prefiere «ancianos».

2. «Los ancianos que gobiernan [gr. *proistemi*] sean considerados dignos de doble honor, principalmente los que trabajan en la predicación y en la enseñanza» (1 Ti. 5:17). Este versículo es preciso para todos los defensores de la manera de hacer presbiteriana. Así podemos entender por qué uno de los requisitos para ser «obispo» es que el candidato gobierne «bien su casa» (1 Ti. 3:4). La misma palabra se utiliza de nuevo. ¿Suena esto como una iglesia en la que había obispos y ancianos [dirigentes] que ni supervisaban con autoridad eclesiástica, ni ejercían ningún tipo de gobierno?

3. «Pero, os rogamos hermanos, que reconozcáis a los que con diligencia trabajan entre vosotros, y os dirigen en el Señor, y os instruyen" (1 Ts. 5:12). Aquí, como en los pasajes anteriores citados, la palabra para ancianos u obispos es *proistemi*, traducida como «os dirigen». De nuevo, ¿suena esto como un lugar donde no había subordinación ni cargos, ninguna persona cuyo cargo requiriera respeto y obediencia «por el bien de su trabajo»?

4. «Obedeced a vuestros pastores y sujetaos a ellos; porque ellos velan por vuestras almas, como quienes han de dar cuentas» (Hebreos 13:17). Sin duda los lectores sabían quiénes eran sus líderes. La antigüedad cristiana nos cuenta que el reconocimiento de los líderes locales (obispos, ancianos) era una de las principales preocupaciones de los cristianos de la época. «Obedeced» en el texto es una forma pasiva de *peitho*, que en voz pasiva significa «ser persuadido», «obedecer» «aceptar el consejo de alguien» (Bauer, Arndt & Gingrich, *A Greek-English Lexicon of the New Testament*; ver tam-

bién *A Greek-English Lexicon*, de Liddell y Scott). El *Theological Dictionary of the New Testament* está de acuerdo, excepto que es más claro en que «obedecer» es una acepción secundaria, no el significado principal.

En esta construcción, los expertos dicen que la palabra significa «obedecer, seguir». «Sujetaos» es la palabra *hypakouo*. No veo nada ambiguo en esta palabra. En el Nuevo Testamento se utiliza para describir las relaciones de los esclavos con sus amos. Y este uso sorprendente aparece en 1 Pedro 3:6, «Como Sara *obedeció* a Abraham, llamándole señor». De nuevo, ¿concuerda Hebreos 13:17 con la iglesia que Liefeld describe? Es interesante ver que el ensayo no analiza ninguno de estos textos. Varios de ellos ni siquiera los menciona.

Un par de frases de una reseña por Walter Liefeld clarifican y amplían lo que dice en el presente ensayo. La cita nos dirá por qué menciona pocos de los textos que he utilizado en mi refutación. En una reseña que él hace sobre un libro que argumenta en contra de los *ministros* y la *ordenación*, dice lo siguiente: «No hay un llamamiento específico al ministerio, como el que experimentaban los profetas del Antiguo Testamento. En la conversión, todos somos llamados y dotados con dones espirituales. El ministerio del Nuevo Testamento es el servicio, por lo que queda anulada cualquier idea que apunte a estar por encima de los demás. Los ancianos no están puestos en la Iglesia (Hechos 20:28) para estar 'sobre' ella [no obstante, ver los pasajes que he citado anteriormente]. El texto griego en Heb. 13:17 y 1 Ts. 5:12 no es lo suficientemente rotundo para respaldar el lenguaje de dominio que encontramos en estos pasajes».[1]

Sin embargo, a mí me parece que es precisamente el texto griego el que deja claro que el Nuevo Testamento describe una tradición apostólica (*paradosis* - 1 Cor. 11:2), u «orden» apostólico (1 Cor. 11:34), de una iglesia local organizada y estructurada con cargos, llamados ancianos (presbíteros) y obispos (supervisores). A estos líderes les debemos obediencia, que a veces se nos ordena con la expresión «sujetaos». Por estas razones, la tradición apostólica excluye a las mujeres de los cargos más altos en las iglesias. Pablo, quien sienta la tradición, articula las razones. Algunas están basadas en un sentimiento natural, algunas en el orden creado de las cosas; algunas tienen que ver con la Caída de la Humanidad, y algunas son por el bien del «buen orden». Todas fueron diseñadas para promover un buen sentimiento o una buena atmósfera dentro de la comunidad de los cristianos. En mi opinión, si el sentimiento es contrario a la tradición y al orden, es el sentimiento, y no las tradiciones y el orden, quienes deben ceder.

1 Walter Liefeld, «Review of *Ordination: A Biblical Historical View* by Marjorie Warkentin (Grand Rapids: Eerdmans, 1982)», en *Journal of the Evangelical Theological Society* 27, no. 3 (1984): 366.

Respuesta de una postura en pro del liderazgo masculino
Susan T. Foh

En primer lugar, aprecio de verdad el tono razonable con que Liefeld trata el tema, pues hace justicia a las diferentes perspectivas sobre la mujer y el ministerio. También aprecio su disposición a enfrentarse a las dificultades al armonizar el material bíblico referente a la mujer. Las preguntas adecuadas quizás podrían llevarnos a las respuestas adecuadas, pero en ocasiones un exceso de preguntas puede crear más confusión que claridad. Las preguntas de Liefeld dan qué pensar, pero me he quedado un tanto confusa al leerlas.

La aproximación de Liefeld es distinguir entre un principio enseñado en los textos prohibitivos y los medios mediante los cuales tal principio debe expresarse (determinado por la cultura, como el cubrirse la cabeza o el silencio). El principio que él extrae es conformarse a «las normas judías y a las normas moralistas paganas por el bien del Evangelio». Este concepto se enseña en 1 Corintios 9:19-23, como señala Liefeld, aunque ser todo para todas las personas nunca ha incluido la desobediencia a los mandamientos de Dios. Pero la pregunta sigue en el aire: ¿Está presente esta idea en 1 Corintios 11:2-16; 14:33-35 y 1 Timoteo 2:9-15?

En el caso de 1 Corintios 11:2-16 resulta tentador responder afirmativamente, principalmente porque la idea de exigir que las mujeres se cubrieran en el culto y prohibir que los hombres lo hicieran nos parece trivial. Para mí, hay varias razones para responder de forma negativa. (1) Pablo comienza esta sección pidiendo a los corintios que guarden las tradiciones que les ha entregado (vs. 2). Parece que lo que viene a continuación estaría entre esas tradiciones dignas de alabanza. (2) Pablo hace un juego de palabras con «cabeza». Podía haber utilizado otra palabra en el versículo 3 para expresar la relación del hombre con Cristo. Elige «cabeza» porque sus significados tanto figurados como literales son muy significativos. (3) El versículo 16 indica la universalidad de la tradición. (4) Cuando Pablo considera el alimento que ha sido sacrificado a los ídolos (1 Corintios 10:23-30), deja claro que comer es aceptable y que no comer también es aceptable, por el bien de las conciencias de los demás. Por el contrario, en 1 Corintios 11:2-16 no vemos que las dos opciones en cuestión sean aceptables.

En los casos de 1 Corintios 14:33-35 y 1 Timoteo 2:9-13, no veo separación entre la forma y el principio. Encontramos una prohibición, y también la razón de esa prohibición. Pablo no relacionó sus mandamientos para las mujeres con los requisitos culturales de su época. La mención de

Pablo a la ley del Antiguo Testamento en 1 Corintios 14:34 no es una frase de escape. Es, más bien, una fuerza incuestionable a favor de su argumento. En 1 Timoteo 1 2:13-14, Pablo basa sus prohibiciones en dos acontecimientos pasados e inalterables: la Creación y la Caída. Si Pablo quería que sus mandamientos fuesen temporales, ¿por qué se basó en estos conceptos? Si Pablo no era consciente del estatus temporal de sus mandamientos, ¿por qué permitió Dios que fueran parte del Canon?

No acabo de entender la forma en la que Liefeld distingue entre los mandamientos a las esposas y los mandamientos a las mujeres de la Iglesia. ¿Por qué considera que lo primero todavía es vigente y lo último no?

El concepto de Liefeld de la letra *versus* el espíritu (2 Cor. 3:6) es una mala interpretación. Es cierto que hay algunos mandamientos que son más importantes que otros (la justicia, la misericordia y la fe son más importantes que el diezmo de la menta, del eneldo y del comino, Mateo 23:23). No obstante, ese no es el tipo de comparación que se hace en 2 Corintios 3:6. Lo que está escrito, la letra, es la ley de Dios (toda ella, incluyendo los principios amplios y los mandamientos menores) que pronuncia la sentencia de muerte para los que no la pueden guardar en su totalidad. La está comparando con el Espíritu de Dios que da vida. Así que el contraste está entre una religión de mérito que lleva a la muerte y una religión de Gracia que lleva a la vida.

Acerca del lugar de la autoridad, sería útil realizar un estudio más detallado. La autoridad es una cuestión ineludible en el debate de la mujer y el tipo de ministerio que le está permitido (o prohibido). También es ineludible porque la labor de los pastores o ancianos va de la mano del concepto de autoridad (1 Ts. 5:12; Heb. 13:17). Son responsables de las almas de su congregación. En Marcos 10:35-45, Jesús les dice a sus discípulos que sirvan, pero el contexto es una ocasión en la que están hablando de cómo dirigir. El servicio, el cuidado y el ser ejemplo es la forma en la que los líderes cristianos deben guiar y dirigir; estas actitudes no hacen que rebaje la responsabilidad que tienen hacia los que están bajo su dirección. Es cierto que la ordenación no otorga nada, que la autoridad de los ancianos es derivada y que deben ejercer su liderazgo en servicio de amor, pero eso no cambia el hecho de que sí tienen autoridad.

Liefeld sugiere que 2 Timoteo 2:15 puede ser una inversión de la Caída. Es una posibilidad. No obstante, yo creo que de ahí a decir que Pablo sugiere que las mujeres fieles están cualificadas para ministrar (si con eso Liefeld se refiere a enseñar y ejercer autoridad) cuando las condiciones lo permitan, hay un abismo considerable.

Parece poco probable que llegue a haber acuerdo entre los que, como Liefeld, ven un principio no explícito de concesión cultural (sea o no intencionado) en estos pasajes y los que, como yo, los ven como parte de la palabra inmutable de Dios. Estoy convencida de que su interpretación le resulta clara y evidente (tanto, que la actitud más común suele expresarse algo así como «Es que si no lo ves, ¡no te lo puedo explicar!») y es fiel al deseo de Dios. Desde mi punto de vista, la elección está entre adoptar una postura que a mí me parece justa («¿Por qué debe discriminarse a las mujeres por causa de su sexo? ¿No es Dios suficientemente grande como para algo así?») y adoptar una postura que acepta lo que la Palabra de Dios dice (por supuesto, teniendo en cuenta los contextos literarios y culturales y el resto de las Escrituras).

A mí me parece exagerado sugerir que 1 Corintios 14:33-35 y 1 Timoteo 2:9-15 ordenan (en principio) lo opuesto a lo que dicen. Hay dificultades al interpretar los pasajes dirigidos a las mujeres, pero a mí me parece claro, como he argumentado, e inevitable que existan ciertas restricciones en cuanto a lo que las mujeres pueden hacer en la Iglesia. La cuestión es cuáles son las restricciones, no si existen o no.

El que los fariseos obedecieran la ley del Antiguo Testamento con todo detalle no era un error; el error era, en parte, la obediencia escrupulosa hecha sin amor a Dios y a los demás (y poner la confianza en esa obediencia). Si convertimos las prohibiciones a las mujeres en el centro de nuestra fe, no captaremos el contenido de nuestra fe, amar a Dios y a los demás (Mateo 22:37-40, Romanos 13:10). Pero, puesto en perspectiva, la sumisión a los mandamientos sobre las mujeres es parte de nuestra obediencia al Señor.

Respuesta de una postura en pro de la igualdad
Alvera Mickelsen

Recomiendo el detallado estudio que Walter Liefeld hace de las incoherencias que aparecen en los argumentos de los que dicen que la Biblia limita el papel de la mujer en el ministerio. Además, también ofrece excelentes ejemplos de las incoherencias en las que caen los que sostienen estas teorías cuando las llevan a la práctica.

Su exposición acerca del significado de la ordenación es particularmente interesante. Las diferentes denominaciones tienen puntos de vista diferentes del significado de la ordenación, puntos de vista que raramente se basan en las enseñanzas bíblicas. Suelen basarse en las tradiciones que, en grupos particulares, han ido pasando de generación en generación. Esto no significa que sus prácticas de ordenación estén equivocadas, pero indica que apenas podemos decir que exista una «base bíblica» para la ordenación exclusivamente masculina o, sencillamente, para la ordenación en sí.

La «imposición de manos» (normalmente el único concepto bíblico presentado para defender la ordenación) fue utilizada en tiempos bíblicos en muchas circunstancias: para sanar (Hechos 9:12), para recibir el Espíritu Santo (Hechos 8:17), para enviar a un servicio especial (Hechos 13:3), en relación con la recepción de un don espiritual (1 Timoteo 4:14), y en otras circunstancias similares. Liefeld señala que en el Nuevo Testamento no encontramos ningún ejemplo de «imposición de manos» para ordenar a una persona como maestro o pastor. Jesús tampoco «impuso las manos» sobre ninguno de los apóstoles.

Además, independientemente de cómo vemos la ordenación y su importancia, pensar que los únicos que pueden dar la Santa Cena y bautizar son aquellos que han sido ordenados no tiene ninguna base bíblica, aunque esta es la práctica de la mayoría de iglesias, incluyendo las que no creen en la sucesión apostólica. Tampoco tiene base bíblica creer que la ordenación otorga autoridad sobre la Iglesia. En realidad, el Nuevo Testamento enseña claramente que *todos los creyentes* constituyen un *reino* (y deben lealtad a un rey común - Jesucristo) y que *todos los creyentes* (hombres y mujeres por igual) son *sacerdotes* (Ap. 5:9, 10; 1 Pe. 2:4-9), con la responsabilidad de interceder ante Dios por los demás, de representar a Dios ante los demás, y de hacer sacrificios de adoración a Dios. Si hay en estas actividades algún tipo de autoridad, es la autoridad que todos los creyentes tienen. La ordenación no confiere autoridad, solamente reconoce el llamamiento de Dios para el ministerio, un ministerio de servicio. La ordenación no confiere derechos o rango. En realidad, toda la idea de rango es ajena al Nuevo Testamento.

Teniendo en cuenta la práctica de algunas iglesias, el debate de Liefeld acerca de la autoridad que descansa en la Palabra revelada de Dios es un cambio muy satisfactorio. Rara vez escuchamos hablar sobre las muchas veces que Jesús enseñó de forma explícita que el *servicio* era una marca del ministerio y del liderazgo, y no así la autoridad. Ningún hombre ni mujer puede desear una posición de poder sobre los demás y seguir siendo fiel a las enseñanzas de Jesucristo, dado que Jesús claramente condena el concepto de autoridad gentil (pagano) (Mt. 20:25-28). Y, sin embargo, la mayor parte del debate acerca de la mujer en el ministerio se basa en el concepto de que la enseñanza con autoridad y las posiciones de autoridad solo pertenecen a los hombres. ¡No pertenecen a nadie! El concepto de rango entre los siervos de Cristo es, precisamente, lo contrario a todo lo que el Siervo Sufriente hizo y enseñó.

Liefeld también señala (como otros escritores en este libro) que las limitaciones tradicionales impuestas a las mujeres provienen de iglesias de gobierno congregacional, donde la autoridad terrenal final está en la congregación más que en el pastor o en los cargos electos. Y en la mayoría de iglesias hay más mujeres que hombres. Por tanto, el pastor y los ancianos de esas iglesias están bajo la autoridad de las mujeres.

Las estructuras de enseñanza de la época del Nuevo Testamento y la importancia de la enseñanza oral difieren mucho de nuestra situación, ahora que tenemos el Canon completo que reconocemos como la Palabra escrita de Dios. ¡Es en esa Palabra escrita de Dios donde está la autoridad *espiritual* de la Iglesia en Jesucristo! No está en una persona o en la *interpretación* que haga esa persona de las Escrituras. Los pastores o líderes verdaderamente espirituales reconocen que la única autoridad que tienen para enseñar es la autoridad inherente de la Palabra de Dios.

Liefeld hace un comentario sobre un apéndice de Wayne Grudem (en un libro de George Knight III), que afirma haber examinado más de 2000 casos del término *kephale* («cabeza») en la literatura griega clásica y encontró que en muchos casos su significado era «autoridad sobre», pero que solo encontró un par en el que significara «fuente».[1] No es necesario examinar 2000 casos para encontrar varias referencias en griego que signifiquen "fuente" en vez de "autoridad sobre".

En realidad, la palabra *kephale* («cabeza») significa «extremidad». Todos los demás significados se derivan de este concepto básico. Richard Broxton Onians, profesor de Latín en la Universidad de Londres, ha escrito un volumen titulado *The Origins of European Thought*[2] [Los orígenes del pensamiento europeo]. Ofrece muchas ilustraciones para mostrar que, aproximadamente desde la época de Homero hasta el periodo griego clásico (la época de Platón y otros), la cabeza era considerada como la *vida* o *el origen de la vida*, y por ello debía ser altamente honrada. "Era natural y lógico pensar que la 'vida' que surgía de un hombre debía venir de la 'vida' en él, de su *cabeza*, y ver en la semilla, que lleva la nueva vida y que debe haberse parecido a la materia misma de la vida, una porción de sustancia de la espina cerebral en la que estaba la vida del padre".[3] Esto explica por qué, cuando

---

[1] Wayne Grudem, «Does [*Kephale*] Mean 'Source' or 'Authority Over' in Greek Literature?» Apéndice a *The Role Relationship of Men and Women*, de George W. Knight III (Chicago: Moody Press, 1951).

[2] Richard Broxton Onians, *The Origins of European Thought* (Cambridge: At the University Press, 1951).

[3] Ibíd., pág. 109; Onians adjudica esta cita a Aristóteles en la página 111, n. 6.

el dios Zeus quiso tener un hijo y prescindió de una madre, «dio a luz» (a Atenea) «de su cabeza».⁴ El autor del himno homérico a Piteo Apolo dice que lo «engendró... en su cabeza». Más adelante, los griegos creían literalmente que la semilla (esperma) estaba almacenada en la cabeza.⁵

Vemos que esto explica la línea órfica que aparece en muchas ocasiones en la literatura griega. En algunos casos aparece *kephale* y, en otros escritos, *arche* («comienzo») aparece en el mismo lugar de la línea describiendo a Zeus. *Arche* («comienzo») no podía considerarse un sinónimo de «dirigente», pero de *kephale* sí («fuente»). Grudem se empeña en establecer una gran diferencia entre el significado de «fuente» y «comienzo», pero tal distinción es, en la mayoría de los casos, claramente artificial. Los nacimientos de los ríos son tanto «fuente» como «comienzo».

En las referencias órficas a Zeus, los contextos también utilizan en algunos casos el término *aitios*, que significa «causa», una idea estrechamente relacionada con «fuente». A continuación, algunas de las referencias a Zeus en las que se le llama *kephale* («cabeza») (Fragmento 21a [46]):

Acerca del mundo: (...) dando el nombre de la Totalidad [Zeus] a toda naturaleza y providencia, de las cuales él [Zeus] es la *causa*. Por lo que los dichos órficos dicen acertadamente:

Zeus fue el primero; Zeus es el último, que domina el trueno:

Zeus, la Fuente [*Kephale*], Zeus, Medio, *y de* Zeus todas las cosas han sido hechas. Zeus, base tanto de la tierra como del cielo organizado en constelaciones. [Cursiva mía].

Otro fragmento órfico 168 (123,43) dice:

Zeus fue el primero; Zeus es el último, que domina el trueno: Zeus, la Fuente [*Kephale*], Zeus, *Medio*, *y de* Zeus todas las cosas se han producido... Zeus, Rey; él es el primer *autor*, *origen* de todas las cosas. [Cursiva mía]

En una tercera versión de este dicho órfico, 21 (33), en lugar de *kephale* («cabeza») aparece el término *arche* («comienzo»):

Él dice que Dios es claramente el creador con referencia al antiguo dicho órfico que es este:

Zeus, comienzo [*arche*]; Zeus, *Medio*, *y de* Zeus todas las cosas han sido hechas. Zeus

[hizo la] base [*puthmen*], tanto de la tierra como del cielo, organizado en constelaciones.

---

4 Ibíd., pág. 111, citando a Hesíodo, *Teog.* 924.
5 Ibíd., pág. 111, citando a Aesch. Eum. 658-66.

Y éste [Zeus] es el comienzo [*arche*] como causa creadora [*poietikon aition*]; y él [Zeus]
es el final [*teleute*] como causalidad final [*telikon*]; y él es el medio igualmente presente en
todas las cosas; y ciertamente todas las cosas le comparten [a Zeus] de diferentes formas.

Fijémonos en que la frase anterior, Zeus es considerado la «causa creadora» y la «causalidad final».

Otra frase línea órfica acerca de Zeus[6] lo plantea desde otro ángulo. Un escritor se dirige a Zeus como "Padre *generador de todo*, oh rey, por tu cabeza [*kephale*], las siguientes cosas aparecieron: Rhea Gaia [una diosa], el mar [el hijo personificado de la diosa], y todas las cosas como muchas obras celestiales". ¿Puede alguien cuestionar que el significado de cabeza (*kephale*) en esta cita es "fuente" o "causa"?

Onians explica también que Alcmeón de Crotona escribió explícitamente que la semilla venía del cerebro. Una secta posterior, llamada los Templarios, adoraban cabezas porque la cabeza se consideraba la fuente de la riqueza.[7] Este concepto influyó en el pensamiento europeo. En el pensamiento griego, la cabeza también se consideraba la fuente de la fuerza, idea que pasó al pensamiento romano.

El escritor griego Artemidoro ofrece numerosos ejemplos en los que cabeza (*kephale*) significa «fuente». En Lib. I, Cap. 2, Párrafo 6 leemos: «Él [el padre] fue la causa [*aitios*] de la vida y la luz para el soñador [el hijo], al igual que la cabeza [*kephale*] es la causa [*aitios*] de la vida y de la luz para todo el cuerpo». En otra sección (Cap. 35, Párrafo 36) Artemidoro escribe: «Sin duda, la cabeza debe compararse a los padres porque la cabeza es la causa [o fuente de] la vida».

En muchos casos, la idea preconcebida del traductor determinará el significado asignado, pero estos son ejemplos claros de que *cabeza* puede significar «fuente», «causa» o «comienzo». Todos estos significados: «comienzo», «origen», «cabeza», «causa creadora del autor», «causa final», muestran el amplio abanico de significados entre los cuales *kephale* («cabeza») era, tan solo, uno más.

Los posibles significados de *kephale* son importantes porque esta palabra en 1 Corintios 11:3 y Efesios 5:23 se ha utilizado una y otra vez como prueba de que, dado que el hombre es la «cabeza» de la mujer, está en una

---

6 Ibíd., pág. 112. Fr. 21a, 2:21, I; cf. 168. 2 Kern.
7 Ibíd., pág. 144.

posición de autoridad y liderazgo ordenada por Dios. Pero si *kephale* tiene otros significados probables, estos pasajes tienen un énfasis diferente. En la narración del Génesis, el hombre es la fuente o la base de la mujer, como se menciona en 1 Corintios 11:8, 12. En Efesios 5:23, el marido tiene a Cristo como modelo. Del mismo modo en que Cristo da a la Iglesia lo que necesita para ir hacia la perfección (causa efectiva o agente) dando su vida por ella, el marido debe proveer (o causa efectiva o agente) para su mujer. Mediante su amor generoso, la ayudará a alcanzar su pleno potencial y todo lo que Dios quiere que ella sea.

Pablo y otros cristianos de entonces tenían muy claro que la característica del ministerio y del liderazgo cristiano era el *servicio* en vez de la autoridad. Habían oído las palabras de Jesús: «Sabéis que los gobernantes de los gentiles se enseñorean de ellos... No ha de ser así entre vosotros, sino que el que quiera entre vosotros llegar a ser grande, será vuestro servidor» (Mateo 20:25-27).

En la práctica, ¡a las mujeres nunca se les ha negado el servir en la Iglesia! A lo largo de los siglos, las mujeres han orado por otras personas, han sanado a los enfermos, han ayudado a los pobres, han enseñado a jóvenes y mayores a seguir a Cristo, han llevado el Evangelio por todo el mundo: todas las marcas de un liderazgo de servicio. Quizás cuando todos estemos ante el trono de juicio de Cristo aprenderemos que, a los ojos de nuestro Señor, las mujeres han sido, a lo largo de los siglos, las auténticas líderes de la Iglesia.

4. UNA POSTURA EN PRO DE LA IGUALDAD:
«En Cristo, no hay hombre ni mujer»
Alvera Mickelsen

La Biblia, si se interpreta de forma adecuada, ¿limita el servicio que las mujeres pueden ofrecer a Dios en aspectos en los que no restringe a los hombres? ¿Algunas posiciones dentro de la Iglesia deberían tener un cartel de «solo hombres»? Los dones espirituales que Dios da a las mujeres, ¿son distintos de los que da a los hombres?

Todas estas son variantes de una misma pregunta: los roles de los hombres y de las mujeres en la Iglesia, en la familia y en la sociedad, ¿están ordenados por Dios o son el resultado del pecado y/o las influencias culturales? Algunos autores en este libro creen que han sido ordenados por Dios; yo creo que son el resultado del pecado y/o de las influencias culturales.

La mayoría de las personas que quieren restringir el modo en el que las mujeres pueden servir a Dios basan sus argumentos en un par de versículos aislados de la Biblia que, según ellos, anulan otras enseñanzas de la Escritura. Y los que creen que no hay restricciones usan otros pasajes que, a su parecer, anulan las aparentes restricciones. Por tanto, parece ser que la cuestión más bien gira en torno al tema de la interpretación bíblica. Digo «parecer ser» deliberadamente porque, después de años de estudio, y de escribir y debatir sobre este tema, estoy convencido de que las discusiones tienen tanto que ver con las emociones y experiencias de las personas como con la interpretación de ciertos pasajes de la Escritura.

Por esta razón, este capítulo considerará tanto la historia y las experiencias de las mujeres en la Iglesia, como diversos principios de interpretación bíblica y los pasajes «restrictivos» frecuentemente citados.

Dios ha llamado y bendecido a mujeres como líderes en su obra

A lo largo de la historia de la Iglesia, Dios ha llamado a mujeres a posiciones de liderazgo y ha bendecido su trabajo para el crecimiento de la Iglesia. El uso de sus dones, frecuentemente, estuvo limitado por el mismo modo de pensar que restringe en la actualidad a muchas mujeres al uso pleno de sus dones espirituales. Pero cuando se le ha permitido a la mujer el uso de su pleno potencial, su influencia ha sido profunda. Muchas de sus historias son poco conocidas, en parte porque muchas de las historias han sido escritas por hombres que, debido a su condicionamiento cultural o teológico tendieron a asumir que las mujeres no tenían papeles de liderazgo importantes en la Iglesia.

En 2ª Juan encontramos un ejemplo interesante. Esta epístola comienza así: «El anciano a la señora escogida y a sus hijos, a quienes amo en verdad». Algunos comentaristas insisten en que estas palabras se refiere a una *iglesia* en lugar de a una mujer. No obstante, la lectura más simple y obvia es que esa mujer era la líder de la iglesia que se reunía en su casa, y que los «hijos» mencionados en la carta son los cristianos que asistían a esa iglesia. El apóstol Juan se refería con frecuencia a los cristianos como «hijitos» (1 Jn. 2:1; 3:18; 5:2, 21; 3 Jn. 4). La frase «te saludan los hijos de tu hermana escogida» (vs. 13) se podría referir a otra iglesia que también se reunía en casa de otra mujer. A esta hermana escogida Juan le advierte que mantenga su «casa» (congregación) libre de herejía y de falsos maestros.

El ejemplo de Priscila es bien conocido. Priscila y Aquila establecieron un ministerio en Éfeso y ayudaron al brillante Apolos a entender mejor la doctrina cristiana. Juan de Crisóstomo (que no era precisamente un feminista) llamó a Priscila «maestra de maestros». Cuando las Escrituras hablan de la pareja, normalmente se menciona a Priscila primero, algo que implica que ella era la más activa de los dos.

La historia de Tecla es poco conocida, a pesar de que muchos Padres de la Iglesia la mencionan, como Epifanio, Ambrosio y San Agustín. En la literatura cristiana temprana (no canónica) se la llama apóstol. Las referencias parecen indicar que era contemporánea de Pablo y que viajó con él proclamando el Evangelio por Asia Menor, donde culturalmente el ministerio de las mujeres era más aceptado que en Palestina. Tecla, como Pablo, fue encarcelada por su fe. Más tarde, algunos griegos la describieron como «la primera mártir e igual a los apóstoles». Basilio declaró que no solamente llevó a muchos a los pies de Cristo, sino que también los bautizó.

Catalina de Alejandría fue considerada la santa patrona de los filósofos. Una mujer brillante y con dones, defendió vigorosamente su fe cristiana en la culta sociedad de Alejandría, y muchos de los filósofos paganos se convirtieron a Cristo mediante su ministerio. Fue tan famosa que el emperador Maxentius, que estaba persiguiendo a la iglesia cristiana, ordenó su ejecución.

Marcela fue otra líder, que vivió del 324 al 410 en Roma. Estableció en su casa un centro de enseñanza cristiana, oración, estudios bíblicos y vida en comunidad. Ella y algunas mujeres a las que enseñó llegaron a tener tanto conocimiento del hebreo que estudiaban el Antiguo Testamento en el idioma original. San Jerónimo, el primer traductor del Nuevo Testamento griego al latín, escribió que Marcela resolvió una disputa acerca de la interpretación de un pasaje bíblico. Los obispos y prelados acudían a ella con problemas de interpretación. Originalmente una mujer muy rica, fue asesinada por los bárbaros durante el saqueo de Roma porque había dado todas su riquezas a los pobres y no podía comprar su libertad.

Catalina de Siena, que vivió de 1347 a 1380, a edad temprana se sintió llamada a la evangelización y al ministerio. Llevó a miles a los pies de Cristo, atendió a innumerables enfermos y moribundos durante la Peste Negra, y fue un gran instrumento para el avivamiento de la iglesia medieval. Amonestó al Papa y sus cardenales para que recordaran la misión de salvación de la Iglesia, y combatió la corrupción eclesial.

En el siglo XIX en los Estados Unidos, Phoebe Palmer fue una de las evangelistas más poderosas, a quien Dios usó para la conversión de más de 25.000 personas. Catherine Booth, quien llegaría a ser más tarde la fundadora del Ejército de Salvación, recibió la influencia de Palmer. Tras oírla predicar, Catherine confesó que Dios también la había llamado a predicar.

Frances Willard, más conocida como la fundadora de la Women's Christian Temprance Union y líder en la campaña por el sufragio universal, comenzó como evangelista con Dwight L. Moody. Fue una de las primeras en oponerse al sexismo tan habitual en el lenguaje de los predicadores. Escribió: "Los predicadores casi nunca se refieren a las mujeres que hay en el auditorio, sino que hablan acerca de los 'hombres' y de cómo tiene que ser un 'hombre'".

La historia de las mujeres en las misiones es poco conocida. Muchas mujeres con talento han ido a muchas partes del mundo y han establecido iglesias, han predicado el Evangelio, enseñado, fundado escuelas bíblicas para los cristianos autóctonos y en esas escuelas han enseñado tanto a hombres como a mujeres. Las misioneras han supervisado proyectos de construcción, y han levantado y dirigido hospitales. Cientos de hombres y mujeres han conocido a Cristo a través de estas misioneras, aun cuando la mayoría de culturas paganas, como las occidentales, asignan a las mujeres un estatus de segunda categoría. No obstante, el Espíritu de Dios ha utilizado a mujeres en posiciones de gran liderazgo en la Iglesia, a pesar de que a menudo se han visto entorpecidas por los líderes religiosos.

Lo mismo es válido en la actualidad. Naomi Dowdy era una evangelista cuando llegó a Singapur en 1975. Pretendía hacer de Singapur la base para sus esfuerzos evangelísticos en Asia. Pero en febrero de 1976 una pequeña iglesia china con una membresía de 49 personas (la mayoría adolescentes y universitarios) le pidió que fuera su pastora. La iglesia estaba destrozada por disputas y desesperación, y el anterior pastor la había abandonado hacía dos meses. Después de orar mucho, accedió. Cuatro años más tarde (1980), la asistencia media era de 910 personas. A principios de 1985 había llegado a 2.000, y Naomi contaba con un variado equipo que ella misma había formado y organizado. Hoy en día está animando a la congregación a que construya un edificio para albergar un centro teológico, pues la escuela ya está funcionando en edificios alquilados, con 110 estudiantes matriculados.

Luz M. Dones de Reyes es una puertorriqueña que, en 1971, fue llamada a pastorear una congregación bautista rural de 12 personas en Puerto Rico. Presumiblemente, solamente tenía que presidir la defunción de la pequeña iglesia. Diez años después seguía siendo la pastora, pero tenía una congregación de 900 personas, la iglesia rural más grande de la región. En 1981 había en Puerto Rico cuatro iglesias bautistas pastoreadas por mujeres. La calidad de su trabajo ha hecho que el concepto de la mujer en el ministerio pastoral sea bien aceptada entre los bautistas puertorriqueños.

Las historias de Naomi Dowdy y de Luz M. Dones de Reyes son poco frecuentes solo porque a las mujeres como ellas se les impide el uso pleno de los dones que Dios les ha dado para que los usen en la Obra.

Mientras los teólogos debaten sobre si Dios puede llamar y llama a mujeres para puestos de liderazgo (hombres tanto como mujeres), el Espíritu de Dios está obrando a través de mujeres por todo el mundo a las que ha dado dones y ha llamado para ocupar cargos de liderazgo.

La experiencia no es el *test* único para analizar si algo es bíblico o no. Pero cuando la experiencia a lo largo de los siglos contradice nuestra *interpretación* de la Biblia, quizás sería sabio reconsiderar si nuestras interpretaciones restrictivas realmente reflejan la mente de Dios.

Principios de interpretación bíblica

Nuestros principios de interpretación bíblica influyen en gran medida en las conclusiones a las que llegamos. La primera pregunta para el intérprete es: *¿Qué estaba diciendo la Biblia mediante el siervo humano de Dios a los primeros oyentes o lectores de ese mensaje?* Según ellos, ¿cuál era su significado? Esto requiere frecuentemente cierto entendimiento de la historia y de la cultura de la época, y de la situación específica de los lectores originales. Y, sin duda, demanda una revisión cuidadosa del contexto *literario* de la frase. El refrán es cierto: Un texto fuera de su contexto es solamente un pretexto. Si queremos entender correctamente lo que significa un versículo, frase o palabra en particular tenemos que examinar toda la línea de pensamiento de la que forma parte y analizar el tema que se está tratando.

Por lógica, la siguiente pregunta será: *¿Cómo debemos entender y aplicar el pasaje* (si hay que aplicarlo) *a las personas de nuestro contexto?* Para responder, debemos dar el paso siguiente.

Debemos identificar las normas y pautas más importantes

El segundo paso para el intérprete es identificar *las principales normas o pautas* que la Biblia enseña. Estos principios serán nuestra prioridad, nuestra guía, en todo lo que hacemos. Además de las normas o pautas principales, la Biblia tiene *muchas normas para las personas "en su lugar y en su momento"* que no estaban pensadas para ser aplicadas a todas las personas en todas las circunstancias. Esta distinción no es una forma de librarnos de las enseñanzas que no nos *gusten*. Más bien nos ofrece un medio para entender los muchos mandamientos en la Biblia que obviamente no pretenden ser universales ni para todas las épocas.

El Antiguo Testamento contiene muchos mandamientos que nosotros no seguimos por determinada razón. Levítico 19:19 dice "...ni te pondrás un vestido con mezcla de dos clases de material". En ningún momento el Antiguo o Nuevo Testamento anulan esta ley, pero la mayoría de nosotros lleva ropa hecha con mezclas de poliéster y algodón, o lana y seda. Aparentemente, no creemos que esta norma sea universal y atemporal. El Nuevo Testamento también tiene mandamientos dados a todas las iglesias que la mayoría de cristianos ignora. Hechos 15 nos cuenta la controversia que surgió en la iglesia primitiva cuando los judeocristianos insistían en que los creyentes gentiles debían mantener las normas del Antiguo Testamento. Pablo y Bernabé, que habían estado predicando a los gentiles, pensaban lo contrario.

Después de una larga discusión, los discípulos enviaron este mensaje a las iglesias gentiles: "Porque pareció bien al espíritu Santo y a nosotros no imponeros mayor carga que estas cosas esenciales: que os abstengáis de cosas sacrificadas a los ídolos, de sangre, de lo estrangulado y de fornicación" (Hechos 15:28-29). Este mensaje se envió a todas las iglesias primitivas (constituidas en su mayoría por gentiles). Y el Nuevo Testamento no revoca esta norma.

La mayoría de los cristianos en la actualidad también son gentiles. No obstante, estas normas no forman parte de la declaración de fe o conducta de nuestras iglesias. La mayoría de nosotros no nos sentimos culpables si comemos un filete poco hecho. ¿Por qué no? Porque estos mandamientos (con excepción del que se refiere a la fornicación, pues es un mandamiento que se reitera a lo largo del Nuevo Testamento) tenían una aplicación particular para la época y el lugar en el que fueron dados. Eran "normas para las personas en aquellos lugares y en aquel momento".

En 1ª Timoteo 5 Pablo da instrucciones a la Iglesia para que "reclute" a viudas para que realicen un servicio especial. Las iglesias que utilizan 1ª Timoteo 2:12 para limitar a las mujeres suelen ignorar los mandamientos sobre las viudas que aparecen en 1ª Timoteo 5.

¿Cuáles son las normas o pautas superiores, y cómo reconocerlas? El proceso es más fácil de lo que parece.

1. Jesucristo siempre enfatizaba las normas básicas (en ocasiones, Pablo también lo hizo) y además les confirió un estatus superior a las demás. Por ejemplo, Jesús expresó claramente que la Regla de Oro era la norma más elevada: "Todo cuanto queráis que os hagan los hombres, así también haced vosotros con ellos, *porque esta es la ley y los profetas*" (Mt. 7:12, cursivas mías).

Esta misma declaración general aparece en la discusión acerca del mandamiento más importante: "Amarás al Señor tu Dios con todo tu corazón, y con toda tu alma, y con toda tu mente. Este es el gran y primer mandamiento. Y el segundo es semejante a este: amarás a tu prójimo como a ti mismo. *De estos dos mandamientos dependen toda la ley y los profetas*" (Mt. 22:37-40, cursivas mías).

Pablo dice algo parecido en Romanos 13:9-10: "Porque esto: no cometerás adulterio, no matarás, no hurtarás, no codiciarás y cualquier otro mandamiento, en estas palabras se resume: amarás al prójimo como a ti mismo. El amor no hace mal al prójimo, por tanto, *el amor es el cumplimiento de la ley*" (cursivas mías).

Los mandamientos del Antiguo y del Nuevo Testamento que, si se aplican en la actualidad, van en contra de estas normas básicas que Jesús y Pablo enseñaron de forma tan clara, deben ser examinados cuidadosamente para ver si son "normas para personas en un lugar y en un momento" necesarias en una situación local o temporal concreta. Por ejemplo, si a los hombres no les gustara que por ser hombres les impidieran ser ancianos o pastores o maestros de grupos mixtos, deberían examinar si su interpretación de pasajes que se utiliza para restringir a las mujeres, les pone en contradicción con el mandamiento de Cristo de tratar a los demás como queremos que nos traten a nosotros.

2. Encontramos una segunda indicación sobre las normas superiores en las frases acerca del propósito del ministerio de Cristo y del Evangelio. Jesús dijo que estaba proclamando un *nuevo orden*: "y nadie echa vino nuevo en odres viejos, porque entonces los odres se revientan, el vino se derrama y los odres se pierden; sino que se echa vino nuevo en odres nuevos, y ambos se conservan" (Mateo 9:17).

El Evangelio de Cristo es un "vino nuevo" que no debe verterse sobre los viejos odres del judaísmo, el paganismo, el materialismo, el secularismo ni ninguna otra cosmovisión. El Espíritu Santo vino para dar poder a la iglesia primitiva para que trascendiera las barreras que dividían a los ricos de los pobres, a los esclavos de los hombres libres, a los jóvenes de los ancianos, a los hombres de las mujeres.

3. En Pentecostés, Pedro enunció una norma superior cuando citó al profeta Joel: "Y sucederá en los últimos días –dice Dios– que derramaré de mi Espíritu sobre toda carne; y vuestros hijos y vuestras hijas profetizarán, y vuestros jóvenes verán visiones, y vuestros ancianos soñarán sueños; y aun sobre mis siervos y sobre mis siervas derramaré mi Espíritu en esos días, y profetizarán" (Hechos 2:17-18).

Este mensaje era contrario a todas las costumbres de los judíos:

a. El Espíritu Santo se derramaría sobre *toda* carne, no solamente sobre los judíos. Muchas clases de personas profetizarán, es decir, serán instrumentos de Dios para llevar su mensaje.

b. Tanto hombres como mujeres profetizarán, aunque las mujeres nunca habían tenido ningún papel en la adoración en la sinagoga.

c. Tanto los jóvenes como los ancianos verían visiones y tendrían sueños, aunque la edad siempre había sido un signo de autoridad en el judaísmo.

d. El Espíritu Santo ignoraría incluso las estructuras de clase: los siervos y las siervas también profetizarían.

Pentecostés fue extremadamente importante. Joel ya lo anunció en el Antiguo Testamento. La predicación de Juan el Bautista sobre la venida del Espíritu Santo se menciona en los cuatro evangelios: Mateo 3:11; Marcos 1:8; Lucas 3:16; Juan 1:33. La promesa del Espíritu Santo era una parte central en las enseñanzas de Cristo, tanto antes como después de su muerte, entierro y resurrección (Lucas 24:46-49; Juan 7:37-39; 20:19-23; Hechos 1:4-8; 11:16).

En Gálatas 3:26-29, Pablo básicamente reafirmó la profecía de Joel acerca de la venida del poder del Espíritu Santo independientemente de la raza, el género o el estatus económico: "Pues todos sois hijos de Dios mediante la fe en Cristo Jesús. Porque todos los que fuisteis bautizados en Cristo, de Cristo os habéis revestido. No hay judío ni griego; no hay esclavo ni libre; no hay hombre ni mujer; porque todos sois uno en Cristo Jesús. Y si sois de Cristo, entonces sois descendencia de Abraham, herederos de la promesa".

Aunque Pedro predicó este mensaje en Pentecostés, su mentalidad aún no había sido transformada. De hecho, hizo falta una visión especial de Dios para convencerle de que fuera a casa de Cornelio (un gentil) a predicar. Pedro tuvo dificultad para aceptar en la práctica la norma superior que había predicado en Pentecostés: que Dios no hace acepción de personas. ¡La mayoría de nosotros tenemos el mismo problema que Pedro!

Al relacionar las normas y pautas superiores con el tema de la mujer en la Iglesia, en la sociedad y en la familia, debemos preguntarnos si nuestras ideas vienen del Señor y de sus enseñanzas, difíciles en muchas ocasiones, o si son un reflejo del judaísmo farisaico o de nuestros patrones culturales o del deseo pecaminoso de tener poder sobre los demás.

Aquellos que creen en la jerarquía y la supremacía masculina en la Iglesia y en el matrimonio, rara vez discuten las enseñanzas de Jesús acerca de la autoridad que se repiten en los cuatro evangelios: "Sabéis que los gobernantes de los gentiles se enseñorean de ellos, y que los grandes ejercen autoridad sobre ellos. *No ha de ser así entre vosotros*, sino que el que quiera entre vosotros llegar a ser grande, será vuestro servidor" (Mt. 20:25-27, cursivas mías).[1]

¿Por qué ignoramos estas enseñanzas? Porque contradicen una cultura de poder que ha influido a la mayoría de iglesias. El tipo de liderazgo que Jesús enseñó era un liderazgo de servicio y entrega, no un liderazgo de poder y autoridad sobre los demás.

Existen varias falacias hermenéuticas que nos tientan a todos:

---

1 Ver también Marcos 10:42-45; Lucas 22:25-27; Mateo 23:10-12; Juan 13:12-17.

1. El *literalismo selectivo* (seleccionar pasajes que nos gustan e ignorar los que parecen enseñar lo contrario) ha sido utilizado para hacer que la Biblia apoye causas muy alejadas de las grandes normas enseñadas por nuestro Señor. Incluiríamos aquí, por ejemplo, el derecho divino de los reyes, la esclavitud y muchas otras causas lamentables, ideas defendidas por teólogos tan renombrados como Charles Hodge, quien escribió un libro "demostrando" que la esclavitud es algo que Dios deseaba.[2]

2. *Ver significados en el texto* que no son inherentes al texto. Esto se ha hecho muchas veces con el relato del Génesis acerca de la mujer. Por ejemplo, como Eva fue creada después de Adán en Génesis 2, algunos intérpretes "ven en el texto" una subordinación que, de hecho, no aparece en el texto.

3. La *exégesis proposicional* (afirmar una proposición y luego buscar apoyo utilizando el literalismo selectivo y la interpretación de significados que no aparecen en el texto: puntos 1 y 2) ha utilizado la Biblia para demostrar casi cualquier cosa que el intérprete haya querido demostrar.

Solamente los métodos fiables de interpretación bíblica, aquellos que incluyen un entendimiento de las diferencias entre las normas y pautas superiores y las normas para las personas en un lugar y momento concretos, y una atención especial a los contextos cultural, histórico y literario, nos permitirán obtener una perspectiva general de las enseñanzas de la Biblia y de su aplicación a nuestras vidas.

¿Qué nos cuenta el relato de la Creación?

La interpretación de Génesis 1-3 es una ilustración clásica de cuán falsamente se pueden utilizar los principios de interpretación para respaldar lo que queremos que la Biblia diga.

Estos capítulos nos ofrecen dos relatos de la Creación bastante diferentes el uno del otro. Los que abogan por la jerarquía masculina suelen ignorar abiertamente el capítulo 1, y enfatizan las palabras de Génesis 2 y 3. Génesis 1:26-28 dice: "Hagamos al hombre ('*adam* en hebreo) a nuestra imagen, conforme a nuestra semejanza; y ejerza dominio sobre los peces del mar, sobre las aves del cielo, sobre los ganados, sobre toda la tierra, y sobre todo reptil que se arrastra sobre la tierra. Creó, pues, Dios al hombre a imagen suya, a imagen de Dios lo creó; *varón y hembra los creó*. Y los bendijo

---

[2] Charles Hodge, *Cotton Is King, and Pro-Slavery Arguments*, ed. E. H. Elliot (1860; reprint ed., Augusta: Prichard, Abbott and Loomis, 1968).

Dios y les dijo: Sed fecundos y multiplicaos, y llenad la tierra y sojuzgadla; ejerced dominio sobre los peces del mar, sobre las aves del cielo, y sobre todo ser viviente que se mueve sobre la tierra." (cursivas mías).

La palabra hebrea '*adam* se utiliza en ocasiones en el sentido de *Humanidad*, como ocurre en estos versículos; otras veces se usa como el nombre de una persona concreta, como en Génesis 2; y otras, para referirse a Adán y Eva juntos, como en Génesis 5:3.

Génesis 1:26-28 nos aclara varios puntos:

1. El hombre y la mujer fueron hechos de forma igual, a imagen de Dios, tienen el mismo sello divino.

2. Dios le dio al hombre y a la mujer responsabilidades idénticas:

   a. Sed fecundos y multiplicaos (ninguno puede hacer eso sin el otro).

   b. Llenad la tierra y sojuzgadla (*Sojuzgar* sin duda implica responsabilidad y liderazgo).

   c. Ejerced dominio sobre todos los seres vivos (*dominar*, como *sojuzgar*, implica autoridad).

No estamos "viendo un significado que no aparece en el texto" si nos referimos a las responsabilidades conjuntas y compartidas del hombre y de la mujer en este mundo. Esta idea no se podría haber escrito de forma más explícita. En Génesis 1 tanto el hombre como la mujer fueron creados el sexto "día", cuando Dios hizo a los animales y al ser humano.

Génesis 2 nos ofrece otro relato de la creación del hombre y la mujer. Aquí, el primer hombre y los animales fueron hechos del "polvo de la tierra" (Gé. 2:7, 19). Dios puso al hombre en el jardín y le mandó que "lo cultivara y lo cuidara". Dios le mandó nombrar a los animales que estaban delante de él. Y cuando el hombre lo hizo, sus carencias se hicieron evidentes. ("No es bueno que el hombre esté solo"). Necesitaba otra persona como él para compartir el mundo y sus responsabilidades. Así que Dios dijo: "le haré una ayuda idónea" (Gé. 2:18).

En vez de hacer a la mujer del "polvo de la tierra", como había hecho con el hombre y los animales, Dios hizo caer en un sueño profundo al hombre y tomó una parte de su cuerpo, y de ella "formó" [*banah* en hebreo] a la mujer. Cuando el hombre despertó, inmediatamente reconoció el valor y la importancia de la obra de Dios. Dijo: "Esta es ahora huesos de mis huesos, y carne de mi carne; ella será llamada Mujer [*'issah* en hebreo], porque del Hombre fue tomada [*'ish*]" (Gé. 2:23).

Adán reconoció que Eva había sido hecha con la misma materia que él, por lo que podía ser el igual que Dios sabía que él necesitaba para compartir las responsabilidades que tenía en el mundo. Algunos autores afirman que la frase "le haré una ayuda idónea" implica que Eva era inferior a Adán, una ayudante de menor importancia que Dios le había dado, estableciendo una jerarquía.

Si examinamos los vocablos hebreos que aparecen en este texto nos daremos cuenta de que esa idea no es más que una falacia ('*ezer kenegdo* en Génesis 2:18, 20). La palabra '*ezer* (que traducimos por "ayuda") nunca se usa en la Biblia para referirse a una relación de subordinación. En el Antiguo Testamento aparece 21 veces y, en 17 de ellas, ¡aparece para referirse a Dios como nuestra ayuda! Dios no es menos importante que nosotros ni es nuestro subordinado. Las 3 veces restantes (junto con el versículo de Génesis) se refieren a un aliado militar. Cuando se habla de Dios como nuestro "ayudador", es porque Él es nuestra fuerza y nuestro poder. El término hebreo *kenegdo* significa "igual y correspondiente a"[3]. R. David Freedman, un erudito de la Biblia de la Universidad de California y especialista en lenguas semíticas, examinó todos los usos de estos dos términos en el Antiguo Testamento y concluyó que la traducción más acertada de Génesis 2:18 sería "haré para el hombre un poder (o fuerza)"[4].

En Génesis 2:24 dice: "Por tanto el *hombre* dejará a su padre y a su madre y se unirá a su mujer, y serán una sola carne" (cursivas mías). Si en ese pasaje hubiese dicho "Por tanto, la *mujer* dejará a su madre y a su padre y se unirá a su hombre", algunos exegetas lo habrían interpretado como prueba de que la mujer tenía que estar bajo la autoridad de sus padres hasta el matrimonio, momento en el que pasaría a estar bajo la autoridad del marido. Pero como dice lo contrario, los que defienden la supremacía del hombre ignoran este pasaje.

Sin embargo, sería tan erróneo entender supremacía femenina en Génesis 2:24 como supremacía masculina en Génesis 2:18, y ello por algunas de las mismas razones. Ninguna de estas interpretaciones encaja con la enseñanza de Jesús respecto a la naturaleza del verdadero liderazgo, ni tampoco con sus demás enseñanzas acerca del modo en que hemos de tratarnos el uno al otro.

En Génesis 3:16, el dominio del varón se presenta como parte del resultado del pecado. El pecado deterioró todas las buenas relaciones que existían en el Edén: (1) la relación entre Dios y las personas, (2) la relación entre las personas y la naturaleza y, (3) la relación entre Adán y Eva. En estas tres relaciones el pecado deterioró la armonía existente.

3 Frances Brown, S.R. Driver, Charles A. Briggs, *A Hebrew and English Lexicon of the Old Testament* (Boston: Houghton Mifflin, 1907), p. 617.
4 David Freeman, "Woman, a Power Equal to Man", *Biblical Archaeology Review*, January/February 1983, p. 56-58.

Se deterioró la comunión con Dios. Adán y Eva se sentían ahora avergonzados en la presencia de Dios y fueron finalmente expulsados del huerto del Edén. También la armonía con la Naturaleza sufrió graves perjuicios. A partir de ahora iban a crecer espinos y cardos. Labrar la tierra supondría un gran esfuerzo. Los partos irían ahora acompañados de dolores. Todos morirían –tanto los hombres como las mujeres– aunque este castigo se le impuso únicamente a Adán. La unidad e igualdad entre Adán y Eva también se deterioró. En lugar de la anterior concordia, el varón dominaría a la mujer aunque ella seguiría anhelando la antigua intimidad y armonía. Su deseo (anhelos) sería para su marido, sin embargo, él se enseñorearía de ella (3:16). Estas disposiciones representan la maldición del pecado.

El deseo de poder fue la esencia misma del primer pecado en el huerto del Edén. Eva y Adán (él participó libre y plenamente en el primer pecado, y Dios les consideró a ambos igualmente responsables) querían ser como Dios conociendo el bien y el mal, ya que esto parecía representar el poder (Génesis 3:5). La Historia indica que este pecaminoso deseo de dominio, poder y control es la raíz de casi todas las guerras moralmente reprobables, la esclavitud humana, los asesinatos, los robos y la crueldad de todas clases. Sin embargo, Cristo vino a librarnos de tal esclavitud del pecado y a crear una nueva humanidad capaz de amar y ser compasiva en lugar de ambiciosa de poder. En esta nueva humanidad, la disposición a servir sería el marco del verdadero liderazgo cristiano.

En el relato de Génesis 2 se han extraído muchas ideas ajenas al texto. Algunos expositores dicen, por ejemplo, que puesto que Adán fue creado primero, lo fue para tener algún tipo de supremacía o autoridad sobre Eva. Este argumento basado en el «orden de creación» se ha utilizado durante cientos de años. La preferencia judía del primogénito se utiliza también a menudo en apoyo de esta idea.

Sin embargo, el texto nunca implica esto ni en el relato del Génesis ni en el resto del Antiguo Testamento. De hecho, el proceder *de Dios* en la Biblia parece apuntar en *dirección contraria*. Rara vez escogió Dios para el liderazgo al hijo mayor de la familia. *Dios* escogió a Jacob (el gemelo menor) en lugar de Esaú como padre del pueblo hebreo. Cuando *Dios* escogió a alguien para sacar a los israelitas de la esclavitud de Egipto optó por Moisés, el menor, en lugar de Aarón, su hermano mayor. Cuando Samuel fue enviado para ungir a uno de los hijos de Isaí para que fuera el nuevo rey de Israel, daba por sentado que sería el hijo mayor según la costumbre judía. Sin embargo, Dios no le permitió hacer tal cosa, sino que insistió en que ungiera a David, el hijo menor. Y la lista sigue y sigue.

En el Nuevo Testamento, Jesús dijo que aquel que quisiera ser grande en su *reino* tenía que hacerse el *menor*, el menos poderoso. En vista del proceder de Dios y la enseñanza de Jesús, ¿cómo podemos deducir la idea de autoridad ordenada por Dios del hecho de que Adán fuera creado antes que Eva?

A partir del relato del Génesis se han derivado otras cosas extrañas. Algunos han dicho que el hecho de que Adán le pusiera nombre a Eva era indicación de su más elevada posición. En realidad, Adán no le puso «nombre» a Eva hasta después que el pecado entrara en el mundo, y entonces la identificó como la «fuente» de la raza humana, «la madre de todos los vivientes». (Eva significa «viviente».) En Génesis 2:23 lo que hace Adán es simplemente reconocer la diferencia entre varón y mujer con un juego de palabras con los términos *'ishshala* e *'ish*.

En la Biblia eran normalmente las mujeres quienes ponían el nombre a los hijos. Génesis no nos dice quién les puso nombre a Caín y Abel, pero en 4:25 sí se dice claramente que Eva fue quien se lo puso a Set. Los nombres de los doce hijos de Jacob que encabezaron las tribus de Israel (a excepción de Benjamín) los pusieron Raquel y Lea. Raquel murió cuando dio a luz a Benjamín, y Jacob le puso a éste otro nombre. En el Nuevo Testamento, fue a María a quien se le dijo primero que le pusiera el nombre de Jesús a su hijo. Las instrucciones a José llegaron muchas semanas más tarde.

El hecho de que estas madres dieran el nombre a sus hijos, ¿significaba acaso que éstas tuvieran más autoridad sobre sus hijos que los padres o que este hecho les diera potestad sobre ellos durante toda su vida? Por supuesto que no. Sin embargo, algunos comentaristas ven esta idea en el reconocimiento de Adán de que la raza humana tenía ahora dos mitades: varón y hembra (Génesis 2:23).

La lista de cosas que se "leen" en el relato del Génesis es casi interminable. Algunos autores dicen que el pecado de Eva no fue la desobediencia al mandamiento de Dios de no comer el fruto prohibido (aunque esto es lo que la Biblia dice claramente en Génesis 3:11). En lugar de ello pretenden que el verdadero pecado consistió en una "inversión de papeles", en no buscar el consejo de Adán cuando Satanás la tentó. La Biblia no sugiere nada parecido. ¿Cómo podría ser esto si Génesis no dice nunca que Adán fuera "su líder" o que ella fuera "su seguidora"?

Susan Foh expresa que cuando la Biblia dice: "tu deseo [el de Eva] será para tu marido, y él se enseñoreará de ti", lo que quiere decir es que el deseo de Eva era dominar o controlar a su marido.[5] El texto nunca da a entender esto.

---

5 Susan T. Foh, *Women and the Word of God* (Phillipsburg, N J.: Presbyterian and Reformed, 1980), pp. 67-69.

El término *deseo* aparece en el contexto de la maternidad. ¡El nacimiento de un niño no es normalmente el resultado del deseo de la esposa de dominar a su marido! Una lectura con sentido común apunta a sus anhelos de volver a la íntima armonía que disfrutaba con su marido antes de la Caída.

Foh apoya su razonamiento apelando al uso de la misma palabra en Génesis 4:7 con referencia a Caín: "el pecado yace a la puerta y te codicia [o te desea], pero tú debes dominarlo". Evidentemente, en este pasaje se presenta una personificación del pecado. El deseo del que se habla se refiere al destructivo poder de atracción del pecado, mientras que en Génesis 3:16, el deseo de Eva es una referencia al poder de atracción del amor entre marido y mujer para producir una posteridad piadosa que derrotará a Satanás.

La palabra hebrea utilizada aquí para traducir "te codicia" *(teshuqah)* aparece solo tres veces en el Antiguo Testamento: en estos dos pasajes del Génesis y en el Cantar de los Cantares 7:10. En el Cantar de los Cantares 7:10, el término aparece en medio de un apasionado poema de amor donde la mujer celebra los anhelos o deseos que su amado siente por ella; dice la mujer: "Yo soy de mi amado, y su *deseo* tiende hacia mí". ¿Se refiere a un deseo de dominarla o controlarla? ¡Me imagino que no!

Los teólogos de épocas anteriores han interpretado en el relato del Génesis muchas ideas incorrectas: que la mujer es menos humana que el hombre; que todo el pecado se debe a la mujer y que ésta debe sufrir sin ayuda médica en los partos como castigo; que la mujer es la eterna tentadora que impide la pureza de los hombres. Estas ideas, al igual que muchas de las que se presentan hoy, nacen de imponer al texto ideas preconcebidas, de traducciones incorrectas de palabras como 'ezer ('ayudante') y de una exégesis proposicional (partir de una proposición preconcebida e interpretar la Biblia a la luz de ella).

El relato del Génesis muestra que tanto el hombre como la mujer fueron creados a imagen de Dios. Se les dieron idénticas responsabilidades y "dominio" sobre la Creación. Ambos pecaron y se hicieron acreedores del castigo de Dios. Juntos habrían de esperar la redención que Dios prometió mediante "la semilla [la descendencia] de la mujer".

El propósito y ministerio de Jesús para con hombres y mujeres

Se ha escrito ya mucho respecto al modo en que Jesús trató a las mujeres contrariamente a las costumbres judías, unas costumbres que se basaban en los conceptos de la superioridad del varón y su autoridad sobre las mujeres. En la sociedad judía, las mujeres se consideraban propiedad de sus maridos al mismo nivel que los enseres domésticos y los esclavos. Mientras que para los hombres era relativamente fácil divorciarse de sus esposas, las mujeres no podían nunca divorciarse de sus maridos. ¿Cómo podía una posesión divorciarse de su propietario? Jesús no actuó de acuerdo con estas costumbres. En el círculo interno de sus discípulos Jesús incluyó a algunas mujeres y les enseñó las verdades más profundas del Evangelio (Lucas 24: 6-9) aunque en aquel entonces a la mayoría de las mujeres judías no se les permitía estudiar el Antiguo Testamento. Jesús ni siquiera se sentía incómodo al aceptar el apoyo económico de algunas mujeres (Lucas 8:1-3).

El primer evangelista que se menciona en los Evangelios es una mujer: la samaritana del pozo. Jesús entabló una profunda conversación con ella aunque no estaba bien visto que un rabí hablara en público con una mujer, ni siquiera con su esposa (Juan 4:7-42). Jesús elogió a María por haberse sentado a sus pies como uno de sus discípulos, aunque ello significara poner en segundo término sus responsabilidades "femeninas" (Lucas 10:38-42). En los episodios de sanidad, Jesús trató a mujeres y hombres exactamente igual: utilizó las mismas enseñanzas respecto a la necesidad de la fe y el arrepentimiento. En sus parábolas utilizó tanto a hombres como a mujeres como ejemplos de verdades espirituales. En vano buscaremos en la vida o las enseñanzas de nuestro Señor algo que sugiera "diferencias de función" entre hombres y mujeres en las tareas del Reino.

Las mujeres fueron las primeras testigos de la resurrección de Jesús. Tanto el ángel de Dios, como Jesús mismo, dieron instrucciones a estas mujeres para llevar a los discípulos el mensaje más importante que jamás haya llegado al ser humano: la resurrección de Cristo. En consonancia con la actitud judía hacia las mujeres, los discípulos no las creyeron y consideraron su informe pura ficción. Tras su resurrección, Jesús decidió intencionadamente manifestarse en primer lugar a una mujer –María Magdalena– aunque tanto Pedro como Juan habían ido a la tumba vacía para inspeccionar.

Algunos que insisten en que los hombres han de ser los líderes y las mujeres las seguidoras, intentan conseguir el apoyo de Jesús diciendo que Él solo escogió a hombres para que estuvieran entre los Doce. Esta observación no tiene sentido por lo que respecta a la aprobación o no del liderazgo de las mujeres. Jesús escogió únicamente discípulos *judíos*, no gentiles. ¿Significa esto que ningún gentil debería ser hoy líder en la Iglesia?

Cristo vino a darnos toda una nueva escala de valores, valores tan distintos de los del mundo de entonces *y del de hoy* que son casi incomprensibles. Por ejemplo, Jesús condena claramente el deseo de cualquier creyente de controlar o ejercer poder sobre los demás. Al igual que nosotros, también los discípulos tuvieron dificultades con esta enseñanza. Todos querían ser los "primeros" en el reino que, según pensaban, Jesús iba a traer a este mundo. Querían ejercer poder sobre los demás. Jesús enseña que la única clase de poder que cuenta en su reino es el poder del servicio. Le pide a cada hombre y mujer que se vea, no en la "parte superior del escalafón" sino en la inferior, que trate a los demás del modo en que quiere ser tratado, que ame a Dios con todo su corazón, alma y mente, y al prójimo como a sí mismo.

Estos principios son contrarios al modo en que hemos sido condicionados para buscar poder y prestigio. Los hombres han sido socializados para verse a sí mismos como "cabeza" de familia, aquellos que tienen siempre la última palabra si así lo desean. A las esposas se les ha enseñado a encontrar formas de manipular a sus maridos para, de este modo, conseguir poder. Ambas cosas son parte del síndrome del pecado que comenzó en el huerto del Edén con la desobediencia a Dios. Pero Cristo vino a redimirnos por completo del poder del pecado. Vino a traernos una vida de rica comunión con Él y de armonía y unidad el uno con el otro. Vino a traer un Nuevo Pacto en su sangre.

Mucho de lo que Jesús enseñó respecto a las relaciones personales es contrario a nuestra cultura pecaminosa. Trágicamente, a menudo, los cristianos no han reconocido la diferencia entre la cultura de nuestro mundo y las enseñanzas de nuestro Señor. A menudo, la Iglesia que es su Cuerpo, se ha encontrado dando su apoyo al racismo, al sexismo, al elitismo y a la opresión de los pobres, puesto que no hemos permitido que Cristo redima nuestros patrones de pensamiento, nuestras perspectivas emocionales y nuestra propia cultura.

¿Qué sucedía en la iglesia primitiva?

Después de la resurrección y ascensión de Cristo, el acontecimiento más importante de la vida de la Iglesia fue Pentecostés, la venida del Espíritu Santo a fin de capacitar a los creyentes para llevar al mundo las buenas nuevas del Evangelio. En Pentecostés la Iglesia experimentó el "nuevo camino" de Jesús –el poder del Espíritu Santo para el servicio– sin distinción de raza, edad, género, o posición económica. Tanto los hombres como las mujeres profetizaron (fueron instrumentos de Dios para llevar su mensaje).

Este nuevo poder habría de llevar las buenas nuevas del Evangelio por todo el mundo. Una lectura cuidadosa de las Escrituras muestra que las mujeres estaban muy activas en la iglesia primitiva. De hecho, todas las iglesias reunidas en las casas que se identifican en el libro de los Hechos, lo hacían en casa de una mujer. La lista menciona a Lidia, Cloé, la madre de Marcos, Ninfas y Priscila y Aquila (a ella se la menciona primero).

La importancia de las mujeres como líderes se ve en el libro de los Hechos 9:2. Saulo había determinado encarcelar a quienes predicaban el Evangelio. Había pedido cartas "para que si encontraban a algunos que pertenecieran al Camino, *tanto hombres como mujeres,* los pudieran llevar atados a Jerusalén" (cursivas mías).

En el Nuevo Testamento se menciona específicamente a un cierto número de mujeres como líderes. De hecho, no hay ningún caso en que se mencione el nombre de un hombre en relación con un oficio de la Iglesia en el que no se mencione también a alguna mujer nombrada para el mismo oficio. Peter Richardson, de la Universidad de Toronto,[6] ha realizado un cuidadoso estudio de esta cuestión.

Romanos 16 presenta a algunas mujeres como líderes

Por ejemplo, a Febe se la menciona como diácono *(diakonos)* de la iglesia de Cencrea (Romanos 16:1). Es la única en la lista de 27 personas de Romanos 16 a quien se le aplica este término. El término "*diakonos*" se aplica a seis hombres en otros lugares del Nuevo Testamento: Apolos (1 Corintios 3:5); Tíquico (Efesios: 6:21) Colosenses 4:7); Epafras (Colosenses 1:7); Timoteo (1 Tesalonicenses 3:2); Onésimo (Filemón 13). Lamentablemente, ninguna de las traducciones inglesas son fieles al griego por lo que respecta a Febe; traducen *diakonos* como "siervo" o "diaconisa" en el caso de Febe, pero "diácono" o "ministro" cuando *diakonos* se refiere a un hombre. Algunos traductores han intentado justificar el uso de "diaconisa" por ser la forma femenina de "diácono". Esto puede ser gramaticalmente correcto, pero no lo es en la práctica. En muchas iglesias de hoy, los diáconos y las diaconisas *no* comparten las mismas responsabilidades. Los diáconos se consideran, a menudo, líderes espirituales y participan en la toma de decisiones, mientras que las diaconisas se encargan de la comida de los enfermos.

6 Peter Richardson, ÇFrom Apostles to Virgins: Romans 16 and the Roles of Women in the Early Church» (Trabajo presentado en *The Evangelical Colloquium on Women and the Bible,* 9 de octubre, 1984).

Romanos 16:2 también llama a Febe *prostatis* y es la única persona de este capítulo a quien se aplica este término. *Prostatis* es la forma femenina de un sustantivo que significa "líder, uno que preside, alguien responsable ante un patrón".[7] Esta palabra viene de la raíz *proistemi* que significa "gobernar y cuidar" como se ve en cuatro pasajes: 1Timoteo: 3:4; 3:5; 3:12; 5:17. Bo Reicke hace un buen estudio del uso del término en estos pasajes en *TDNT*.[8] Reicke señala que en estos textos el principal sentido del verbo es *tanto* "guiar" como "cuidar", en lugar de uno solo de los dos como sugiere el léxico de Bauer. El concepto del líder cristiano como alguien que dirige y cuida al mismo tiempo concuerda plenamente con el concepto de liderazgo de Jesús que encontramos en los Evangelios. Esta descripción de Febe implica que ésta era tanto dirigente como diácono.

Romanos 16:2 es el único lugar del Nuevo Testamento donde aparece el término *prostatis*. En su forma femenina no es una palabra común en la literatura secular griega. Puesto que la forma masculina denota tan claramente a un líder, parece haber algún prejuicio sexista por parte de los traductores que han decidido reducir el fuerte tono de esta palabra a "ayudante" o "socorredor". Es fácil encontrar más evidencias de traducciones prejuiciadas.[9] Entre otras mujeres que se mencionan en Romanos 16 está Prisca (o Priscila); Pablo se refiere tanto a ella como a su marido, Aquila, en términos de "colaboradores" con quienes todas las iglesias tienen una deuda de agradecimiento porque éstos expusieron sus vidas para salvar la del apóstol. La iglesia de Roma se reunía en su casa.

Se describe también a María, Trifena y Trifosa y Pérsida como mujeres que trabajaron mucho para el Señor. Junia (un nombre de mujer) y Andrónico se describen como apóstoles. Lamentablemente la mayoría de las traducciones han convertido Junia en un nombre de varón añadiéndole la letra «s» aunque no hay ningún registro en la literatura griega ni latina de hombres con este nombre. Casi todos los comentaristas de este texto anteriores al siglo decimotercero consideraban a Junia como una mujer.[10] El

---

7 Henry George Liddell and Robert Scott, *A Greek-English Lexicon*, rev. Henry Stuart Jones con la ayuda de Roderick McKenzie, 2 vols. (Oxford: Oxford University Press, 1940), 1:1526-27.

8 Bo Reicke, Çproistemi», *Theological Dictionary of the New Testament*, 10 vols., ed. Gerhard Kittel and Gerhard Friedrich (Grand Rapids: Eerdmans, 1964-76), 6:702-3.

9 Berkeley and Alvera Mickelsen, "Has Male Dominance Tarnished our Translations?" *Christianity Today*, 5 de octubre, 1979, PP. 23-26, 29.

10 Scott Bartchy, "Power, Submission, and Sexual Identity Among the Early Christians," en C. Robert Wetzel, *Essays on New Testament Christianity* (Cincinnati: Standard Publ. Co., 1979.

cambio se ha justificado asumiendo que, puesto que Pablo llama apóstol a tal persona, ¡no podía tratarse de una mujer!¹¹ Puede que Andrónico y Junia fueran marido y mujer o hermano y hermana. Se les describe como compañeros de cárcel que se convirtieron antes que Pablo. La RSV (Revised Standard Version) dice "que son hombres destacados", pero el texto griego no dice "hombres", sino solamente que son dignos de mención.

Tales aditamentos transmiten una impresión errónea al lector del texto inglés.

A la mujer Pérsida y asimismo a los hombres Amplias y Estaquis se les distingue como "amados". A Apeles –un hombre– se le llama "aprobado", y a Rufo, otro varón, se le describe como "escogido". Richardson comenta: "En seis casos, las mismas palabras o casi las mismas se aplican tanto a hombres como a mujeres (colaborador, apóstol, primer convertido, pariente, compañero de prisiones, amado); existen dos casos en que unos términos descriptivos (aprobado y escogido) se aplican a hombres y no a mujeres; y hay cinco términos –que incluyen tres de las descripciones más significativas– que se aplican solamente a mujeres (diácono, protectora, fiel trabajadora, hermana, madre). Lo que muestra esta lista es que, en un solo escenario (Romanos 16) y en una lista coherente de saludos, ¡se honra a las mujeres más que a los hombres a pesar de su número más reducido, y se les atribuyen papeles más influyentes!"¹²

Romanos 16 no es el único lugar donde se describe a mujeres con funciones de liderazgo. En Filipenses 4:2 y 3 se habla de Evodia y Síntique como mujeres que han colaborado la una con la otra y que "combatieron a mi lado en la extensión del Evangelio" (traducción literal). En 1 Corintios 16:16, Pablo urge a los cristianos a que estén "en sujeción a los que son como ellos, y a todo el que ayuda en la obra y trabaja". Esta es la terminología que utiliza Pablo en relación con Evodia, Síntique, Priscila, Febe y también de muchos hombres en posiciones de liderazgo en la iglesia primitiva. Al parecer, Pablo creía que los cristianos tenían que sujetarse a sus líderes: tanto a los hombres como a las mujeres que lo fueran.

Pablo no muestra diferencias respecto a los dones espirituales

En las largas disertaciones de Pablo acerca de los dones espirituales, el apóstol nunca indica que algunos de los dones sean para los hombres y

---

11 E. Margaret Howe, *Women and Church leadership* (Grand Rapids: Zondervan, 1982), p. 96.
12 Richardson, «From Apostles to Virgins».

otros para las mujeres. En lugar de ello, Pablo enseña que el Espíritu Santo imparte dones a todo cristiano sin importar su trasfondo, posición económica o sexo, y ello estrictamente según decide el Espíritu (1 Corintios 12:11). Todos los dones se imparten para "el bien común", para la edificación del Cuerpo de Cristo. Todos son esenciales para que el Cuerpo funcione y crezca como es debido. En los pasajes acerca de los dones que aparecen en cuatro cartas paulinas (1 Corintios 12:4-31; 14:1-40; Romanos 12:3-13; Efesios 4:11-14; 5:15-20; Colosenses 3:12-17), Pablo nunca distingue entre "dones masculinos" y "dones femeninos", ni sugiere tampoco diferencia alguna respecto al modo en que los dones deben ejercerse. Él personalmente no practicaba tales diferencias.

¿Por qué, entonces, algunas iglesias han prohibido a las mujeres el uso de sus dones excepto en una forma muy limitada y "bajo la autoridad de los hombres"? Los estudios más recientes sobre la historia de la Iglesia indican que las mujeres ejercían sus dones espirituales, incluyendo los de liderazgo, con relativa libertad durante el primer período de la Iglesia.[13] Las restricciones contra las mujeres comenzaron en el siglo segundo y se hicieron más importantes durante los siglos tercero y cuarto. El cambio radical llegó con el reinado de Constantino que hizo del cristianismo la religión oficial del Imperio Romano. Esto significaba que tenía que encajar en los patrones de la cultura romana y el concepto pagano de la *patria potestas*. La *patria potestas* implicaba que los padres tenían una autoridad absoluta sobre quienes residían con ellos: esposas, hijos y esclavos. Las enseñanzas actuales basadas en la "cadena de mando" siguen la misma filosofía esencial, una filosofía ajena por completo a las enseñanzas de nuestro Señor y la enseñanza de Pablo respecto a la sumisión entre cristianos (Efesios 5:21).

¿Cómo pueden los cristianos justificar tales conceptos? Ello sucede cuando se escogen unos cuantos versículos de los escritos de Pablo, a menudo sin considerar cuidadosamente su contexto literario o histórico, y se elevan a la categoría de "ideales supremos" en lugar de las elevadas normas de liderazgo servicial y altruismo que enseñó Jesús.

En realidad, la mayor parte de las limitaciones que se imponen a las mujeres se basan en una mala utilización o interpretación de dos palabras de los escritos de Pablo: *cabeza* y *autoridad*.

---

13 Elise Boulding, *The Underside of History - A View of Women through Time* (Boulder, Col.: Westview Press, 1976).

¿Qué significa cabeza en los escritos de Pablo?

¿No designa Pablo al hombre como cabeza de la mujer en 1 Corintios 11:3 y en Efesios 5:23? Sí, sin embargo, hemos de preguntarnos qué significa *cabeza* en estos pasajes. En inglés (también en castellano [N. del T.]), *cabeza* significa normalmente alguien que tiene autoridad sobre los demás y, para nosotros, en estos contextos, es natural entender este significado. ¿Pero es esto lo que Pablo quería decir?

Para responder a esta pregunta, hemos de examinar el significado de la palabra griega que se traduce como cabeza *(kephale)* durante el siglo primero cuando Pablo escribió los pasajes donde aparece este término griego.

El léxico más exhaustivo de griego de aquel período a nuestra disposicón ahora en inglés es el que compilaron Liddell, Scott, Jones y McKenzie y que abarca el griego clásico y el koiné desde el año 1000 aC. hasta, aproximadamente, el 600 dC., un período de casi 1600 años, que incluye la Septuaginta (traducción griega del Antiguo Testamento) y el griego de la época del Nuevo Testamento. Este léxico enumera unos veinticinco posibles significados de *kephale* (cabeza) con que este término se utilizaba en la antigua literatura griega . Entre ellos están "parte superior", "borde", "vértice", "origen", "fuente", "boca", "punto de partida", "corona", "finalización", "consumación", "suma", "total". En esta lista *no* aparece el uso corriente que damos a este término en inglés como "autoridad sobre", "líder", "director", "rango superior" o conceptos parecidos.[14] Existe un tesauro (diccionario ideológico) greco-latino publicado en 1851, pero escrito en su mayor parte en el siglo XVI.[15] Tampoco aquí encontramos significados como "autoridad sobre", o "autoridad suprema sobre".

Philip Barton Payne también ha llevado a cabo un estudio exhaustivo de esta cuestión. Como parte de su investigación, consultó a tres especialistas seculares en literatura griega antigua.[16] Todos ellos verificaron que la idea de "autoridad" no era un significado reconocido de *kephale* en el griego clásico. Este término tampoco aparece como sinónimo de líder, jefe o autoridad. S. C. Woodhouse[17] enumera muchos términos griegos equiva-

---

14 Liddell and Scott, *A Greek English Lexicon*, 1:944-45.

15 Henrico Stephano, *Thesaurus Graece Linguae* (Post Editionen, ediderunt carolus Hase, Guilielmus Dindorfius et Ludovicus Dindorfius. Parisiis: Excuderbot Ambrosius Firmin Didot, 1985), pp. 1495-99.

16 Philip Barton Payne, «Response», en *Women, Authority & the Bible,* ed. Alvera Mickelsen (Downers Grove, Ill.: InterVarsity Press, 1986), p. 118.

17 *English-Greek Dictionary -A Vocabulary of the Attic Language* (London: Routledge & Kegan Paul, Ltd., 1932).

lentes a "jefe", "autoridad" y "líder", sin embargo, *kephale* no se menciona como equivalente de ninguno de ellos. Al parecer, este significado de *kephale* como "autoridad sobre" lo sostienen principalmente quienes intentan encontrar el concepto del dominio del varón en la Biblia como algo ordenado por Dios.

Un pequeño léxico griego utilizado por muchos pastores y compilado por Walter Bauer sí ofrece como uno de los significados de *kephale* "rango superior". Como evidencia para apoyar este significado, Bauer enumera cinco pasajes del Nuevo Testamento donde cree que "cabeza" *(kephale)* tiene este sentido. Aporta también dos referencias a la antigua traducción griega del Antiguo Testamento (la Septuaginta) donde *kephale* tiene este significado: Jueces 11:11 y 2 Samuel 22:44.[18]

Quienes, como Bauer, insisten en que *kephale* indica "rango superior" argumentan que, dado que el término se usa con este sentido en la Septuaginta, tal significado hubo de ser familiar para quienes hablaban griego en tiempos del Nuevo Testamento. Un cuidadoso examen de la Septuaginta muestra el error de esta conclusión.

La palabra hebrea *rosh* (que significa "cabeza") se utilizaba a menudo en el Antiguo Testamento del modo en que usamos *cabeza* en inglés, con el sentido de "líder" o "autoridad sobre". *Rosh* aparece unas 600 veces en el Antiguo Testamento hebreo. Casi 400 de estas ocasiones se refiere a la cabeza física de una persona o animal. Sin embargo 180 veces el término hebreo *rosh* se refiere claramente a algo importante o sobresaliente –un líder, una ciudad sobresaliente, una nación destacada, un sumo sacerdote– es decir, el líder o figura de autoridad dentro de un grupo. Al parecer, este significado de *rosh* (cabeza) era tan corriente en el antiguo hebreo como lo es hoy en inglés.

Sin embargo, *no* era un significado usual en el griego del Nuevo Testamento. Esto se confirma cuando examinamos las palabras griegas que utilizaron los traductores de la Septuaginta cuando el término hebreo *rosh* significaba maestro o jefe.

En las 180 ocasiones en que *rosh* significaba líder o jefe, los traductores de la Septuaginta rara vez utilizaron *kephale* (aunque, sin duda, esta habría sido la elección más sencilla si el significado de "cabeza" en griego hubiera sido el mismo que en hebreo). En lugar de ello, en 109 de las 180 veces, tradujeron *rosh* con el término *archon* que significa "comandante" o "líder". Aunque *archon* (líder) era la elección más corriente, los traductores de la Septuaginta utilizaron

---

18 Walter Bauer, *A Greek-English Lexicon of the New Testament and Other Early Christian Literature*, ed. William F. Arndt and F. Wilbur Gingrich, fourth/fifth revised and augmented editions (Chicago: The University of Chicago Press, 1957, 1979), p. 431.

ocasionalmente una de las otras 13 palabras griegas entre las que están *archegos* 10 veces (que significa "capitán", "líder", "jefe", "príncipe") o *arche* 9 veces ("autoridad", "magistrado", "funcionario") y otras palabras algunas veces. *Kephale* aparece 18 de las 180 veces, pero 4 de ellas corresponden a metáforas acerca de cabezas y colas en las que ningún otro término tendría sentido, y 6 de los demás usos tienen lecturas variantes, con lo que quedan solamente 8 de las 180 ocasiones.

El uso de *kephale* habría sido el más natural en la totalidad de las 180 veces en que aparece el término si en griego la palabra hubiera significado normalmente líder o jefe. Su escasa utilización indica que los traductores sabían que *kephale no* tenía normalmente este significado. La mayoría de los ocho pasajes del Antiguo Testamento donde se utiliza representan contextos relativamente oscuros. Los primeros cristianos, la mayor parte de los cuales no sabían hebreo, podrían haber ido a la Iglesia durante muchos años sin oír jamás estos ocho versículos repartidos por todo el Antiguo Testamento donde se usa *kephale* con un sentido distinto de lo habitual en griego.

El apóstol Pablo era un judío de habla griega (nació en la ciudad greco parlante de Tarso); el griego era su idioma nativo. Él sabía tanto hebreo como griego, pero escribió sus epístolas para iglesias de habla griega en zonas donde la mayor parte de los convertidos (incluyendo a los judíos de la diáspora) sabían *únicamente* griego. Un hombre de su tremenda capacidad intelectual e intensa pasión por la extensión del Evangelio probablemente hubiera utilizado palabras griegas con significados griegos para que sus lectores entendieran claramente el mensaje.

Un examen de los siete pasajes donde Pablo utiliza *kephale* en referencia con Cristo indica que cuando éstos se leen siguiendo el significado griego común de *kephale*, vemos un Cristo más exaltado que cuando entendemos "cabeza", principalmente con el significado de "autoridad sobre". Cuando se habla de Cristo como Cabeza de la Iglesia, puede ser una referencia a Él como fuente de vida de la Iglesia, como su cúspide o corona o como su exaltado progenitor y perfeccionador. Estos ricos significados se pierden cuando los únicos significados que se dan a cabeza son "autoridad" o "rango superior".

En Efesios 5:28 Pablo utiliza *kephale* en referencia con Cristo como Cabeza de la Iglesia y al hombre (o marido) como cabeza de la mujer (o esposa). (Marido y hombre son la misma palabra en griego: *aner;* mujer y esposa son también la misma palabra: *gyne*. Su significado debe determinarse por el contexto.) La mayoría de los cristianos han leído todos los pasajes de los escritos de Pablo con el significado inglés de *cabeza* como autoridad, en lugar de hacerlo con su sentido griego. Este mal entendimiento de la palabra griega se ha utilizado para enseñar que el dominio del varón es algo que Dios ha ordenado, cuando de hecho pudiera ser que Pablo estuviera diciendo algo completamente distinto. En cada caso, es el contexto el que ha de determinar cuál de los diferentes significados comunes de *cabeza* en griego es el que Pablo estaba usando.

En 1 Corintios 11:3, Pablo escribe: "Pero quiero que sepáis que la cabeza de todo hombre es Cristo, y la cabeza de la mujer es el hombre, y la cabeza de Cristo es Dios". Casi todos los comentaristas concuerdan en que toda la sección de 1 Corintios 11:2-16 está llena de incógnitas.

¿Qué significa "cabeza"? ¿Cuál es la profecía a que se refiere el capítulo? ¿Cuándo el término "cabeza" significa la cabeza física de la persona y cuándo es una referencia a la "cabeza" del versículo 3? ¿Qué es lo que se supone que la mujer ha de tener sobre su cabeza y el hombre no? Algunas traducciones escriben "velo", sin embargo, la palabra *velo* no aparece en el texto griego. El griego dice simplemente en el versículo 4, "todo hombre que ora o profetiza 'quitándoselo de la cabeza' deshonra su cabeza". Pero nunca se especifica qué es lo que lo cubre. Puesto que una gran extensión del pasaje (vv. 5-16) trata la cuestión del cabello largo versus el corto o el afeitado de la cabeza, es muy posible que lo que cubra la cabeza sea una referencia al cabello largo más que a un velo. La razón por la que Pablo está tan preocupado respecto a la longitud del cabello es otra pregunta que el texto no responde.

Todos los comentaristas concuerdan en que este pasaje está lleno de preguntas sin responder que, evidentemente, están estrechamente relacionadas con los problemas específicos que había en Corinto y en conexión con las costumbres y cultura de esta ciudad. Sin duda, los primeros lectores de esta carta entendían con exactitud lo que Pablo les escribía, pero nosotros no somos tan afortunados. A pesar de ello, quienes se adhieren a la posición del dominio del varón señalan este pasaje como una de sus piedras fundamentales.

Hay, sin embargo, algunas cosas del pasaje que *sí* están claras:

1. Pablo, habiendo entendido perfectamente los cambios que trajo Pentecostés, *esperaba* que las mujeres oraran y profetizaran en las reuniones públicas de la iglesia de Corinto. De no ser así ¿por qué habría de decirles cuál tenía que ser su aspecto cuando lo hicieran?

2. Pablo enseñó la interdependencia entre los hombres y las mujeres. El versículo 11 declara: "en el Señor, ni la mujer es independiente del hombre, ni el hombre independiente de la mujer. Porque así como la mujer procede

del hombre, también el hombre nace de la mujer; y todas las cosas proceden de Dios". Este versículo está claro, tanto en la cultura corintia como en la occidental del siglo XX.

Hay varias cosas que no están tan claras y quedan abiertas para diversas interpretaciones:

1. El significado de *cabeza*. 1 Corintios 11:3 se ha entendido a menudo como una "cadena de mando". Sin embargo, toda la evidencia indica que los conceptos de "autoridad", "líder", "jefe" *no* eran significados corrientes en griego de la palabra *cabeza* cuando Pablo escribió esta carta. El significado griego de *cabeza* que mejor encaja en este *contexto* es "fuente" u "origen". Los versículos 8-12 se centran en la cuestión de los orígenes: "Porque el hombre no procede de la mujer, sino la mujer del hombre", y "Porque así como la mujer procede del hombre, también el hombre nace de la mujer; y todas las cosas proceden de Dios".

Sin embargo, ¿en qué sentido es Dios el "origen" de Cristo? En Gálatas 4:4, Pablo escribió: "Dios envió a su Hijo, nacido de mujer". Una de las doctrinas más tempranas enunciadas por la iglesia primitiva fue que el Hijo "procedía del Padre". ¿En qué sentido es Cristo la fuente o creador del hombre? Pablo escribió anteriormente en esta misma carta. "Hay un solo Dios, el Padre, de quien proceden todas las cosas y nosotros somos para Él; y un Señor, Jesucristo, por quien son todas las cosas y por medio del cual existimos nosotros" (1 Corintios 8:6). Esta interpretación de 1 Corintios 11:3 se encuentra en algunos de los comentarios más antiguos de los Padres de la Iglesia. Cirilo de Alejandría escribió en el siglo quinto: "De este modo decimos que la cabeza de todo hombre es Cristo, puesto que fue hecho con excelencia por medio de Él. Y la cabeza de la mujer es el hombre, puesto que fue tomada de su carne. Asimismo, la cabeza de Cristo es Dios, puesto que es de Él por naturaleza".

2. ¿Qué significa 1 Corintios 11:10? El texto dice literalmente, "Por tanto, la mujer debe tener autoridad sobre la cabeza, por causa de los ángeles" La versión King James nos da una traducción literal. Todas las demás añaden o cambian el texto para que signifique algo completamente distinto de lo que dice. La versión Philips dice: "Por esta razón, la mujer ha de llevar sobre su cabeza un signo externo de la autoridad del hombre para que la vean todos los ángeles". El texto no dice nada respecto a signo alguno acerca de hombres o maridos. Este es otro ejemplo de cómo algunos traductores imponen al texto sus convicciones personales.

¿Cuál es la autoridad que ha de tener la mujer? Probablemente se trata de la autoridad para orar y profetizar con la cabeza adecuadamente cubierta o el apropiado estilo de peinado. Al fin y al cabo, este es el tema de toda la discusión.

Jerome Murphy-O'Connor de la *École Biblique* de Jerusalén es uno de los varios eruditos que creen que todo el pasaje trata de diferentes maneras de llevar el cabello y que el deseo de Pablo es impedir que se enturbien las diferencias entre el aspecto de hombres y mujeres.[19] La idea central de Pablo es la diferenciación entre hombres y mujeres, no el dominio de los unos sobre las otras. Murphy-O'Connor cree que las instrucciones respecto a las maneras de llevar el cabello eran necesarias por el elevado índice de homosexualidad y pederastia de la antigua Corinto, donde los homosexuales varones lucían a menudo un cabello largo y muy ornamentado, y las lesbianas lo llevaban muy corto, más en la línea del estilo tradicional de los hombres griegos.

Algunos autores insisten en que la "profecía" que se menciona en 1 Corintios 11 se refiere únicamente a "testimonios". Tales testimonios podían representar una parte de la profecía, pero de ningún modo la totalidad de ella. La naturaleza de la profecía se define en 1 Corintios 14 (parte de esta misma carta); según esta definición, profetizar consiste en edificar, animar vv. 3-4), evangelizar (vv. 22-25) evaluar cuidadosamente (v. 29), enseñar (v. 31): todas las actividades que hacen de una iglesia un organismo de poder espiritual. Si las mujeres profetizaban según se indica en 1 Corintios 11, habrían estado participando en todas estas funciones. Puesto que la mayoría de las primeras iglesias eran pequeñas congregaciones que se reunían en casas, es difícil de imaginar que se separaran en grupos de hombres y mujeres cada vez que se reunían. Pablo no sugiere en ningún lugar que esto fuera una práctica común.

Es evidente que las mujeres del Nuevo Testamento profetizaban y que algunas de ellas tenían al parecer el "oficio" de profeta (Hechos 21:9). En Efesios 2:20, Pablo escribió que "la familia de Dios" se edificaba "sobre el fundamento de los apóstoles y profetas, siendo Cristo Jesús mismo la piedra angular". Estos profetas (y quizá apóstoles: recordemos a Junia en Romanos 16:7) sobre los que se construía la Iglesia eran tanto mujeres como hombres. Pablo no dice que la Iglesia se construyera sobre los ancianos, o los pastores, sino sobre los apóstoles y *los profetas*.

---

19 Jerome Murphy-O'Connor, ÇSex and Logic in 1 Cor 11:2-16», *Catholic Biblical Quarterly* 42 (1980):482-500.

¿Deben las mujeres guardar silencio en las iglesias?

¿Pero no dice Pablo a las mujeres en 1 Corintios 14:34 que guarden silencio? En una primera lectura es lo que parece, pero Pablo acaba precisamente de exponer el modo en que las mujeres han de orar y profetizar en las reuniones públicas. Por tanto, el pasaje ha de tener otro significado.

Existen, al menos, dos posibilidades. Puede que Pablo esté diciéndoles a las esposas que dejen de interrumpir los servicios preguntando constantemente a sus maridos lo que no entienden. En lugar de hacer esto, deberían preguntarles en casa. O pudiera ser también que el apóstol estuviera citando falsas enseñanzas de los judaizantes, que querían que las mujeres estuvieran calladas en la iglesia igual que tenían que estarlo en la sinagoga. (En el manuscrito griego que ha llegado hasta nosotros el texto no está entrecomillado: toda la puntuación, mayúsculas, división de versículos y capítulos y todo lo demás fue insertado por traductores que no eran infalibles por muy consagrados que pudieran estar en sus tareas.)

El argumento de los judaizantes bien podría haber comenzado con: "las mujeres guarden silencio en las iglesias", terminando con las palabras: "porque no es correcto que la mujer hable en la iglesia". Si este es el caso, se entiende fácilmente la airada respuesta de Pablo: "¿Acaso la Palabra de Dios salió de vosotros, o solo a vosotros ha llegado?"

Una de las afirmaciones de este pasaje presenta otro problema: "Porque no les es (a las mujeres) permitido hablar, antes bien, que se sujeten como dice también la ley" (1 Corintios 14:34). Normalmente, cuando Pablo habla de "la ley", está haciendo referencia al Antiguo Testamento. Sin embargo, no hay ningún pasaje en el Antiguo Testamento que diga que las mujeres hayan de estar subordinadas o que no se les permita hablar en público.

De modo que, ¿a qué ley se refiere este pasaje? Puede estar haciendo referencia a alguna de las numerosas leyes locales contra las mujeres que les prohibían hablar en reuniones públicas. O puede referirse a las interpretaciones rabínicas del Antiguo Testamento. Si estos textos son una cita de los judaizantes, probablemente se refiere a una interpretación rabínica.

Existen también otras posibilidades, sin embargo, nadie puede pronunciarse con autoridad respecto a lo que significan estos versículos, puesto que no conocemos con exactitud la situación histórica y cultural. Pablo la conocía; los corintios también. Nosotros no. Aun quienes aplican un "literalismo selectivo" a estos versículos para excluir a las mujeres de la enseñanza o la predicación, nunca deciden seguirlos de un modo exacto. Si así lo hicieran, las mujeres no podrían cantar en los coros, ni aun en la congregación, o enseñar en la escuela dominical o trabajar en las cocinas de las iglesias. ¿Qué sucedería de hecho si todas las mujeres "guardaran silencio" en nuestras iglesias?

Puesto que estos dos versículos parecen contradecir lo que Pablo ha dicho con anterioridad en esta misma carta, así como también su propio proceder en relación con Priscila y sus otros "colaboradores en el Evangelio", no nos atrevemos a usarlos para anular todo lo que el apóstol escribió y practicó.

¿Pueden las mujeres enseñar a los hombres?

1 Timoteo 2:11-12 es el texto preferido de quienes creen que el dominio del varón en la Iglesia (y en el mundo) es algo ordenado por Dios: "no permito que la mujer enseñe ni que ejerza autoridad sobre el hombre, sino que permanezca callada". A este pasaje, como a todos los demás, hemos de acercarnos con las preguntas básicas: (1) ¿Qué significaban estas palabras para los primeros lectores en su situación? (2) En vista de ello, ¿qué debería significar para nosotros hoy? (3) ¿Cómo encaja este pasaje con los ideales y normas más elevadas que se enseñan en otros lugares de la Biblia? Un cuidadoso examen del contexto literal e histórico-cultural de este pasaje indica claramente que se trata de una "regulación para personas de un contexto determinado", no una norma o estándar supremos de la Biblia.

Esta carta de Pablo representa un mensaje intensamente personal para aconsejar a Timoteo respecto a cómo tratar algunos problemas difíciles que afectaban a la iglesia de Éfeso, una ciudad con el mayor templo pagano de Asia: el templo a la diosa Artemisa. Artemisa era la más importante y antigua de las diosas de la fertilidad de Asia, con una historia que se remontaba muchos siglos atrás. Todas las ciudades griegas tenían un santuario dedicado a Artemisa, pero Éfeso tenía el mayor y más antiguo de ellos. Las mujeres desempeñaban un papel muy destacado en la adoración de Artemisa.

La lectura de esta carta es como encontrarse a un lado del hilo en una conversación telefónica. No sabemos lo que Timoteo le había dicho a Pablo o lo que Pablo sabía tras sus tres años de residencia en Éfeso; únicamente sabemos lo que Pablo responde a Timoteo. La carta sí indica, sin embargo, que las falsas enseñanzas eran un serio problema. Pablo entra en materia de manera inmediata tras sus habituales saludos. "Como te rogué al partir para Macedonia que te quedaras en Éfeso para que instruyeras a algunos que no enseñaran doctrinas extrañas, ni prestaran atención a mitos y genealogías interminables, lo que da lugar a discusiones inútiles en vez de hacer avanzar el plan de Dios que es por fe, así te encargo ahora... Pues algunos, desviándose de estas cosas, se han apartado hacia una vana palabrería, queriendo ser maestros de la ley, aunque no entienden lo que dicen ni las cosas acerca de las cuales hacen declaraciones categóricas".

Pablo escribe respecto a las falsas doctrinas de nuevo en 1 Timoteo 1:10, y otra vez en 1 Timoteo 4:1-3, donde señala específicamente el error de quienes prohíben el matrimonio. Retoma de nuevo la cuestión de las falsas doctrinas en 5:15 al hablar de las viudas que "se han apartado para seguir a Satanás". El libro termina en el mismo tono: "Oh, Timoteo, guarda lo que se te ha encomendado, y evita las palabrerías vacías y profanas, y las objeciones de lo que falsamente se llama ciencia, la cual profesándola algunos, se han desviado de la fe" (1 Timoteo 6:20-21).

Aunque la herejía conocida como gnosticismo no alcanzó su apogeo hasta el siglo segundo, las semillas de sus falsas nociones aparecieron, sin duda, mucho antes. El gnosticismo y otras herejías encerraban muchas creencias erróneas respecto al sexo y la Creación. Algunos gnósticos enseñaban que las mujeres verdaderamente espirituales no tenían que casarse ni tener hijos. Otros enseñaban que, puesto que la materia es mala y el espíritu bueno, lo que se hacía con el cuerpo resultaba irrelevante para lo que ocurría en el espíritu interior Para estos gnósticos, la inmoralidad sexual era algo aceptable y podía incluso ser algo agradable a Dios. Algunos gnósticos decían que Eva fue creada antes que Adán y que ella le iluminó con su conocimiento superior.

El párrafo completo de 1 Timoteo 2:9-15 resulta revelador. Una traducción literal podría ser: "Asimismo, quiero que las mujeres oren con ropa decorosa, con pudor y modestia, no con el pelo trenzado con oro, o perlas, o vestidos costosos; sino con buenas obras, como corresponde a las mujeres que profesan la piedad. Que la mujer aprenda calladamente, con toda obediencia. Yo no permito que la mujer enseñe ni que ejerza autoridad sobre el hombre, sino [le ordeno] que [aprenda] en silencio. Porque Adán fue creado primero, después Eva. Y Adán no fue el engañado, sino que la mujer, siendo engañada completamente, cayó en transgresión. Pero se salvará engendrando hijos, si permanece en fe y amor y santidad, con castidad".

Quienes creen que el versículo 12 prohíbe, para siempre, a todas las mujeres de todos los tiempos, enseñar o tener autoridad sobre los hombres ignoran normalmente los mandamientos de los otros seis versículos de esta sección. Este es un caso clásico de "literalismo selectivo". Si este pasaje es universal para todas las mujeres cristianas de todos los tiempos, entonces ninguna mujer debería jamás llevar perlas u oro (esto incluye los anillos de matrimonio) o trenzarse el pelo o vestir ropa cara. Por otra parte, no deberían participar jamás en una clase de escuela dominical o ninguna otra reunión de la iglesia.

Quienes defienden la posición del dominio del varón ignoran generalmente el versículo 15 alegando que se trata de un texto difícil de entender. Susan Foh, que sostiene que los versículos 11 y 12 son normativos para siempre, dice simplemente: "El último versículo de esta sección es un rompecabezas y una especie de incongruencia".[20]

Sin embargo, si Pablo está respondiendo a las falsas doctrinas en el sentido de que las mujeres, en tanto que cristianas que desean ser espirituales, no deben casarse (lo cual menciona en 1 Timoteo 4:1-3), entonces el versículo 15 sí tiene sentido. Lo que está diciendo Pablo es que Dios acepta a las mujeres dentro de su función de madres: "Pero se salvará engendrando hijos, si permanece en fe, amor y santidad, con modestia". Todo el pasaje subraya también la modestia en el vestir y el decoro por parte de las mujeres. ¿Quién tendría necesidad de este tipo de enseñanza? La mayoría de las mujeres casadas griegas vestían una *catastola*, un vestido muy suelto que les llegaba hasta los pies y que se llevaba con un cinturón. Era un atuendo *muy* modesto. ¿Acerca de quién, pues, escribe Pablo?

Aquí hemos de considerar el contexto histórico y cultural así como el literario. En Éfeso, con su enorme templo dedicado a la diosa Artemisa, había cientos de sacerdotisas sagradas que, probablemente, eran también prostitutas sagradas. Había también cientos de *hetareae*, las más cultas de las mujeres griegas que eran compañeras habituales y, a menudo, amantes de los varones de clase alta. Posiblemente algunas de estas mujeres se habían convertido y asistían a la iglesia con sus vestidos caros y provocativos. Puesto que en Grecia las *hetaerae* eran a menudo respetadas maestras de los hombres (se menciona a muchas de ellas en la literatura griega[21]), es muy probable que se convirtieran en maestras tras haberse integrado en la Iglesia. Al parecer, la falta de castidad y modestia eran un verdadero problema entre algunas mujeres de la iglesia de Éfeso, puesto que en esta sección Pablo menciona dos veces la necesidad de castidad (*sophrosyne* en griego) (1 Timoteo 2:9, 15).

El sincretismo (la mezcla de ideas paganas y cristianas) ha sido un problema a lo largo de la historia de la iglesia, y hay claras evidencias de que la

---

20 Foh, *Women and the Word of God*, p. 128.
21 Boulding, *The Underside of* History p. 262-63.

mezcla del Evangelio con las enseñanzas de las religiones griegas y el gnosticismo se introdujo en la iglesia primitiva. Apocalipsis 2:14 dice que algunas personas de la iglesia de Pérgamo enseñaban que la fornicación era algo correcto. A pocos kilómetros de Éfeso, en Tiatira (Apocalipsis 2:20-23), una mujer *de la iglesia* llamada Jezabel inducía a los siervos de Dios a la inmoralidad. Parece que las mujeres recién convertidas de trasfondos griegos como la adoración de Artemisa y las culturas paganas eran especialmente vulnerables a los falsos maestros que llegaron a Éfeso.

¿Qué significa autoridad en 1 Timoteo 2:12?

La palabra *authentein* que se traduce como "tener autoridad" en 1 Timoteo 2:12, *no* es la palabra griega habitual para "autoridad". La palabra que se usa normalmente en el Nuevo Testamento es *exousia*. Si Pablo hubiera querido hablar de autoridad en su sentido habitual sin duda hubiera utilizado esta palabra. En la Biblia *authentein* aparece *únicamente en esta ocasión*. Es un término poco frecuente incluso en la literatura secular griega. Esencialmente *authentein* significa "arrogarse" y normalmente tiene un significado negativo. Juan Crisóstomo (alrededor del 400 DC.) en su comentario a las epístolas de Timoteo tradujo *authentein* como "licenciosidad sexual".

Catherine Kroeger ha investigado a fondo esta palabra en la literatura clásica griega.[22] Su investigación indica que, en su uso más antiguo, esta palabra parece haber tenido el sentido de "asesinato". Otro concepto antiguo era "iniciar" algo o "ser responsable" de ello. Kroeger ha encontrado algunos diccionarios muy antiguos de latín-griego y de inglés-griego que dicen: "con genitivo 'declararse a uno mismo el autor o fuente de algo'".[23] En 1 Timoteo 2:12 el verbo aparece con un genitivo. Kroeger sugiere que si este era el significado que Pablo tenía en mente, el apóstol podría haber prohibido a las mujeres de Éfeso (a las influenciadas por la adoración de Artemisa) que enseñaran un tipo de mitología gnóstica en que el hombre (Adán), procedía de la mujer (Eva), que era también su maestra. Si esto fuera así, los siguientes versículos representarían la refutación paulina de tal enseñanza: "Porque Adán fue creado primero, después Eva. Y Adán no fue el engañado, sino que la mujer, siendo engañada completamente, cayó en transgresión".

22 Catherine Clark Kroeger, «1 Timothy 2:12—A Classicist's View», en *Women, Authority & the Bible*. pp. 225-44.
23 Un diccionario así fue compilado por George Dunbar, *A Greek English Lexicon*, 3rd ed. (Edinburgh: MacLachlan and Stewart, 1850).

Algunos que utilizan este versículo para impedir el acceso de las mujeres a las posiciones de liderazgo dicen que este texto "se fundamenta en la Creación" (que Adán fue creado antes que Eva) y, por tanto, es vinculante para todos los tiempos. Sin embargo, la palabra griega *gar* (que se traduce "porque") no es necesariamente causal. *Gar* puede también tener carácter ilustrativo. En este caso, Eva se utilizaría aquí como simple ilustración de una mujer que fue engañada por Satanás (de igual modo que otras mujeres de Éfeso estaban siéndolo también).

En vista de la historia de la iglesia de Éfeso, es casi imposible de creer que Pablo estuviera estableciendo una ley universal prohibiendo que las mujeres enseñaran a los hombres, o que Timoteo interpretara las palabras de Pablo en este sentido. Al fin y al cabo, Timoteo conocía perfectamente el caso de Priscila y Aquila que juntos habían enseñado a Apolos al comienzo mismo de la iglesia de Éfeso. Pablo no había tenido más que alabanzas para esta notable pareja y el ministerio que habían desarrollado.

Incluso quienes quieren prohibir el acceso de las mujeres a las posiciones de liderazgo en la Iglesia basándose en este versículo (que contiene una palabra tan poco frecuente como *authentein)*, normalmente no lo aplican del todo. Ignoran los mandamientos respecto a las perlas, el oro y las trencillas que también forman parte del pasaje. Y, unos más que otros, se expresan con evasivas cuando enseñan acerca de la autoridad y el silencio. Muchos dicen que es propio que las misioneras enseñen la fe a pesar de que el texto dice que la mujer ha de permanecer callada. Otros dicen que es propio que las mujeres enseñen a los hombres si están "bajo la autoridad de un hombre". El texto no dice esto. Algunos dicen que los únicos cargos prohibidos a las mujeres son los de anciano o pastor. El texto tampoco dice esto.

Pocos prohibirían a las mujeres la redacción de libros que leerán los hombres (aunque esta es, sin duda, una poderosa forma de enseñanza). Los himnos representan una de las formas más permanentes de enseñanza. Si quitáramos los himnos de Frances Havergal y los de Fanny Crosby y los de otras mujeres, nuestros himnarios se empobrecerían. Una interpretación bíblica sana, el sentido común y una sencilla observación del modo en que Dios ha utilizado a cientos de mujeres en posiciones liderazgo y enseñanza en su Iglesia por todo el mundo indican que este pasaje de Timoteo es claramente una "regulación para personas de un determinado contexto" y no una norma o estándar universales.

¿Cómo, pues, aplicamos este pasaje? Pues de igual modo que aplicamos otras "regulaciones para personas de un determinado contexto". Si una situación presente se parece a la de Éfeso, –si un grupo de personas está enseñando herejías o es propenso a sucumbir a las tentaciones de Satanás–, los cristianos han de mostrar una amorosa preocupación ayudándoles a *aprender* antes de que se conviertan en maestros. De hecho, lo primero que subraya el versículo es la necesidad de *aprender:* "Que la mujer *aprenda* en silencio" (la mejor traducción es "sosiego").

Hacer de 1 Timoteo 2:11-12 un principio universal para todas las mujeres en todos los tiempos es algo claramente contrario a los principios que enseñó nuestro Señor ("así como queréis que los hombres os hagan, haced con ellos de la misma manera") y a la norma establecida en Pentecostés: "Vuestros hijos y vuestras hijas profetizarán". Profetizar implica evangelismo, predicación, enseñanza y consuelo. Colosenses 3:16 exhorta a *todos* los cristianos: "La palabra de Cristo habite en abundancia en vosotros, con toda sabiduría *enseñándoos* y *amonestándoos* unos a otros con salmos, himnos y canciones espirituales, cantando a Dios con acción de gracias en vuestros corazones" (Cursivas mías). La imagen que se nos ofrece en Colosenses es la de cristianos usando libremente los dones que Dios les ha dado para alabar a Dios y estimularse el uno al otro. No existen limitaciones por razón de sexo.

Pablo insta a los Gálatas a mantener su libertad cristiana

La carta de Pablo a los Gálatas se centra en el tema de la libertad, un asunto esencial para el crecimiento y servicio cristianos. Los gálatas estaban reduciendo el Evangelio a poco más que un judaísmo mejorado. Observaban los días, los meses, las estaciones y los años (Gálatas 4:10) y creían que la circuncisión era algo fundamental (Gálatas 5:2-4).

Pablo les escribió un fuerte mensaje: Cristo os libertó para que fueseis libres. No os pongáis de nuevo bajo el yugo de esclavitud (Gálatas 5:1). El judaísmo del tiempo de Pablo quería que las mujeres estuvieran en silencio, bajo sujeción y sumergidas en una serie de rutinas y funciones prescritas. Pablo escribió a los Gálatas: "Porque todos los que fuisteis bautizados en Cristo, de Cristo os habéis revestido. No hay judío ni griego; no hay esclavo ni libre; no hay hombre ni mujer; porque todos sois uno en Cristo Jesús" (Gálatas 3:27-28). El erudito del Nuevo Testamento F. F. Bruce declara en su comentario a Gálatas que en 3:28: "Pablo declara aquí el principio fundamental: si en cualquier otro lugar del corpus paulino aparecen restricciones sobre él, éstas han de entenderse en relación con Gálatas 3:28 y no *viceversa*".[24]

Los hombres y mujeres cristianos no han de ponerse bajo ningún yugo de esclavitud. Ambos han de predicar; ambos han de hacer discípulos; han de ministrar con los dones y frutos del Espíritu. Cristo libertó a hombres y mujeres para servir, amar, cuidar, fortalecer, apoyar. Los gálatas habían perdido de vista esta libertad. ¿Y nosotros?

Las enseñanzas del Génesis, la vida y enseñanzas de nuestro Señor, la amplitud de miras de los escritos y proceder de Pablo, todo ello apunta a la plena dignidad de las mujeres que han sido capacitadas y llamadas por *Dios mismo* para servir a su Iglesia y al mundo. Poner limitaciones al pleno ejercicio de estos dones ha entorpecido a la Iglesia a través de los tiempos y ha impedido que el Evangelio se extienda con todo su poder. Quiera Dios derramar su poder en las vidas de mujeres y hombres por igual para que todos le sirvamos plenamente.

---

[24] F.F. Bruce, *Comentario de la Epístola a los Gálatas*, Colección Teológica Contemporánea, vol. 7 (Terrassa: CLIE, 2003).

Respuesta de una postura tradicionalista
Robert D. Culver

Si entiendo correctamente el argumento de este ensayo, Alvera Mickelsen quiere convencernos de que la Biblia, cuando se la interpreta bien, abre todas las posiciones de liderazgo de la Iglesia a personas de ambos sexos, sin ninguna restricción. El punto de vista contrario –que la posición(es) u oficio(s) de pastor, anciano, obispo, superintendente, etcétera deben restringirse a hombres adultos– ha prevalecido a lo largo de, más o menos, 75 generaciones desde el principio y hoy parece ser el punto de vista mayoritario.

Puesto que conozco a la Sra. Mickelsen y a su marido desde hace unos treinta años y hemos asistido a la misma iglesia durante algunos años, y puesto que su marido fue mi colega en la facultad de Wheaton College and Graduate School durante cerca de una década, casi preferiría hacer cualquier otra cosa que escribir esta evaluación. Mi valoración de este trabajo será especialmente cortés pero también, espero, convincentemente negativa.

El ensayo de la Sra. Mickelsen pretende que la Biblia está claramente de su parte y que su claro mensaje –a saber, la admisión de las mujeres con la misma libertad que los hombres en todos los oficios y funciones de la Iglesia– ha sido obstaculizado y bloqueado por una invencible oposición masculina. Esto, por lo que parece decir, se debe a una persistente peculiaridad del pecado original.

Sin embargo, para no pervertir o subrayar erróneamente sus declaraciones intentaré describir sus teorías con sus propias palabras. Cito a la sra. Mickelsen: "La mayoría de quienes quieren restringir las maneras en que las mujeres pueden servir a Dios basan sus argumentos en unos cuantos versículos de la Biblia muy concretos que, según creen, anulan otras enseñanzas de la Escritura". Esto implica que mi parte en el debate soslaya la verdadera evidencia. Se dice que los tradicionalistas consideran únicamente los textos que les son favorables, si bien ella reconoce que también quienes defienden su posición hacen algo parecido.

Explicando por qué los relatos de mujeres en posiciones de liderazgo cristiano son poco conocidas, dice, es "en parte porque muchas de las historias han sido escritas por hombres que, debido a sus condicionamientos culturales o teológicos tendieron a asumir que las mujeres no tenían papeles de liderazgo importantes en la Iglesia". ¿Hemos acaso de suponer que Eusebio y Schaff, ambos eminentes historiadores de la Iglesia, fueron "condicionados" por su teología y su cultura mientras que las/os escritoras/es feministas han sido, digamos, educados y liberados?

Puede ser cierto, supongo, que muchas servidoras de Cristo hayan sido descuidadas en los libros de historia. Muchos de nosotros, tanto hombres como mujeres, podemos sentirnos justamente descuidados en este sentido, sin embargo, de ningún modo podemos pensar que la causa de ello sea el "sexismo", por decirlo usando este extraño neologismo. La ensayista concluye que el buen liderazgo femenino cristiano es suficientemente notable, en la historia escrita correctamente, para mostrar que "la experiencia a lo largo de los siglos es contraria a nuestra interpretación [no la suya] de la Biblia". Por tanto, "sería quizá sabio reconsiderar si nuestras restrictivas interpretaciones [no las suyas] son en realidad la voluntad de Dios".

El ensayo concede un espacio importante a la idea de que los varones que abogan por limitar el liderazgo de las mujeres están desobedeciendo la Escritura por no seguir la regla de oro: "Si los hombres no quieren tener restricciones para ser ancianos o ministros o educadores de grupos mixtos simplemente porque son hombres, mejor deberían examinar si su interpretación de pasajes que se utilizan para restringir a las mujeres les ponen en contradicción con el mandamiento de Cristo a tratar a los demás como queremos que nos traten a nosotros".

Sobre la base de una ética fundada meramente en el binomio placer-dolor, esto podría ser un argumento, pero en este debate es del todo irrelevante puesto que nadie (se espera) pretende que algo se haga o deje de hacer sino por el criterio de lo que Dios, el Señor, quiere o no que se haga. ¿Quién no prefiere el placer al dolor tanto para sí mismo como, en buena conciencia, también para los demás? Sin embargo, si Dios quiere que los hombres amen a sus esposas "como a sus propios cuerpos" (Efesios 5:28) y que "la mujer respete a su marido" (Efesios 5:33) el amor fluirá, entonces, más en una dirección y el respeto en la otra, y no al contrario. La regla de oro no puede llevarnos a mezclar las cosas. El argumento de Mickelsen es un tanto frívolo.

En otro lugar de su ensayo, Gálatas 3:26-29 y Mateo 20:25-27 (los pasajes donde se dice que "no hay hombre ni mujer" y que en el reino el mayor es el "siervo de todos") se elevan a la categoría de principios que hacen necesario interpretar los textos de Pablo y otros que parecen enseñar una cierta autoridad de los hombres sobre las mujeres en la Iglesia y en el hogar como significando otra cosa. Mickelsen se define con claridad: "¿Por qué ignoramos estas enseñanzas? Porque contradicen una cultura de poder que ha sido absorbida por muchas iglesias".

¿Quién es ahora el que selecciona los textos? Y de nuevo: "El *tipo de liderazgo* [cursivas mías] que Jesús enseñó era el liderazgo de servidumbre y entrega, no un liderazgo de poder y autoridad sobre los demás". Se hace difícil responder a un ataque tan duro en pocas palabras. Por lo que a mí respecta quedarán muchos aspectos sin respuesta. Estoy convencido de que los autores piadosos de tiempos pasados así como los cristianos obedientes de hoy que se esfuerzan en seguir un ideal neostestamentario de liderazgo de la iglesia del tipo que defiende mi ensayo, no lo hacen bajo el influjo de una "cultura de poder". Ni ambicionan "poder y autoridad sobre los demás". Ni tienen tampoco que preguntarse a sí mismos si "nuestras ideas vienen de nuestro Señor...o si son lacras del judaísmo farisaico o de nuestros patrones culturales o del pecaminoso deseo de tener poder sobre los demás". Creemos que hemos recibido la tradición de Pablo (1 Corintios 11:1-2) y de otros autores bíblicos.

Hay mucho más en el ensayo de esta clase de desmerecimiento de los motivos, métodos de exégesis, Hermenéutica y cosas de este tipo. Se dice que seleccionamos "pasajes que nos gustan" e ignoramos "los que parecen enseñar lo contrario". De algunos de sus detractores se dice que ven "en el texto" significados que realmente no están en él, "ideas preconcebidas, de traducciones incorrectas [sus traducciones 'incorrectas' son las versiones estándar]...y de... partir de una proposición preconcebida e interpretar la Biblia a la luz [¿oscuridad?] de ella".

Esto es solo una parte de la lista de errores de los que el ensayo considera culpables a "los tradicionalistas". Todos estos supuestos horribles errores y perversidades que se nos imputan son necesarios para explicar las cosas que nosotros y las 75 generaciones que nos anteceden hemos enseñado y practicado y que, según parece, nos dividen y parcelan.

No puedo decir exactamente cómo ha llegado la autora a hacer suyas las ideas que tiene respecto al liderazgo de los hombres y las mujeres en la Iglesia. Ciertamente no creo que las haya sacado de la Biblia en ninguna de sus versiones clásicas. Lo que sí sé es donde yo encuentro sus inconfundibles ideas respecto a la interpretación de la Biblia y a la ausencia de coherencia del mensaje bíblico basándose en principios gramaticales. Estas no son ideas predominantes en los círculos evangélicos. Sí lo son en una clase bastante especial de literatura que se ha dado en llamar teología bíblica y que niega que en la Biblia exista base para un sistema coherente de Teología o de Ética.

Según la Sra. Mickelsen, los elementos inferiores han de suprimirse en favor de los más elevados, los más tempranos por los que son posteriores. Dentro de la Biblia todo tiene un desarrollo progresivo y ha tenido un proceso parecido en la Iglesia desde que ésta comenzara. Este enfoque no es del todo erróneo y ha producido algunos resultados positivos, sin embargo, ha conducido también a un extenso rechazo de la idea de sistema en la Teología y de coherencia en la ética bíblica. La alternativa propuesta es la "teología bíblica" en el mismo sentido especial que acabo de mencionar. Esta ha conducido también a un desarrollo en materia de Ética que no puede por más que inclinarse a la sustitución de las antiguas normas por las más recientes.

Por último, quiero citar a un escritor metodista altamente respetado en teología pastoral, Thomas C. Oden: "Esta avidez por adaptarse a la modernidad es una clave fundamental para explicar la pérdida de claridad respecto a la naturaleza del ministerio cristiano en nuestros tiempos".[1] El mismo autor prosigue diciendo que nuestras ideas acerca del ministerio pastoral deben evitar por todos los medios lo que él llama "creatividad" o innovación. Oden expone lo que describe como una "tradición central consensuada"[2] que se nutre conscientemente de cuatro fuentes: (1) *la Biblia* ("La teología pastoral vive de la Escritura.... La Escritura examina nuestros presupuestos.... Los pone a prueba") (2) *la tradición* ("en último lugar.... la historia de la exégesis") "la razón como criterio" y *(4) la experiencia.*[3]

Oden aplica estas fuentes y entiende, creo que correctamente, que existe (contrariamente a lo que dice el ensayo del Dr. Liefeld) un oficio distintivo del ministerio cristiano según entienden casi todas las denominaciones cristianas. Él sostiene (como he expuesto en otra publicación) que "en la tradición pastoral más temprana" hubo un intento de "desarrollar algo parecido a una primitiva educación teológica". Cita 2 Timoteo 2:2: "Y lo que has oído de mí en presencia de muchos testigos, eso encarga a hombres fieles que sean idóneos para enseñar también a otros".[4] Esto es exactamente lo que he sostenido en mis conferencias y artículos durante treinta años.

En mi lectura de los Padres de la iglesia primitiva observo que no había nada que preocupara más a los líderes de aquel tiempo que la ordenada transferencia de liderazgo pastoral (presbíteros, supervisores), a través de las vicisitudes de los cambios sociales y a lo largo de las diferentes generaciones. No encuentro ninguna evidencia de que jamás haya habido una ausencia de supervisión pastoral oficial. Considero que la presencia de esta supervisión es más fuerte entre los más antiguos de los Padres Apostólicos

---

1 Thomas C. Oden, *Pastoral Theology* (San Francisco: Harper & Row, 1983), p. 3.
2 Ibíd, p. 7.
3 Ibíd., pp. 11-12.
4 Ibíd., pp. 32-33.

como queda patente en la lectura más superficial de la *Epístola a los Corintios* de Clemente de Roma.

Por lo que respecta a la participación de la mujer en el oficio pastoral, considero que Thomas C. Oden la defiende mejor que cualquier otro autor que haya leído. Este autor adopta un punto de vista calmado, imparcial y objetivo. No estoy de acuerdo con él, pero si alguien quiere introducir a las mujeres en el ministerio pastoral, el capítulo 4 de Oden, "Mujeres en el Oficio Pastoral", es mucho más convincente, considero, que la quejumbrosa defensa que el tema recibe en este ensayo.

Respuesta de una postura en pro del liderazgo masculino
Susan T. Foh

Mickelsen comienza señalando que un aspecto importante de la interpretación de la Biblia es el reconocimiento de las propias tendencias: una observación muy correcta, pero que normalmente se aplica a todos los intérpretes excepto a uno mismo. Hemos de recordar que todos los intérpretes piensan que están siendo honestos con el texto bíblico y que todos, incluida Mickelsen, tienen sus tendencias personales que reconocer y tener en cuenta. Algunas tendencias personales están más cerca de la verdad que otras, y la única manera de revisarlas es volviendo a los textos y a la pregunta acerca del modo en que deben interpretarse.

Mickelsen incluye la historia y experiencias de las mujeres en la Iglesia; la actividad de la mujer en la Iglesia y su influencia en ella a lo largo de la Historia son significativas e indisputables. Sin embargo, la experiencia no puede determinar el significado de las Escrituras, como Mickelsen reconoce. Aun si consideramos las experiencias de las mujeres en la Historia, dentro de la ortodoxia, hay muy poco para apoyar que las mujeres ejerzan como ancianos (quienes enseñan autorizadamente y ejercen la disciplina de la Iglesia) sino hasta épocas recientes. Este hecho no rebaja la importancia de las mujeres para la Iglesia, ni tampoco las convierte en ciudadanos de segunda en el Reino.

Mickelsen distingue entre normas más elevadas y aquellas proyectadas únicamente para un tiempo y lugar determinados. A pesar de las dificultades que entraña exponer las razones específicas para no guardar la ley ceremonial del Antiguo Testamento (Levítico 19:19) y para entender las razones por las que el Concilio de Jerusalén de Hechos 15 eligió aquellos puntos en concreto para la observancia de los gentiles (por cierto, comerse un bistec poco hecho no significa comer sangre), sigue siendo cierto que el contexto mismo del pasaje es el que determina su aplicabilidad. Por ejemplo, 1 Corintios 14:33-35 indica el ámbito de su aplicabilidad: en todas las congregaciones de los santos.

Por otro lado (una consideración del contexto cultural) la existencia de *hetaerae*, que podían haber vestido ropas caras y provocativas y podían estar acostumbradas a enseñar a los hombres, no limita automáticamente la aplicabilidad de 1 Timoteo 2:9-15 al primer siglo y a la ciudad de Éfeso. Únicamente nos aporta luz respecto a las razones por las que Pablo pudiera haber escrito aquellos mandamientos específicos en aquel momento en concreto. (Si era culturalmente aceptable que las *hetaerae* enseñaran a los hombres, ¿cómo se puede argüir que Pablo estaba haciendo concesiones a una cultura que no podía tolerar que las mujeres enseñaran a los hombres, como sugiere Liefeld? Parece un verdadero problema saber exactamente cuál era el contexto cultural).

Si se usa la regla de oro para justificar que las mujeres ejerzan el oficio de ancianos, se podría utilizar también para justificar cualquier cosa que el intérprete decida ser buena, como por ejemplo la homosexualidad o la disolución del matrimonio. Sin duda, el amor es el cumplimiento de la ley, sin embargo nosotros, en tanto que pecadores finitos, necesitamos que se nos explique con detalle cómo hemos de vivir; aparte de la Palabra de Dios no podemos saber lo que es mejor.

Personalmente, opino que apelar a las normas más elevadas equivale en esencia a erradicar las culturas de la Biblia. Mickelsen dice: " debemos preguntarnos si nuestras ideas vienen de nuestro Señor y sus frecuentemente difíciles enseñanzas o si son lacras del judaísmo farisaico". Puesto que la Biblia entera es inspirada por Dios, toda ella, incluso la ley ceremonial del Antiguo Testamento, nos es provechosa; no existe contradicción o discordancia entre una norma más elevada y el resto de la Biblia.

La cuestión que plantea Mickelsen en relación con la disposición a servir de los líderes de la Iglesia y el pecado de ambicionar poder es algo que ha de subrayarse.

En su discusión de Génesis 1-2, donde la autora minimiza la importancia del orden de la Creación, Mickelsen descuida el hecho de que Pablo sí considera como algo significativo que Adán fuese creado primero.

Puede que no haya nada en la enseñanza o la vida de Jesús que indique expresamente una diferencia de función entre hombres y mujeres, pero tampoco hay nada que indique que las mujeres tuvieran posiciones de liderazgo o enseñaran en público. El modo en que Jesús trató a las mujeres subraya la igualdad de nuestro ser, nuestro valor esencial para Dios en tanto que personas, sin embargo, no contraviene en absoluto los mandamientos de Pablo en 1 Timoteo 2:11-12 o 1 Corintios 14:34-35.

Sugerir que en Romanos 16:2 el uso del término *prostatis* implica que Febe era una "anciano" es atribuir a esta palabra una excesiva carga semántica. ¿Podría Febe haber sido una anciano con autoridad sobre Pablo?

La discusión de Mickelsen acerca del significado de *kephale* ("cabeza") es detallada, sin embargo, adolece de errores fundamentales que se ponen de relieve en la obra *Does Kephale (Head) Mean 'Source' or 'Authority over' in Greek Literature?* (¿Significa kephale (cabeza) "fuente" o "autoridad sobre" en la literatura griega?), un estudio de Wayne Grudem de 2.336 ejemplos publicado como apéndice en la obra de George W. Knight III *The Role Relationship of Men and Women* (La relación de los roles de los hombres y las mujeres; Grand Rapids: Baker, 1985). Grudem señala que la única evidencia para entender *kephale* como "fuente" son dos referencias en el Liddell-Scott, un léxico de griego clásico y no específicamente de griego del Nuevo Testamento (el léxico fundamental del griego del Nuevo Testamento es el de Bauer). Éstos son Herodoto 4.91 y *Fragmentos Órficos* 21ª. Liddell-Scott los clasifica bajo la categoría general "De cosas, extremo". *Kephale* significa fuente (de un río) en Herodoto 4:91 (siglo quinto AC.), pero está en *plural*. En singular *kephale* significa "boca" (de un río) en Calímaco *Aetia* 2,46. Grudem dice:

> Quienes citan a Herodoto o los ejemplos del estilo de "cabeza de un río" para mostrar que *kephale* podría haber significado "fuente" en tiempos del Nuevo Testamento no han sido suficientemente cuidadosos en su uso de Herodoto o de Liddell-Scott. En primer lugar, es impropio tomar un significado de una categoría que es específicamente para "cosas" y aplicarlo a personas. En segundo lugar, cuando Liddell-Scott especifica que el plural se refiere a la "fuente" de un río mientras que el singular lo hace a su "boca", es impropio usar el significado que se aplica únicamente al *plural* (fuente) en relación con ejemplos del Nuevo Testamento, los cuales están todos en *singular* (p. 58).

En *Fragmentos Órficos* 21a (que no puede fecharse más tarde del siglo quinto aC.) el sentido de *kephale* es más cercano a "comienzo" o "primero" (Knight p. 60). Grudem concluye que no hay ningún texto claro en toda la literatura griega para apoyar el significado de "fuente" para el término *kephale*.

Tampoco existe ningún apoyo en la Septuaginta para traducir *kephale* como "fuente". La palabra hebrea *rosh* (cabeza) puede traducirse como *arche* o *kephale* cuando se refiere a "gobernante" o "jefe" (pero se traduce más a menudo como *archon* o *archegos,* que son palabras más corrientes para gobernante). Observemos también que *kephale* podía significar "gobernante" en griego, o los traductores de la Septuaginta no la hubieran utilizado en absoluto. Mickelsen menoscaba esta evidencia. *Kephale* traduce a *rosh* en Jueces 10:18; 11:8, 9, 11; 2 Samuel 22:44; 1 Reyes 8:1; Salmo 18:43; Isaías 7:8, 9; 9:14-16.

Para ver si *kephale* podría tener el significado de "autoridad sobre" Grudem analizó 2336 ejemplos del siglo octavo AC. (Homero) hasta el siglo primero dC. (Filón, Josefo y los Padres Apostólicos) y hasta el siglo cuarto dC. (Libanius). La mayoría (el 87%) se refieren a una cabeza física. En el 2,1% (49 casos), *kephale* se refiere a una "persona de autoridad o rango superior", o "gobernante", "parte gobernante". (Knight, p. 87). De los usos metafóricos el porcentaje es del 16,2%. En este estudio, el término *kephale* no fue nunca utilizado en el sentido de "fuente".

En el Nuevo Testamento, existen dos pasajes donde claramente se utiliza *kephale* en el sentido de "autoridad sobre": Efesios 1:22 y Efesios 5:22-23.

Al definir *profecía,* Mickelsen más parece hablar de sus efectos que de su naturaleza. 1 Corintios 14 no define la *profecía* en sí; examina más bien sus efectos en comparación con los efectos de hablar en lenguas. El profeta se distingue del maestro en 1 Corintios 12:28 y de los evangelistas y pastores-maestros en Efesios 4:11. El profeta expresa las palabras mismas de Dios, no sus propios pensamientos o formulaciones (2 Pedro 1:20-21; Zacarías. 7:12; Efesios 3:5; Deuteronomio 18:18), lo que hace el profeta es distinto de lo que hace un maestro o un predicador de nuestros días.

En relación con el "literalismo selectivo" en 1 Timoteo 2:8-15, Mickelsen exagera el asunto. Pablo no prohíbe el cabello trenzado con oro (las dos cosas van juntas), las perlas o los vestidos caros; lo que dice es que las mujeres cristianas han de considerar que sus verdaderos adornos son cualidades como la reverencia, la sobriedad (o sano juicio) y las buenas obras. Es una cuestión de enfoque (1 Pedro 3:3-4). También considero que, en el versículo 12, Pablo prohíbe únicamente un rol, el que implica enseñar y gobernar: el oficio de anciano. Este punto de vista permitiría la participación de la mujer en la escuela dominical (a no ser que la enseñanza se definiera como enseñanza con autoridad y fuera impartida solo por los ancianos) y reuniones de iglesia. Mickelsen hace una acertada aportación al relacionar 1 Timoteo 2:15 con las enseñanzas del gnosticismo. Sin embargo, la presencia de enseñanzas gnósticas en Éfeso no es suficiente para introducir la idea de falsas doctrinas en 1 Timoteo 2:8-15. Las falsas doctrinas no se mencionan en este texto. En el versículo 12 "mujeres" no se complementa con ningún calificativo. Todas las mujeres han de aprender (v.11); ninguna mujer (no solo las falsas maestras) puede enseñar o ejercer autoridad sobre los hombres (v. 12).

En relación con *authentein*, el estudio de George Knight, al que me he referido, indica que el significado de *authentein* es "ejercer autoridad sobre". La palabra en sí no tiene connotaciones negativas.

Si la conjunción *gar* (v. 13) se usa en sentido ilustrativo, tengo entonces varias preguntas. ¿Cómo encaja la creación anterior de Adán como ilustración? ¿Cómo habría que traducir los versículos 13-14? ¿Ilustraría el hecho de que Adán no fue engañado, pero que los hombres de Éfeso sí lo estaban siendo (comparar 1 Timoteo 1:3-4, 6, 19-20; 4:1-2)? Además, no he podido encontrar este sentido de la conjunción en las listas de Bauer o de Liddell-Scott.

Las mujeres gozan de libertad para servir a Cristo, como la gozan también los hombres, en la forma prescrita para ellas en la Palabra de Dios.

Respuesta de una postura en pro del ministerio plural
Walter Liefeld

Este ensayo representa una defensa positiva y bien argumentada de un ministerio ilimitado para las mujeres. El aspecto positivo está claro desde el principio en los ejemplos que cita Mickelsen de mujeres en papeles de liderazgo en la Iglesia. El ejemplo de la "señora escogida" de 2 Juan es convincente y a menudo no se tiene en consideración, el de Priscila se minimiza con frecuencia. Tecla es sin duda conocida en la iglesia primitiva, pero la historicidad de la obra apócrifa acerca de ella es de dudosa autenticidad. Mickelsen procede a presentar algunos de los muchos ejemplos de mujeres en la historia de la Iglesia. Al hacer esto se acerca a la metodología de Culver de citar la tradición como prueba. No obstante, tras haber trabajado recientemente en una historia de las mujeres de la Iglesia, estoy profundamente impresionado con "la historia jamás contada" de mujeres que no solo sirvieron en el ministerio cristiano y en las misiones, sino que también ejercieron un liderazgo en estos ámbitos. Mickelsen señala que la experiencia no es en sí misma una prueba. Puede, sin embargo, estimular a la persona juiciosa a cuestionar interpretaciones aparentemente obvias de la Escritura que limitan a las mujeres. Al igual que Foh, Mickelsen trata la cuestión de la Hermenéutica. No es de extrañar que subrayen principios contrarios. El primer principio citado comprende en realidad varios subconjuntos. La referencia al entendimiento de los lectores en la situación original es importante, aunque (ya que los lectores podían malentender lo que se les escribía) esto debe considerarse, como observa Mickelsen, junto con el claro desarrollo de pensamiento del pasaje mismo. La distinción entre normas y reglamentaciones es también importante. Quizá podría citarse un ejemplo mejor que el decreto apostólico de Hechos 15 puesto que éste se relata en tercera persona y no se presenta como una directriz dirigida al lector de la Escritura.

La insistencia en "normas más elevadas" es importante. El ejemplo citado, la relevancia de Pentecostés para las mujeres, es algo que los tradicionalistas parecen pasar por alto constantemente. En mi opinión, el tratamiento que se hace en este ensayo de la Creación y la Caída es más satisfactorio que en el de Foh, si bien ambos se ocupan de los detalles exegéticos. No obstante, cuando Mickelsen se opone al argumento del "orden de la Creación", comete el error de no tratar el aparente uso que hace Pablo de este argumento en 1 Timoteo 2.

La exageración es un peligro en esta clase de discusión, peligro del que Mickelsen no escapa cuando dice que las mujeres formaban parte del "círculo íntimo" de discípulos de Jesús. Ha de subrayarse el hecho de que Jesús animara a las mujeres a ser sus discípulas, y es verdad que María "se sentó a los pies del Señor" asumiendo la postura de un discípulo y "escuchaba su palabra" (Lucas 10:39). Y, aunque generalmente, los rabinos judíos no tenían discípulas, se reconoce normalmente que había mujeres que seguían a Jesús. Sin embargo, decir que formaban parte del "círculo íntimo" requiere pruebas de que éstas se movían en un ámbito más cercano a Jesús en comparación con otros. ¿Estaban tan cerca como Pedro, Jacobo y Juan, el verdadero "círculo íntimo", o incluso tan cerca como los doce? Es más riguroso observar que las mujeres fueron las primeras testigos de la Resurrección y también que Pablo las menciona en su lista de testigos confiables. Es también riguroso señalar que todas las iglesias reunidas en casas que se mencionan en el libro de los Hechos se reunían "en casa de una mujer". Al parecer, los tradicionalistas no acaban de aceptarlo. La valoración que Mickelsen hace de Febe corrige el modo en que los tradicionalistas le restan importancia, sin embargo, carga demasiado las tintas al decir que el texto "implica que (Febe) era ... una dirigente". He estudiado cuidadosamente la evidencia y he de decir que aunque tal conclusión no sería incompatible con la palabra *prostatis*, tampoco puede decirse que este término la implique. Puede que Mickelsen no esté al corriente de la evidencia más reciente aportada por unos papiros donde *prostatis* se usa en referencia con una viuda a cargo de la herencia de su hijo. El resto de la evidencia de Romanos 16 recibe un tratamiento correcto y un énfasis necesario.

Un argumento que se plantea en conexión con el tema de los dones espirituales es que "las restricciones contra las mujeres comenzaron en el siglo segundo". He analizado rigurosamente la evidencia histórica para ver si existe un patrón de libertad de la mujer seguido de restricciones. Aunque puede discutirse que se trate de un patrón sistemático, sí es una pauta que se repite a menudo. En especial en la reciente historia de la Iglesia, algunas mujeres han comenzado movimientos o misiones tan solo para ser relegadas por hombres cuando la obra se desarrolló. Otro aspecto de este asunto es la tendencia a atribuir a hombres obras que, de hecho, fueron comenzadas o impulsadas por mujeres. En el ensayo de Foh, por ejemplo, hay una referencia a Robert Raikes como fundador de las escuelas dominicales, sin tener en cuenta a las mujeres que enseñaban y eran criticadas por ello.

La sección acerca de la palabra griega que se traduce como "cabeza", *kephale*, es completa, pero tiene sus debilidades. Algo que quizá demuestra el esfuerzo invertido para demostrar su argumento es la referencia a "un pequeño léxico griego utilizado por muchos pastores" que incluye el significado de "rango superior". Este "pequeño" volumen de referencia léxica fundamental sobre el vocabulario del Nuevo Testamento y obras relacionadas escrito por el erudito alemán Walter Bauer y editado por W. F. Arndt, F. W. Gingrich y F. W. Danker, lo usan los eruditos de todo el mundo. Por supuesto, es "pequeño" en comparación con el Liddell y Scott, que cubre la materia más extensa de la literatura clásica griega, sin embargo, para los detalles del período del Nuevo Testamento hay que consultar a Bauer antes que a Liddell y Scott. Al margen de que Bauer esté o no en lo cierto, no "ayuda a la causa" quitarle valor a la relevancia de su obra.

En relación con el uso de *kephale*, cabeza, es interesante notar el modo en que Mickelsen utiliza las estadísticas en contraste con el enfoque de Grudem (citado en mi ensayo, nota 4).

Mickelsen dice que "109 de las 180 veces" en que el texto hebreo del Antiguo Testamento utiliza la palabra *rosh* con el sentido de "líder" o "jefe", la Septuaginta utiliza otra palabra griega *(archon)* en lugar de *kephale* para traducirla. Por su parte, Grudem enumera ejemplos de entre los 71 casos restantes para intentar demostrar su argumento. Grudem dice que, en su muestra, en un 2,1% del total de usos o un 16,2% de los usos metafóricos, *kephale* significa una "persona de superior autoridad o rango" o "gobernante", "parte gobernante". Cada autor, por tanto, cita el material de la manera más conveniente para apoyar su posición; sin embargo, el peso de la evidencia parece estar del lado de Mickelsen.

Alguien ha de analizar los datos y los diferentes artículos que se están escribiendo actualmente sobre el tema y presentar una conclusión objetiva y exacta. Mickelsen ha advertido correctamente acerca del peligro que supone asumir automáticamente que la palabra significa "autoridad" o "jefatura" siempre que la encontramos. Esta suposición inconsciente se hace demasiado a menudo, lo cual ha ocasionado conclusiones e inferencias erróneas.

Mickelsen introduce la interpretación de Kroeger de 1 Timoteo 2:12, y especialmente la del problemático verbo *authentein*. Su tratamiento del tema adolece de una debilidad que aparece también en el artículo de Kroeger. Asume que el verbo *authentein* es el complemento de la prohibición de enseñar, como si Pablo estuviera diciendo que (las mujeres) no han de enseñar el mito de que el hombre "procede" de la mujer. Sin embargo, el verbo "enseñar" se usa, de hecho, con carácter absoluto, sin ningún complemento, y *authentein* es un verbo coordinado. No obstante, los datos de Kroeger deberían sopesarse cuidadosamente.

En resumen, Mickelsen pone de relieve algunos hechos respecto a las mujeres en la Escritura y en la Historia que, con frecuencia, se pasan por alto. Aunque parte de la argumentación podría mejorarse, esto no ha de ser causa para que se rechacen indiscriminadamente los importantes argumentos que nos presenta.

EPÍLOGO
Bonnidel Clouse

La comunión de los santos que llamamos la Iglesia ha tenido que hacer frente a dificultades desde su mismo comienzo. Los primeros cristianos se reunían en las casas o de un modo "clandestino" para evitar ser localizados y perseguidos. En ocasiones, cerraban con llave la puerta (Hechos 12:14) y admitían únicamente a aquellos que reconocían como creyentes y compañeros. Huyeron a otros pueblos perseguidos por sus opresores (Hechos 9:1-2) y allí extendieron el Evangelio de Jesucristo. Tan grande era el amor de unos hacia otros que vendían sus posesiones, para poder ayudar a los menos favorecidos y tenían todas las cosas en común (Hechos 2:45).

Al crecer en número por las enseñanzas de Pedro y los demás discípulos (Hechos 2:47), crecieron también los problemas. Ananías y Safira mintieron (Hechos 5:1-3), hubo murmuración acerca del cuidado de las viudas (Hechos 6:1), se produjo el martirio de Esteban (Hechos 7) y una controversia en relación con el lugar de los gentiles en los planes de Dios (He-chos 10). Esta última preocupación, la aceptación de los gentiles como creyentes y compañeros, resultó especialmente difícil para los apóstoles. El ejemplo de Jesús al hablar con la mujer samaritana como lo hubiera hecho con un hombre judío parece que no tuvo tanto impacto sobre los discípulos como las costumbres de la época: los hombres no hablaban públicamente con las mujeres, ni los judíos con los samaritanos (Juan 4:9). Fue necesaria la visión de Pedro de los animales inmundos (Hechos 10) y la conversión del eunuco etíope (Hechos 8) y de Cornelio (Hechos 10) para que se entendiera que el Evangelio había de predicarse a todas las gentes. El declarado propósito de la conversión de Saulo fue el de llevar el nombre de Jesús ante los gentiles (Hechos 9:15) y, de este modo, se preparó el camino para los viajes misioneros de Pablo, Silas y Bernabé.

El establecimiento de congregaciones en Antioquía, Éfeso, Galacia, Corinto y Tesalónica produjo una gran alegría; sin embargo, junto con la alegría llegaron también ciertas dificultades con las que la Iglesia no se había encontrado antes. Sin duda, algunos de los problemas tenían algo en común: eran secuelas de las costumbres judías. Algunos de los temas que se debatieron largamente fueron: la circuncisión (Romanos 4); lo relativo a restricciones de alimentos (1 Corintios 8), la honra que los siervos debían a sus amos (1 Timoteo 6) y la cuestión de si los cristianos judíos tenían o no alguna ventaja sobre sus hermanos gentiles (Romanos 3). Sin embargo, muchos de los problemas parecían tener su origen en la influencia de las culturas no judías sobre los grupos de creyentes recientemente constituidos y, como todas las instituciones sagradas o seculares, la Iglesia se vio afectada por las costumbres y convenciones de su época. Determinar las prácticas que eran aceptables a Dios y las que no lo eran se convirtió en una cuestión importante.

Era de esperar que se produjeran algunos cambios en relación con la ley del Antiguo Testamento. ¿No había escrito Pablo que los creyentes son salvos por la Gracia, no por obras (Efesios 2:8-9) y que la justificación viene por la fe sin las obras de la ley (Romanos 3:28)? ¿No era la ley únicamente un tutor para llevarnos a Cristo con el fin de que, tras comprometernos con la fe ya no estuviéramos bajo tal tutor (Gálatas 3:24-25)? ¿Y no había dicho Pablo que él se había hecho todo "a todos" con el fin de salvar a algunos (1 Corintios 9:22)? Sin embargo, indudablemente esto no significaba que Pablo o los miembros de las congregaciones recientemente constituidas pudieran hacer lo que quisieran. Algunas formas de conducta son deseables para quienes llevan el nombre de Cristo; otras no pueden tolerarse. Tanto en el hogar como en la comunidad o la Iglesia, los cristianos han de vivir de modo que agrade a Dios.

Surgieron, por tanto, preguntas y se dieron respuestas acerca de cuestiones como la relación entre marido y mujer (Efesios 5:22-25), padres e hijos (Efesios 6:1-4), jóvenes y ancianos (1 Timoteo 5:1-2), amos y esclavos (Efesios 6:5-9; Filemón), y sobre cuestiones relacionadas con el modo en que deberían tratarse los desacuerdos dentro de la Iglesia (1 Corintios 6:7). Pablo escribió acerca de la práctica de hablar en lenguas (1 Corintios 14), los requisitos de los obispos (1 Timoteo 3:1-6) y los diáconos (1 Timoteo 3:7-13) y respecto a cómo han de vestirse los hombres y las mujeres cuando se reúnen para la adoración y la oración (1 Corintios 11). Había que discernir las enseñanzas a seguir (1 Corintios 1:12; 2:4-8), cuál era la manera correcta de participar de la Cena del Señor (1 Corintios 11) y cuándo era permisible el divorcio, la separación y el nuevo matrimonio (1 Corintios 7).

Estaban también las cuestiones sobre si algunas capacidades o "dones" son más valiosos que otros y si algunos miembros de la Iglesia son más importantes que los demás en función de sus capacidades (Romanos 12:3; 1 Corintios 12). Se trató asimismo el asunto de la conducta sexual condenándose enérgicamente la homosexualidad (Romanos 1:27) y el incesto (1 Corintios 5:1). Y, junto con todas estas cosas, estaba también el asunto del papel del hombre y la mujer en la Iglesia. Tanto las mujeres como los hombres tenían su relevancia en la iglesia primitiva, de modo que era importante saber cuáles deberían ser sus respectivas posiciones y responsabilidades. Pablo trató este tema de igual modo que lo hizo con muchos otros.

Cuestiones actuales

Han pasado diecinueve siglos desde los días de los apóstoles. Hoy algunas de las preocupaciones de la iglesia primitiva no nos parecen relevantes para nosotros. Las restricciones de alimentos basadas en si la comida en cuestión ha sido ofrecida a los ídolos no forma parte de nuestra vida diaria. Tampoco somos propietarios de esclavos ni lo deseamos, y "el ósculo santo" (1 Tesalonicenses 5:26) ha sido sustituido por un apretón de manos. Tampoco se debate la cuestión de si los cristianos judíos tienen un estatus superior ante Dios que los cristianos de otros trasfondos.

Otros problemas que afectaron a la iglesia primitiva son importantes para algunas congregaciones, pero no para otras. Algunas denominaciones sienten hoy una gran convicción respecto a seguir rigurosamente los requisitos para los obispos y diáconos tal como los presenta el apóstol Pablo; otras no. Algunos resuelven cualquier desacuerdo entre hermanos en el marco de la Iglesia; otros creen que, teniendo en cuenta las leyes del país en que viven, han de ir a los tribunales para salvaguardar las propiedades de la Iglesia o resolver otros asuntos, aunque en la parte contraria pueda haber otros creyentes.

Algunas iglesias exigen que todos los feligreses estén de acuerdo con la enseñanza de Pablo acerca del divorcio y el nuevo matrimonio; otros grupos de iglesias entienden que el clima social de nuestra sociedad occidental es tal que tales restricciones eliminan de la comunión cristiana precisamente a las personas que tienen más necesidad de una comunidad donde se exprese amor y entendimiento. Señalan el modo en que Jesús aceptó a la mujer samaritana y a la mujer sorprendida en adulterio como modelos para la expresión de nuestra ayuda y aceptación. Algunas iglesias insisten en que los hombres lleven el pelo corto y las mujeres largo; otras, creen que la longitud del cabello es una cuestión de criterio personal y de ningún modo impide vivir la vida cristiana o adorar a Dios en espíritu y en verdad. Asimismo, algunas denominaciones solo ordenan a hombres para el ministerio cristiano; otras denominaciones ordenan tanto a hombres como a mujeres.

Ninguno de nosotros puede separarse totalmente de su trasfondo. Aun nuestro enfoque de la Biblia, por muy objetivo que queramos que sea, está influenciado por los grupos de los que formamos parte y por nuestra orientación en muchas áreas de la vida, algunas religiosas y otras no. Puede que hayamos adoptado un punto de vista conservador o tradicional de los asuntos sociopolíticos lo cual, a su vez afecta a nuestra interpretación de las cuestiones religiosas; o podemos haber aceptado una postura más liberal o progresista que orienta también nuestro pensamiento sobre temas religiosos. Pero cualquiera que sea la dirección que tomemos o las percepciones que tengamos, las conclusiones a las que llegamos nos parecen siempre tan correctas que nos resulta difícil entender cómo otros pueden ver los mismos hechos de manera tan distinta.

Resulta tentador situarnos por encima de los demás, equiparar nuestra posición con ser más espiritual o con tener un deseo mayor de conocer y hacer la voluntad de Dios que quienes tienen distintas convicciones. Sin embargo, en la Escritura se nos dice que no juzguemos, porque cada uno de nosotros dará cuentas solo a Dios (Romanos 14:3-10). Aparte de los dos principios esenciales de la fe cristiana –a saber, la deidad de Jesucristo y la inspiración de la Escritura– hay espacio para distintas opiniones sobre una serie de temas entre los que está el que se trata específicamente en este volumen acerca de la ordenación de las mujeres para el ministerio cristiano.

Los creyentes que tienden a lo convencional asumen normalmente una interpretación histórica o tradicional de la Escritura, considerando los escritos del apóstol Pablo como guía para la fe y la conducta y siguen "la letra de la ley". Con frecuencia, se oponen a los cambios de la sociedad que traen mayor libertad para el individuo, puesto que entienden que esto es contrario a la naturaleza y al plan predeterminado de Dios. Por ejemplo, si se trata de analizar las diferencias entre los hombres y las mujeres, plantearán el argumento de que, por haber sido creados de un modo diferenciado, el hombre y la mujer tienen distintas naturalezas, propósitos, características de personalidad, deseos e intereses. Desviarse de este orden creado no está en consonancia con la voluntad de Dios y hemos de oponernos a ello (por ello se critica tanto a grupos como National Organization of Women [Organización Nacional de Mujeres] y Planned Parenthood [Paternidad Responsable]). Muchos conservadores religiosos entienden que Pablo hubiera estado firmemente en contra del movimiento para la liberación de la mujer de nuestros días. Algunos incluso tienen al feminismo en su lista de los grandes males de nuestro tiempo.[1]

Por el contrario, los creyentes que tienden hacia lo poco convencional son más propensos a asumir una interpretación igualitaria de la Escritura, considerando la vida de Jesús como ejemplo de conducta piadosa, y siguiendo lo que ellos consideran como tal "el espíritu de la ley". Estos creyentes acogen, a menudo, los cambios de la sociedad que se orientan hacia una mayor autonomía individual como innovaciones que coadyuvan a hacer más real la libertad que tenemos en Cristo. De nuevo, si se examinan las diferencias entre hombres y mujeres se plantea el argumento de que tales diferencias, aparte de las obvias características de sexo primarias y secundarias, son el producto de una cultura que comienza a influir en los niños desde su nacimiento. La consecuencia de ello es que muchas personas, tanto hombres como mujeres, se ven obstaculizadas para alcanzar todo su potencial, incluyendo su potencial para servir a Dios y promover su causa. Lo que se necesita es un entorno social que anime a cada persona a ser todo lo que puede ser y no haga distinciones por razón de sexo. Según aquellos que son más liberales en sus ideas sociopolíticas, Jesús no trató a los hombres y a las mujeres de manera distinta y tampoco deberíamos hacerlo nosotros.[2]

[1] Existen variedades de feminismo; las más importantes son el feminismo liberal que reivindica igualdad de oportunidades educativas y profesionales para las mujeres, el feminismo marxista que cree que las mujeres solo accederán a la igualdad cuando haya una sociedad sin clases, el feminismo radical que opta por la abolición de la institución social del género, y el feminismo social que incorpora ideas del feminismo marxista y del radical abogando tanto por la eliminación de una sociedad clasista como por la institución del género. Los/as feministas liberales, que incluyen tanto a hombres como a mujeres, forman el mayor grupo de feministas y están firmemente a favor de la discusión de la enmienda *Equal Rights* (Iniciativa de Derechos Igualitarios). El uso del término "feminista radical" aplicado a todas las feministas es inapropiado. Para la aplicación de los distintos tipos de feminismo al hogar, la escuela y el puesto de trabajo ver Elaine Storkey, *What's Right with Feminism* (Grand Rapids: Eerdmans, 1985), y Alison Jaggar and Paula Struhl, *Feminist Frameworks* (Nueva York: McGraw-Hill, 1978).

[2] La observación y la investigación apoyan a menudo el punto de vista de que tanto la sociedad como el individuo están mejor si no se restringe a las mujeres a los papeles femeninos tradicionales ni a los varones a los tradicionalmente masculinos. Por ejemplo, si Corazón Aquino hubiera permanecido en su condición de ama de casa, el pueblo de Filipinas se hubiera perdido lo mejor que le ha ocurrido. De igual modo, si dentro de la familia los niños tienen solo a *uno* de los progenitores que les cuida con cariño, también ellos, se perderán lo mejor que hubieran podido tener. Los hombres y las mujeres han de cultivar aquellos rasgos, aunque sean estereotipadamente masculinos o femeninos, que amplían la gama de conductas abiertas a ellos, permitiéndoles funcionar de manera efectiva en una gran variedad de situaciones. En un estudio dirigido por Sandra Bem ("Androgyny Vs. the Tight Little Lives of Fluffy Women and Chesty Men"; *Psychology Today*, Sept 1975,

Tanto el cristiano que asume una posición tradicionalista como el que opta por una posición igualitaria saben que "Toda Escritura es inspirada por Dios y útil para enseñar, para reprender, para corregir, para instruir en justicia" (2 Timoteo 3:16). Ningún pasaje debería ser ignorado. Sin embargo, esto plantea un dilema, cuando se citan distintos pasajes (dependiendo de la orientación del que habla o escribe) y los pasajes parecen no concordar. ¿Qué ha de hacer el oyente o el lector cuando existen aparentes contradicciones entre uno y otro texto de la Escritura?

Dada nuestra manera occidental de pensar, que se basa en la lógica aristotélica, las contradicciones o las paradojas nos hacen sentir decididamente incómodos. Si hubiéramos sido educados en el pensamiento oriental, tendríamos menos dificultades. Sin embargo este no es el caso, de modo que, en lugar de aceptar *toda* la Escritura (por ejemplo, la predestinación y el libre albedrío, Dios como un Dios misericordioso *y* justo, "Porque por Gracia habéis sido salvados por medio de la fe, no por obras", *y* "la fe sin obras es muerta") tendemos a centrarnos en una u otra de las verdades dentro de cada paradoja.

Lo mismo sucede cuando hacemos hincapié en 1 Corintios 11:2-16, que distingue entre los sexos respecto a su aspecto y actividad, o cuando subrayamos Gálatas 3:28, que declara: "No hay hombre ni mujer... en Cristo Jesús". Ambos pasajes forman parte de las Sagradas Escrituras y ambos son válidos, sin embargo, nos es difícil aceptarlos como igualmente importantes. Nos parece que hemos de elegir qué texto hay que subrayar y a cuál hemos de darle una

pp. 59-62) los hombres del tipo "machista" no solo se sentían incómodos con un gatito o un bebé pequeño en brazos y las mujeres del tipo "peluche" no solo experimentaron impotencia cuando se les pidió que engrasaran una bisagra o clavaran algunos clavos en una tabla, sino que *ambos* tenían la autoestima por debajo de otros individuos con características de la personalidad típicas tanto de hombres como de mujeres. Inge Broverman y otros cuatro autores ("Sex Role Stereotypes; A Current Appraisal", *Journal of Social Psychology* 28, no. 2 [1972]:59-78) pidieron a algunos profesionales de la salud mental, tanto hombres como mujeres, que verificaran las características de personalidad de la "persona adulta madura, saludable y socialmente competente". Estos médicos clínicos habían comprobado previamente las características de personalidad del "hombre adulto maduro saludable y socialmente competente" y de "la mujer adulta madura, saludable y socialmente competente". Curiosamente, las características de la persona adulta saludable se acercaban más a las características atribuidas a los hombres que a las atribuidas a las mujeres. Esto coloca a las mujeres en un doble aprieto. Si poseen las características de la persona madura, saludable y socialmente competente, se las acusa de ser masculinas. Y si no las poseen, no se las considera psicológicamente saludables. Para una investigación adicional, ver Richard Kahoe, "The Psychology and Theology of Sexism" en *Journal of Psychology and Theology 2* (Otoño de 1974): 284-90. Tomando a estudiantes universitarios como base para su estudio, Kahoe observó que "el sexismo básico se asociaba en general con variables inadaptables de la personalidad" (p. 284).

consideración menor. Liefeld, en su ensayo, se refiere a esto como el "andamiaje teológico" en el cual un pasaje crucial "tiende, o bien a ser citado como el eje interpretativo de todos los demás textos o, por otro lado, a ser minimizado por lo que hace a sus implicaciones".

Cuatro andamiajes

Cada uno de los cuatro colaboradores de este volumen ha tenido que lidiar con esta cuestión, y cada uno de ellos se ha esforzado en crear un "andamiaje" que se acerque a lo que cree que enseña la Palabra de Dios en relación con el papel de la mujer en la Iglesia. Robert Culver subraya la tradición "ordenada por la Escritura y las regulaciones apostólicas" que, según cree, tiene preferencia sobre "las excepciones a una regla general", tales como "la avidez de algunas [iglesias] en nuestros días por abrir la puerta del 'clero' a las mujeres".

Susan Foh declara que "si no hay nada en el texto que indique que un mandamiento se limita a un caso o circunstancia especial, no podemos atrevernos a limitar su aplicación... El Nuevo Testamento no ofrece ningún ejemplo de mujeres que fueran apóstoles, evangelistas o ancianos. Tampoco existe ningún ejemplo de mujeres que enseñaran en público... Cuanto más se ajuste la Iglesia a la idea bíblica, más fácil será aplicar la Escritura y ver lo que las mujeres pueden hacer en ella".

Walter Liefeld distingue entre "los principios del Antiguo Testamento y las enseñanzas de Pablo" que son "universalmente verdaderas para todos los tiempos" y los principios de "aplicación particular" que "pueden sufrir variaciones". El principio que seguía Pablo "a todos me he hecho todo, para que por todos los medios salve a algunos". (1 Corintios 9:22) significaba que, en el mundo pagano del primer siglo, las mujeres tenían que ponerse el velo y guardar silencio. "Hoy es precisamente al revés. A una sociedad que acepta a las mujeres como ejecutivas de grandes empresas y presidentes de las universidades le será difícil escuchar a una iglesia que las silencia".

Alvera Mickelsen hace una distinción entre "las normas o estándares más elevados que se enseñan en la Biblia" y las "muchas normas para las personas 'en un determinado contexto'". Un modelo como por ejemplo, la regla de oro, "Por eso, todo cuanto queráis que os hagan los hombres, así también haced vosotros con ellos porque esto es la ley y los profetas" (Mateo 7:12), combinado con "AMARÁS AL SEÑOR TU DIOS CON TODO TU CORAZÓN, Y CON TODA TU ALMA, Y CON TODA TU MENTE" (Mateo 22:37) es normativo para todos los tiempos; mientras que: "la mujer aprenda calladamente, con toda obediencia. Yo no permito que la mujer enseñe ni ejerza autoridad sobre el hombre, sino que permanezca callada" (1 Timoteo 2:11-12) representa una norma para personas en un lugar y situación específicos y no se aplica necesariamente a la Iglesia de hoy. "Los estándares superiores fueron enfatizados por Jesucristo (y en ocasiones por Pablo) y normalmente declarados normas superiores". Las "normas para las personas 'en un determinado contexto'", se establecieron "debido a ciertas situaciones locales o temporales".

Cada uno de los colaboradores proporciona, pues, razones para explicar el modo en que la Biblia debe interpretarse. Todos ellos desean usar "con precisión la palabra de verdad" y hacerla aplicable a nuestras vidas en nuestro tiempo. Más en concreto, cada uno de ellos mira lo que dice la Escritura en relación con el importante asunto del papel de la mujer en la Iglesia. Le toca al lector decidir cuál de estas posiciones es la mejor, teniendo en cuenta que las diferencias de opinión nos estimulan a escudriñar más profundamente la Palabra de Dios y a examinar nuestras propias interpretaciones y creencias. Si ya *sabemos* cuál es el punto de vista correcto, descubriremos que estamos en buena compañía y quizá obtengamos un mayor apoyo para nuestra manera de pensar. Sin embargo, seremos también desafiados por argumentos opuestos que no deberíamos ignorar. Si no estamos seguros de cuál es la mejor posición podemos pedirle sabiduría a Dios, sabiendo que Él responderá con mucho gusto nuestra petición (Santiago 1:5). Estudiar los pasajes importantes de la Escritura sobre asuntos que nos afectan a todos directa o indirectamente debería ser algo prioritario.

De igual modo que los cristianos judíos de la Palestina del primer siglo, cuestionaron algunas prácticas de las recién constituidas iglesias del mundo gentil, y de igual manera que judíos y gentiles sintieron por igual la necesidad de aclarar cuáles de estas prácticas eran agradables a Dios y cuales no, también nosotros como cristianos de hoy, que vivimos en la última parte del siglo XX, cuestionamos con frecuencia las prácticas innovadoras de las iglesias que reflejan los tiempos en que vivimos. También nosotros sentimos la necesidad de determinar cuáles de estas nuevas maneras de hacer las cosas honran a Dios y cuáles no, con el fin de que juntamente con otros creyentes y compañeros podamos adorar a nuestro Señor en espíritu y en verdad.

Hay nuevas versiones de la Biblia, algunas son fieles al texto original y otras se traducen tan libremente que debilitan el mensaje del Evangelio. ¿Cómo podemos determinar qué versión hemos de utilizar? Se plantean nuevas expresiones de adoración, nuevas formas de vestir, nuevos tipos de canciones. ¿Es importante el modo en que oramos o nos vestimos o qué canciones cantamos si nuestros corazones son sinceros y deseamos glorificar a Dios? ¿Podemos adorar al Señor por medio de la danza o representarle en una obra de teatro o servirle en una sesión de terapia de grupo?

¿Cambia algo si vamos a la iglesia en tejanos y nos sentamos en el suelo, nos acicalamos con ropa de alta costura y nos sentamos en bancos acolchados, o si asistimos en ropa de trabajo y nos quedamos en el coche mientras el servicio "drive in" se celebra en el aparcamiento de la iglesia? ¿Es importante si las canciones son los antiguos himnos de la fe, una interpretación de jazz sincopado de tales himnos, o si la música de ellos es *soul* o *rock* cristiano? ¿Es relevante quién dirige a la congregación en oración o en el canto o quién recoge la ofrenda o habla desde el púlpito? ¿Pueden las mujeres participar en alguna de las actividades asignadas tradicionalmente a los hombres o en todas ellas? ¿Pueden los niños servir a Dios en estas cosas?

Muchos de nosotros no hemos asistido nunca a una iglesia pastoreada por una mujer. Sería necesario un cierto tiempo de adaptación antes de poder amoldarnos a ello. Sin embargo, hemos de saber si se trata tan solo de un asunto de "adaptación" –de igual modo que nos hemos acostumbrado a que las mujeres ejerzan de médico, abogado, comentarista de deportes o astronauta– o si, por el contrario, esta cuestión es algo mucho más profundo.

Ojalá que, igual que la mujer samaritana, le preguntáramos directamente a Jesús lo que hemos de hacer (Juan 4). Entonces recibiríamos la respuesta. Ojalá que el apóstol Pablo con una revelación directa escribiera a las iglesias de hoy diciéndonos si esta corriente actual hacia un clero femenino es algo que Dios aprueba o es una señal de la "apostasía" de los últimos tiempos (2 Tesalonicenses 2:3). Entonces sabríamos si la reticencia que sentimos algunos de nosotros hacia estos cambios se basa en una inclinación natural a resistir lo nuevo o si es algo arraigado en una conciencia que discierne y que nos alerta cuando las cosas no son como debieran.

Pero Jesús ya no está con nosotros en carne y Pablo tampoco está aquí para responder a nuestros interrogantes. La Palabra Viva nos ha sido quitada (Hechos 1:9) y la Palabra escrita no puede ser complementada con nueva Revelación (Apocalipsis 22:18); se nos ha dejado para que escudriñemos las Escrituras en un esfuerzo para discernir la voluntad de Dios.

Que los cambios que se producen en la sociedad afectan a la Iglesia, es algo que no puede discutirse. A nosotros nos corresponde aclarar cuáles de las desviaciones de lo tradicional son deseables y cuáles no lo son. En alguna medida todos nosotros nos amoldamos a las costumbres de nuestro tiempo porque nos sentimos más cómodos haciéndolo. Vamos a la iglesia vestidos con trajes y vestidos; en el primer siglo todos los creyentes (tanto hombres como mujeres) vestían túnicas. Nosotros nos movemos en coches u otros vehículos motorizados; ellos iban a pie o montados a caballo. Nosotros llevamos nuestra Biblia; ellos no tenían Biblia, ni sabían leer. Nosotros tenemos escuelas dominicales para nuestros jóvenes. No parece que ellos hicieran nada especial para la enseñanza de los niños. Tras el servicio de la mañana regresamos a casa para comer o vamos a un restaurante; ellos eran más proclives a comer juntos.

No consideramos que estas diferencias entre nosotros y los primeros cristianos caigan dentro de la esfera de lo espiritual o moral. Más bien pensamos que son simplemente diferencias de estilo, una consecuencia natural del paso del tiempo en unas sociedades que no viven aisladas del resto del mundo.

Así pues, cabe preguntarnos: ¿Por qué consideramos que los cambios que se producen a lo largo de varios siglos son correctos, mientras que los que se producen en el corto espacio de unos años no lo son? ¿Dónde hemos de trazar la línea divisoria? Algunas congregaciones que hace treinta años hubieran torcido el gesto ante una mujer que llegara a la iglesia en pantalones de deporte no encuentran ahora nada malo en ello puesto que los pantalones de deporte se han convertido en un elemento habitual del atuendo de las mujeres. Otras congregaciones sostienen que si esto era malo para nuestras abuelas lo es también para nuestras madres y lo será para nuestras hijas en los próximos años. Sin embargo, estas mismas congregaciones no abogan por un retorno a las túnicas que llevaban tanto los hombres como las mujeres durante el siglo primero.

Plantear cuestiones como el atuendo personal o el orden de la reunión de adoración puede parecer algo tangencial a la cuestión de si la mujer puede o no asumir el ministerio pastoral de la Iglesia, sin embargo, en realidad no lo es. Cada uno de los colaboradores de este libro ha definido su propia respuesta acerca del aspecto de la mujer durante el servicio de adoración y lo que esta apariencia significa en relación con el papel de la mujer en la Iglesia.

Robert Culver declara que "los hombres han de ejercer autoridad y asumir el liderazgo en la Iglesia. Las mujeres han de reconocer esta autoridad y apoyarla en todas las esferas de la vida cristiana, lo cual incluye el modo en que se visten y adornan cuando toman parte en la adoración pública".

Susan Foh escribe que "posiblemente las mujeres deberían cubrirse durante la oración colectiva y la lectura de la Escritura, pero sin duda deberían hacerlo cuando oran y leen la Escritura de manera individual". Dice, además, que cuando haya dudas "puede ser mejor que una denominación o iglesia tome una decisión provisional, como por ejemplo una norma para la longitud del cabello o estilos de peinado".

Por tanto, para Culver y Foh, el atuendo de la mujer en la Iglesia ha de expresar el sometimiento de ésta a su marido. Este sometimiento, a su vez, significa que ella no ha de enseñar, ni ejercer autoridad sobre el hombre, sino permanecer en silencio (1 Timoteo 2:12). De lo que se deduce directamente que si la mujer no ha de enseñar ni decir nada durante el servicio, no puede ser el ministro o pastor de la iglesia.

Walter Liefeld y Alvera Mickelsen, por el contrario, sostienen que la estipulación de Pablo acerca del modo en que las mujeres han de vestirse y qué es lo que pueden o no hacer durante la reunión de adoración es algo que se aplica a la situación única que se daba en el tiempo de los escritos de Pablo. Liefeld dice que "en el siglo primero, el pelo suelto de una mujer la definía como una prostituta" y que "no solo la apariencia de la mujer, sino aun el acto mismo de hablar públicamente tenía ciertas implicaciones en la sociedad del primer siglo... En el tiempo de Pablo el que una mujer hablara y enseñara en la iglesia podía constituir un problema moral y ser causa de vituperio para la iglesia y para el Señor". Liefeld declara además que "el principio de Pablo, pues, no era que las mujeres se pusieran velo o estuvieran en silencio, sino más bien que se adaptaran a las normas moralizadoras judías y paganas por causa del Evangelio".

De manera similar, Mickelsen sostiene que "las instrucciones respecto a los estilos de cabello eran necesarios por el elevado índice de homosexualidad... Los homosexuales varones lucían a menudo cabellos largos y muy ornamentados, y las lesbianas llevaban el pelo muy corto, más en la línea del estilo tradicional de los hombres griegos". Mickelsen cree firmemente que en el mundo de hoy "las restricciones del papel de los hombres y las mujeres en la Iglesia, la familia y la sociedad... son el resultado del pecado y/o las influencias culturales". Cree también que los dones espirituales de Dios para las mujeres no son esencialmente distintos de los dones que Dios da a los hombres.

Estos cuatro eruditos –que tienen un deseo de entender la Palabra de Dios y de aplicarla a la iglesia cristiana– nos dan, por tanto, distintas interpretaciones. Cada uno de nuestros colaboradores ha estudiado cuidadosamente la Biblia y tiene una explicación comprensible para la posición que asume. Cada uno de ellos cree que su punto de vista honra a Cristo y es fiel al mensaje del Evangelio. El hecho de que existan diferencias de interpretación muestra que Dios ha decidido no revelar en detalle las respuestas a todas las preguntas que se nos plantean hoy. Lo importante es que Cristo sea honrado. Todos nosotros somos colaboradores de Dios (1 Corintios 3:9). La iglesia corintia estaba dividida entre los seguidores de Pablo, de Apolos y de Cefas (1 Corintios 3:22). No caigamos nosotros en la misma trampa. Cabe esperar que haya diferencias de opinión y en ocasiones estas nos ayudan a crecer en la fe, pero nunca han de impedir que reconozcamos nuestra unidad en Cristo. Somos uno con Cristo de igual modo que Cristo es uno con Dios (v. 23).

Lo que está sucediendo hoy en las iglesias

Al margen de cuáles puedan ser nuestros sentimientos personales en relación con que las mujeres sean ordenadas al ministerio, las estadísticas muestran que un número cada vez mayor de mujeres se está convirtiendo en pastoras de iglesias. Esto está sucediendo en casi todas las denominaciones protestantes. Las mujeres no están ya dispuestas a confinar sus talentos a la guardería de la iglesia, al coro, o a lavar los vasitos de la comunión. Reconociendo de entrada la importancia de estas tareas, y que *alguien* ha de hacerlas, cada vez más mujeres entienden que tienen las mismas capacidades que los hombres y que tales capacidades no han de esconderse bajo un almud. En el pasado, si una mujer mostraba capacidades de liderazgo y oratoria, podía enseñar a los niños pequeños o a otras mujeres, o irse al campo misionero y enseñar a hombres, mujeres, jóvenes y adultos. Sin embargo, no podía predicar desde el púlpito en su iglesia de origen, especialmente cuando había hombres. Si esporádicamente se le daba un permiso especial –normalmente por parte de un consejo formado exclusivamente por varones-, sus palabras serían calificadas de "charla" o "relato" pero nunca de "sermón" o "mensaje de la Palabra de Dios".

Sin embargo, a medida que la sociedad cambia sus ideas acerca del papel de los hombres y las mujeres, se le está pidiendo a la Iglesia que revise sus procedimientos y prácticas en este asunto. Como ya se ha mencionado, la Iglesia, igual que las demás instituciones, se ve afectada por las costumbres y convenciones de su época. En los Estados Unidos, con más de la mitad de las mujeres en el mercado laboral y muchos hogares con mujeres al frente, todo el concepto de los papeles de la mujer y el hombre está cambiando. La imagen idílica de la familia nuclear –el padre que sale al trabajo, la madre que se ocupa de la casa, y dos o más niños– puede seguir en la mente de la gente pero representa menos del seis por ciento[3] de los hogares de los Estados Unidos.

---

3 Joseph Giovannini, "Nuclear family brings changes in housing" (New York Times News Service, Nov. 18, 1984) como se publica en *Terre Haute Tribune Star*, Sec. D, p. 10.

Epílogo

Con razón o sin ella, el movimiento feminista y las necesidades económicas han ido situando a mujeres en casi todos los trabajos que tradicionalmente han venido siendo desarrollados por los hombres. Lo extraño no es que las mujeres estén entrando en el ministerio en números crecientes, sino que no lo hayan hecho al ritmo con que han entrado en otras profesiones como, por ejemplo, la Medicina, el Derecho y la Ingeniería. Esto muestra claramente que la Iglesia, por lo general, es más tradicional que otras organizaciones. También refleja el hecho de que la Iglesia no puede ser obligada por la ley, como lo son las instituciones federales y del Estado, para que practique una política de igualdad de oportunidades en materia de empleo. La separación entre la Iglesia y el Estado sigue estando plenamente vigente. Y no queremos que sea de ninguna otra manera. No obstante, la tendencia de mujeres que ocupan en la Iglesia las posiciones más elevadas ha comenzado. Y hay motivos para creer que continuará ganando ímpetu a medida que un mayor número de iglesias considere que una pastora es una opción viable.

Muchas de las denominaciones evangélicas más recientes como, por ejemplo, la Iglesia Evangélica Libre (*Evangelical Free Church*), la Iglesia del Nazareno (*Evangelical Free Church*) la Metodista Wesleyana y varios grupos pentecostales estaban ordenando a mujeres en grandes números a finales de siglo. Algunas de las principales denominaciones, a saber, los bautistas americanos, la Iglesia Unida de Cristo (*United Church of Christ*), y los Discípulos de Cristo (*Disciples of Christ*) también ordenaron mujeres al ministerio cristiano en el siglo XIX. Sin embargo, el movimiento no tomaría verdadera aceleración hasta la mitad de este siglo. La Iglesia Metodista (*United Methodist Church*) y la Iglesia Unida Presbiteriana (*United Presbyterian Church*) siguió en 1956, y los bautistas del Sur y la Iglesia Presbiteriana Americana (*Presbyterian Church US*) en 1964, los luteranos estadounidenses y la Iglesia Luterana de los Estados Unidos (*Lutheran Church in America*) en 1970, y la Iglesia Episcopal (*Episcopal Church*) en 1976.[4] La mayoría de las denominaciones protestantes favorecen hoy la ordenación de las mujeres, aunque la Iglesia Católica y los grupos protestantes más fundamentalistas no lo hagan.[5]

---

4 Judith Weidman "Introduction" *Women Ministers: How Women are Redefining Traditional Roles*, ed. Judith Weidman (Nueva York: Harper & Row, 1985), pp. 1-11. Ver también Pamela Salazar, "Theological Education of Women for Ordination", *Religious Education* 82 (invierno de 1987):67-79.

5 Weidman, *Women Ministers*, p. 2. También Linda Watkins informa en "Women Ministers Face a Host of Obstacles in Chosen Profesión", *Wall Street Journal* 24/12/1986 que "muchos miembros de la Convención de los Bautistas del Sur –donde las mujeres representan solo un 2% de los casi 17.000 ministros ordenados de la Iglesia– están intentando que se deje de ordenar a las mujeres. Su objeción se 'basa en interpretaciones

Esto no significa que dentro de las iglesias que aprueban esto se pueda encontrar una mujer en el ministerio con tanta facilidad como un hombre. Se estima que en la actualidad tan solo de un ocho a un diez por ciento de los ministros de las denominaciones que aceptan la ordenación femenina son mujeres[6] y el porcentaje de todas las iglesias protestantes en general puede ser más o menos del siete por ciento.[7] Algunas denominaciones que designan a sus ministros, como la Iglesia Unida Metodista, tienen un número más elevado de pastoras que las denominaciones en las que cada iglesia local tiene libertad para "llamar" a quien desea.[8] La tradición del ministro varón está muy

bíblicas'", p. 6. Velma Ferrell ("Called to Serve: Women in the Southern Baptist Convention", *Faith and Mission* 2 [Otoño 1984]: 18-29) considera la resolución contraria a la ordenación de las mujeres aprobada en la reunión de la Convención de los Bautistas del Sur de 1984 como algo inconsistente con la doctrina y práctica de los primeros bautistas y declara que aunque las mujeres sean excluidas por muchas iglesias locales, las mujeres bautistas del Sur están hoy siendo ordenadas en un número mayor. Derk Roelofsma, en "Besieging Church Barriers to Women in the Ministry" *(Insight, Washington Times,* 6 Abril, 1987, pp. 12-13) escribe que la Iglesia Episcopal hace frente a un posible cisma por la cuestión de la ordenación de las mujeres. "Un número considerable de episcopalianos nunca ha aceptado los cambios que se hicieron en la Convención General de la Iglesia en 1976. Uno de estos cambios fue la aceptación de las mujeres como sacerdotes p. 12). La razón de la objeción parece ser la creencia en la "sucesión apostólica". Jesús escogió únicamente a hombres, y los obispos episcopalianos son los sucesores de estos apóstoles. La predicción de que "muy probablemente se consagrará al menos a una mujer como obispo en los próximos cinco años" (p. 12) es por tanto muy desconcertante para algunos episcopalianos. Desde entonces se ha escogido una mujer como obispo en la diócesis de Massachusetts.

6 Watkins, "Women Ministers Face a Host of Obstacles", p. 1.

7 Weidman, *Women Ministers,* p. 3. Derk Roelofsma ("Women Making New Trip to Altar", *Insight, Washington Times,* 6 Abril, 1987, pp. 8-11) sitúa las cifras cerca del cinco por ciento. Esto se basa en las estadísticas siguientes: la Iglesia Unida Metodista con una membresía de 9,2 millones tiene 3.117 mujeres en el ministerio de un total de 37.500 ministros; la Iglesia Unida de Cristo con 1,7 millones de miembros tiene 1.500 mujeres en el ministerio de un total de 10.000 ministros; los presbiterianos de los EE.UU., con 3 millones de miembros tienen 1.421 mujeres de un total de 19.450 ministros; los luteranos con 5,4 millones tienen 821 mujeres de un total de 17.000 pastores; los episcopalianos con 2,7 millones tienen 800 mujeres sacerdotes de un total de 13.000; y los bautistas del sur con 14,6 millones tienen 350 mujeres en el ministerio de un total de 60.000 ministros.

8 Hay que tener en cuenta que no todos los hombres y las mujeres ordenados al ministerio sirven como pastores, ni todos ellos permanecen en la pastoría tras haber aceptado la posición. Uno de los inconvenientes es que el candidato puede sentir que no está en la iglesia adecuada. Para las mujeres, la Iglesia Unida Metodista tiene el mejor registro, con 2.262 mujeres en activo de un total de 3.117 mujeres ordenadas. Esto contrasta con las 500 de las 1.500 mujeres ordenadas en la Iglesia Unida de Cristo, las 358 de las 1.421 de los presbiterianos, las 230 de las 800 para la Iglesia Episcopal, y las 136 de 821 de los luteranos. Para esta información ver Roelofsma, "Women Making New Trip to Altar", p. 11. No se aportan cifras respecto a hombres ordenados que permitan cotejar estos datos.

arraigada y la idea de tener una mujer como pastora es todavía tan insólita que algunas congregaciones ni se la plantean, aunque tal práctica pueda haber sido aprobada y promovida por la denominación.

Unos estudios muestran que la resistencia inicial a aceptar a las mujeres en el púlpito a menudo se convierte en aceptación una vez que ha tenido lugar un contacto personal con una pastora.[9] "La *experiencia* de tener una mujer como pastor ha demostrado ser menos traumática que la idea en sí".[10] Los "terribles pronósticos de lo que sucederá simplemente no se cumplen".[11] La imagen estereotipada de la pastoría femenina se desvanece con el contacto, de igual modo que la mayoría de los estereotipos se reducen cuando se establece la amistad.

Aun así, algunas congregaciones no cambiarán nunca sus ideas negativas, puesto que nunca sabrán lo que es tener a una mujer como pastor. Las razones son diversas. Pueden tener miedo a la pérdida de membresía o de ingresos o quizá a la desaprobación de la comunidad. O pueden dudar de la capacidad de una mujer para ser una líder eficaz y de tomar decisiones difíciles cuando se supone que las mujeres son tiernas, sensibles y bondadosas.[12] O puede que adopten una explica-

---

9 La reseña de literatura de Marjorie Royle acerca de este tema ("Women Pastors: What Happens After Placement?" *Review of Religious Research* 24 ([Diciembre de 1982] 116-26) muestra que, en general, "los feligreses aceptan y apoyan a sus pastoras una vez las conocen" (p. 117). Comparó a 129 mujeres en ministerios de plena dedicación (14 entre los Discípulos de Cristo, 21 de la Iglesia Luterana de los Estados Unidos, 35 de la Iglesia Unida Metodista y 59 de la Iglesia Unida Presbiteriana) con 129 hombres en ministerios de plena dedicación de las mismas denominaciones y no encontró diferencias importantes en el tamaño de la iglesia donde estaban unos y otras, la asistencia o las cuestiones económicas. Los hombres y las mujeres en el ministerio sí se diferenciaban, sin embargo, en que los hombres eran más propensos a casarse. En otro estudio, Edward Lehman, Jr. (Women *Clergy: Breaking Through Gender Barriers* [New Brunswick, NJ.: Transaction Books, 1985), descubrió también que "el contacto con las mujeres en el rol de pastor suele ser una experiencia positiva para los miembros de la iglesia. La experiencia transforma la resistencia en aceptación" (p. 288). Lehman observó, no obstante, que en algunas iglesias la aceptación se centraba en la mujer que estaba como ministro más que en las pastoras en general.

10 Weidman, *Women Ministers*, p. 6.

11 Lehman, *Women Clergy*, p. 272.

12 Katherine Flagg ("Psychological Androgyny and Self-Esteem in Clergywomen", *Journal of Psychology and Theology* 12 [1984]: 222-29) estudió a 114 ministras de diez denominaciones protestantes en Nueva Inglaterra a partir del *Bem Sex-Role Inventory* (*BSRI*) (Cuestionario de los Papeles Sexuales) y el *Texas Social Behavior Inventory* (Cuestionario de Comportamiento Social de Texas). El treinta y dos por ciento fueron clasificadas como andróginas con altas puntuaciones tanto en la escala masculina como en la femenina, el 31% eran no diferenciadas, el 24% eran femeninas, y el 16% masculinas. Las pastoras andróginas y masculinas alcanzaron significativamente puntuaciones más altas en

ción jerárquica de la Escritura por lo que respecta a las relaciones hombre-mujer. En muchos casos, a la congregación ni siquiera se le ocurre considerar a una mujer. Al margen de cuáles sean los motivos, es comprensible que tales actitudes representen una grave preocupación para aquellas mujeres que se sienten llamadas al ministerio, pero que no han podido encontrar un puesto.

El hecho de que el número de mujeres que buscará la pastoría como su profesión escogida está en aumento se refleja en el incremento de mujeres seminaristas en los Estados Unidos y Canadá, un incremento que pasó de 3.358 –o el diez por ciento del total– en 1972, a 14.572 –o el veintiséis por ciento del total– en 1985.[13] Todas las mujeres que entran en el Seminario no se proponen acceder a la pastoría de igual modo que no todos los seminaristas varones pretenden tampoco convertirse en clérigos. Sin embargo, muchas mujeres sí buscarán un puesto de trabajo en la parroquia, y esto creará una demanda mayor aún que en el pasado. Está todavía por ver la medida en que los seminarios responderán intentando encontrar trabajo para sus graduadas y es también difícil de predecir el grado en que responderán las iglesias, considerando la posibilidad de tener a una mujer como pastor. Los líderes de las denominaciones más fundamentalistas a menudo ponen freno a

---

autoestima que las de los otros dos grupos, y la masculinidad estaba también positivamente correlacionada con las que tenían ingresos más elevados. Las mujeres con mejor formación y aquellas para quienes la profesión es muy importante son más propensas a tener características de personalidad andróginas o masculinas que las mujeres en general. Esto las hace exitosas en sus profesiones. La mayoría de las ministras de este estudio eran también esposas y madres.

En otro estudio, en esta ocasión con seminaristas (W. Mack Goldsmith & Bonita Neville Ekhardt, "Personality Factors of Men and Women Pastoral Candidates, Part 2: Sex-Role Preferences", *Journal of Psychology and Theology* 12 [1984]: 211-21), se recogieron datos de 90 estudiantes varones y 114 mujeres en 11 seminarios protestantes. Se utilizó el *BSRI* (Cuestionario de los Papeles Sexuales) con el resultado de que hombres y mujeres no se diferenciaron de forma significativa en sus respuestas. Tanto los hombres como las mujeres seminaristas son más andróginos que los hombres y mujeres de la población en general. Esto debería serles muy útil dada la gran variedad de tareas de que han de hacerse cargo los ministros dentro de la Iglesia. En un informe anterior ("Personality Factors of Men and Women Pastoral Candidates, Part 1: Motivational Profiles", Journal *of Psychology and Theology* 12 [1984]: 109-18), Goldsmith y Ekhardt escriben: "Como cristianos, podemos o no aprobar la ordenación de las mujeres por motivos teológicos. Como psicólogos, no deberíamos tener ninguna objeción categórica respecto a su capacidad como personas para servir" (p. 117).

13 Watkins, "Women Ministers Face a Host of Obstacles", USA Today, 17 de Junio, 1987, p. 1 enumera el porcentaje de mujeres en escuelas teológicas: un 25,8 en 1985 y un 26,4 en 1986.

que las mujeres vayan a sus seminarios con el objetivo de ordenarse y hablan activamente desde el púlpito contra la pastoría femenina.[14]

Hay algunas maneras en que una mujer puede entrar en el ministerio de la predicación sin haber sido llamada como pastora de plena dedicación. Una posibilidad es formar parte del tandem marido-mujer conocido como la pareja pastoral. El Ejército de Salvación ha venido ordenando a los maridos con sus esposas desde 1880, y la iglesia pentecostal ha hecho lo mismo desde comienzos del siglo XX. Sin embargo, no sería hasta la década de 1970-80 cuando otras denominaciones protestantes seguirían su ejemplo de un modo visible. Los metodistas unidos, la Iglesia de Cristo Unida y los Discípulos de Cristo están ahora en cabeza respecto al número de matrimonios que sirven juntos en la pastoría. La mayoría de parejas pastorales son jóvenes y sirven por igual a la iglesia, compartiendo tanto el púlpito como otras tareas relacionadas con la parroquia. Dependiendo de las necesidades y tamaño de la congregación pueden recibir entre los dos el salario de un solo ministro de plena dedicación o el de dos. Pueden también servir a una o más congregaciones.[15]

Otra de las maneras es que una mujer sirva como pastor interino hasta que se encuentre un sustituto permanente. Esto puede o no llevar a que se le pida ser la pastora definitiva, sin embargo sí parece preparar a la iglesia para considerar la posibilidad de contar con una mujer cuando haya que tomar la decisión final. También, una iglesia pequeña con recursos económicos limitados puede buscar la ayuda de un laico para que se ocupe de la enseñanza. Esto puede hacerlo tanto una mujer como un hombre, a menudo sin formación teológica, no obstante ha de ser una persona que conozca bien la Biblia (aunque no sepa las lenguas originales) y haya servido como maestro/a de escuela dominical o misionero/a durante algunos años. Puede que tal persona tenga

---

14 Un ejemplo de ello es la alocución del moderador de la nonagésimo séptima conferencia anual de Las Asambleas de Hermanos pronunciada por John Mayes en Winona Lake, Indiana el 3 de agosto de 1986. el Dr. Mayes declaró que los tres grandes males que los cristianos deben afrontar son el aborto, la homosexualidad y las mujeres en el ministerio. La versión publicada de las observaciones de Mayes ("Is Revival the Hope of the Grace Brethren Church?" *1987 Grace Brethren Annual* [Winona Lake: The Brethren Missionary Herald, 1987), pp. 5-12) omitió sus comentarios negativos sobre las mujeres en el ministerio aunque "las mujeres en el ministerio" estaba al final de la lista de recomendaciones que el Comité de Preocupaciones Sociales debía atender. (Véase la introducción de este libro respecto a la antigua práctica de ordenar mujeres en las Asambleas de Hermanos.)

15 Hay un interesante relato acerca del modo en que una pareja ministerial (cada uno de ellos recibe tres cuartas partes de un salario normal) trabajan juntos y reparten el tiempo y las responsabilidades, en la obra de Linda McKiernon-Allen y Ronald J. Allen's "Colleagues in Marriage and Ministry" en Weidman, Women *Ministers*, pp. 207-20.

un trabajo de plena dedicación no relacionado con la iglesia, sin embargo, puesto que se trata solamente de hablar los domingos puede hacer ambas cosas bien.

Otras veces se le pedirá al ayudante del pastor o al director de educación cristiana que se haga cargo del púlpito durante un cierto período de tiempo. De nuevo, esta persona puede ser una mujer bien conocida por los feligreses que la prefieren a ella antes que a un "desconocido" venido de fuera de la congregación.[16] Otra persona bien "conocida" es la esposa del pastor, a quien se le puede pedir que predique si su marido está enfermo o ha tenido que ausentarse. Algunas mujeres han llegado al púlpito como sucesoras de sus maridos pastores tras la muerte de éstos. Cada vez que una mujer habla desde el púlpito –por la razón que sea–, la Iglesia se volverá menos reacia a la idea de una pastora. Quienes creen que Dios llama tanto a mujeres como a hombres para proclamar su Palabra a la Iglesia celebran que esto ocurra. Por el contrario, quienes están en contra de que las mujeres entren en el ministerio consideran esta tendencia como algo contrario a la Escritura y como un mal que debe resistirse.

Como ya se ha mencionado, la mayoría de iglesias evangélicas todavía no se ha planteado seriamente la cuestión de la pastoría de la mujer. Tan solo los hombres han sido pastores, y a los laicos no se les pasa por la cabeza que esto pueda ser de ningún otro modo. Aunque las mujeres se inscriban en los seminarios de la denominación y aunque la denominación nacional favorezca la ordenación de las mujeres, los miembros de las iglesias locales no ven estas cosas como algo que les afecte a ellos en modo alguno. Pueden asistir a la ordenación de la hija de un amigo u oír a una mujer predicando en la televisión, pero no ven que esto tenga ninguna relación con su propia congregación.

¿Cuánto tiempo seguirán siendo así las cosas? ¿Durante cuánto tiempo será la iglesia de otro la que tiene la pastora, pero no la nuestra? ¿Cuánto tiempo seguirán las iglesias más fundamentalistas firmes en su determinación de no permitir a ninguna mujer que ocupe el púlpito?[17] ¿Llegará alguna vez el día

---

16 Las oportunidades profesionales en la educación cristiana han declinado con el decrecimiento de inscripciones en la escuela dominical, las escuelas de vacaciones y los campamentos de verano. Las seminaristas que antes hubieran optado por convertirse en directoras del programa de educación cristiana de alguna iglesia pueden ahora considerar la posibilidad de convertirse en pastoras. Hay un ejemplo de ello en "Unboxing Christian Education" de Martha Rowlett en Weidman, *Women Ministers*, pp. 123-34.

17 Algunos de nosotros recordamos cuando las iglesias más conservadoras se oponían firmemente a la televisión, y nosotros como miembros de estas iglesias prometimos que nunca compraríamos ninguna.

Sin embargo, aquellos tiempos parecen haber pasado y de forma gradual los aparatos de televisión han ido apareciendo en nuestros hogares y con el paso del tiempo la

en que tanto las mujeres como los hombres se consideren capacitados por igual para predicar el Evangelio? Las respuestas son una incógnita. Solo podemos esperar y ver. Puede que las respuestas lleguen durante nuestra generación o puede que no. Sin embargo, por lo que respecta a aquellos de nosotros cuyas vidas son directamente afectadas por lo que le sucede a la Iglesia, tenemos bastante curiosidad por conocer el desenlace.

Lo que sí sabemos es que el cambio llegará. La Iglesia, como toda institución, ha cambiado en el pasado y continuará cambiando en el futuro. En ocasiones, los cambios llegan con lentitud y quizá trabajosamente y otras veces se producen con rapidez y puede que sin la preparación adecuada. Sin embargo, es un hecho que llegan. Puede que el consejo de la iglesia apruebe o no el que una mujer se convierta en la pastora de la congregación, pero los consejos de iglesia vienen y van. Alguien que nunca hubiera considerado la posibilidad de que su esposa fuera pastora ahora le dice al mundo con orgullo que su hija se está preparando para el ministerio cristiano. Queremos para nuestros hijos lo que quizá no hemos querido para nosotros y elogiamos en ellos lo que quizá no hemos elogiado en nosotros.

Las seminaristas están orando por la oportunidad de servir a Dios como pastoras ordenadas. Al mismo tiempo que sus oraciones se elevan al cielo, aquellos que están en contra de la pastoría de las mujeres están pidiendo que Dios resista las fuerzas femeninas del mal y reduzca la marea de pastoras. Tanto igualitaristas como tradicionalistas creen que Dios está de su parte. Ambos sienten que tienen la verdad y que la verdad prevalecerá.

Además, ambos recelan del otro, creyendo que la parte contraria tiene propósitos más amplios que simplemente que la mujer pueda ser pastora o no. Ambos grupos saben que la respuesta que demos a la cuestión de las mujeres en el ministerio cristiano tiene ramificaciones que se extienden más allá de la Iglesia. Como lo expresara Krister Stendahl en una conferencia en la Universidad de Harvard: "El asunto de la ordenación de las mujeres no es una cuestión de oficios, sino de la correcta relación entre hombre y mujer en Cristo, ya sea que ello se

---

preocupación respecto a la influencia corruptora de este medio de comunicación ha disminuido. Esto no significa que la televisión no corrompa, puesto que hay abundantes evidencias de que sí lo hace. Ni queremos tampoco implicar que la televisión sea comparable con el asunto de las mujeres en el ministerio. Pero es sin duda un ejemplo de cuan fácilmente podemos cambiar de opinión y de conducta respecto a algo, aunque en otro momento no lo hubiéramos creído posible.

aplique a la tarea política, el servicio social, la profesión, la vida en el hogar, el ministerio, o el episcopado".[18] ¿Es extraño que las emociones se disparen cuando se debate la cuestión de la pastoría de las mujeres?

Ya sea que el punto de vista que sostenemos en relación con el papel de las mujeres en el ministerio cristiano sea o no correcto, en la Sagrada Escritura se nos asegura que Dios ama a la Iglesia y se la presentará "a sí mismo, una Iglesia en toda su gloria, sin que tenga mancha ni arruga ni cosa semejante, sino... santa e inmaculada". (Efesios 5:27). Esto ha de aportarnos un gran consuelo. Dios tomará nuestros esfuerzos por agradarle, –estén estos desencaminados o bien dirigidos– y los usará para su gloria y para la edificación de la Iglesia. Incluso nuestras oraciones son "editadas" para que sean agradables a Dios (Romanos 8:26). Compartamos, pues, la alegría de ser parte de este gran cuerpo de creyentes llamado la Iglesia. Que la comunión que tenemos como herederos y coherederos con Cristo eclipse nuestras diferencias, y que el parentesco que nos une como miembros de la familia de Dios tenga prioridad sobre nuestras distintas perspectivas.

---

[18] Krister Stendahl, *The Bible and the Role of Women: A Case Study in Hermeneutics*, trans. Emilie T. Sander (Philadelphia: Fortress Press, 1966), p. 43. El profesor Stendahl, clérigo de la Iglesia de Suecia, estaba en activo durante los debates de los años 50 respecto a la ordenación de las mujeres como sacerdotes en la Iglesia de Suecia (la cuestión se resolvió oficialmente de modo afirmativo en 1958.) Más tarde Stendahl se convirtió en Deán de la *Harvard Divinity School* y miembro del Consejo Ejecutivo de la Iglesia Luterana de Estados Unidos (*Executive Council of the Lutheran Church in America*).

BIBLIOGRAFÍA EN CASTELLANO

Abramov, Tehilla, *La feminidad judía*, Descleé de Brouwer, Bilbao, 1991.
Alcalá, M., *La mujer y los ministerios*, Salamanca, 1980.
Alonso Díaz, S.J., *Antifeminismo y feminismo en la Biblia*, Fascículos Bíblicos, Edicabi, PPC, Madrid, 1978.
Alonso, H. A., *El rol de la mujer en la Iglesia*, Editorial Clie, Terrassa, 1994.
Barclay, William, *Comentario al Nuevo Testamento, Vol. 12: 1 y 2 Timoteo, Tito, Filemon*, Editorial Clie, Terrassa, 1998.
Bautista, Esperanza, *La mujer en la iglesia primitiva*, Ed. Verbo Divino, Estella (Navarra), 1993.
Bernabé Ubieta, Carmen, *María Magdalena. Tradiciones en el cristianismo primitivo*, Ed. Verbo Divino, Estella (Navarra), 1994.
Bernabé Ubieta, Carmen, et al, *La mujer en la teología actual*, Publicaciones Idatz, San Sebastián, 2002.
Bilezikian, Gilbert, *El lugar de la mujer en la Iglesia y la familia*, Nueva Creación, Grand Rapids, Michigan, 1995.
Burt, M., *Autoestima de la mujer*, Editorial Clie, Terrassa, 1996.
Chávez, Moisés, *La Isha. Un estudio etnohistoricográfico. La mujer en la Biblia y en el pensamiento hebreo*, Ed. Caribe, Miami, Fl., 1976.
Dumais, Monique, *Mujeres en la Biblia*, Ediciones paulinas, Madrid, 1987
Elliot, E., *Dejadme ser mujer*, Editorial Clie, Terrassa, 1988.
Fee, Gordon, *Primera epístola a los Corintios*, Nueva Creación, Buenos Aires, 1994.
Fitzwater, P. B., *La mujer, su misión, posición y ministerio*, Publicaciones Portavoz Evangélico, Barcelona, 1977.
Getz, G. A., *La medida de la mujer*, Editorial Clie, Terrassa, 1988.
Gómez Garza, María, *El ministerio de la mujer*, Patmos, 2000.
Hancoek, M., *Ama, respeta y sé libre*, Editorial Clie, Terrassa, 1983.
Hay, R. A., *El ministerio de la mujer (en la iglesia y en el hogar)*, Unión Misionera Neotestamentaria, s/f.
Hughes, A., *Amor, honor y obesidad*, Editorial Clie, Terrassa, 1978.
Jewett, Paul K., *El hombre como varón y hembra*, Ed. Caribe, Miami, Fl., 1975.
Karssen, G., *¡Tú eres la mejor de todas!*, Editorial Vida, Deerfield, 1989.
Küen, Alfred, *La mujer en la Iglesia*, Editorial Clie, Terrassa, 1996.
Kuyper, Abraham, *Mujeres del Antiguo Testamento*, Clie, Terrassa, 1988

Kuyper, Abraham, *Mujeres del Nuevo Testamento*, Clie, Terrassa, 1988
Landorf, J., *Pros y contras de la liberación de la mujer*, Editorial Clie, Terrassa, 1986.
Loades, Ann (Ed.), *Teología feminista*, Descleé de Brouwer, Bilbao, 1997.
Marañón, R., *Machismo y feminismo*, Editorial Clie, Terrassa, 1994.
Mayordomo, Moisés, "La Relación hombre-mujer en el culto cristiano entre honor y vergüenza social", *Agenda Teológica*, n°. 2 CGI, Barcelona, 1997.
Muraro, Rose Marie y Boff, Leonardo, *Femenino y masculino (una nueva conciencia para el encuentro de las diferencias)*, Editorial Trotta, Madrid, 2004.
Ortiz, Félix, *Siglo XXI: 2 Timoteo-Tito*, Editorial Clie, Terrassa.
Penna, Romano, *Ambiente histórico-cultural de los orígenes del cristianismo*, Descleé de Brouwer, Bilbao, 1994.
Pikaza, Xavier, *La mujer en las grandes religiones*, Desclee de Brouer, Bilbao, 1991
Primavesi, Anne, *Del Apocalipsis al Génesis. Ecología, feminismo, cristianismo*, Ed. Herder, Barcelona, 1995.
Radford, Ruether, Rosemary, *Mujer nueva, tierra nueva. La liberación del hombre y la mujer en un mundo renovado*, Ed. Megápolis, Buenos Aires, 1997.
Rosies, T., *Más preciosa que el oro*, Editorial Clie, Terrassa, 1989.
Roux, G., *La mujer y su cuerpo*, Editorial La Aurora, Buenos Aires, 1974.
Saint de Berberian, M., *La mujer*, Editorial Clie, Terrassa, 1993.
Schüssler Fiorenza, E., *En memoria de ella: Una reconstrucción teológico-feminista de los orígenes del cristianismo*, Descleé de Brouwer, Bilbao, 1989.
Schüssler Fiorenza, E., *Pero ella dijo*, Editorial Trotta, Madrid, 1996.
Sedaca, D. C., *"De la mujer y su mundo"*, Junta Bautista de publicaciones, Buenos Aires, 1973.
Starr, Tama, *La "inferioridad natural" de la mujer*, Ed. Alcor, Barcelona, 1993.
Trenchard, Ernesto, *La primera epístola del apóstol Pablo a los Corintios: Un comentario*, Literatura Bíblica, Madrid, 1970.
Tunc, Suzanne, *También las mujeres seguían a Jesús*, Sal Terrae, Santander, 1999.
Welles Clapp, M., *El Antiguo Testamento y la mujer*, Editorial Clie, Terrassa, 1985.

BIBLIOGRAFÍA SELECTA DE LA EDICIÓN ORIGINAL

Bainton, Roland H. *Women of the Reformation in France and England.* Minneapolis: Augsburg, 1973.
___. *Women of the Reformation in Germany and Italy.* Minneapolis: Augsburg, 1971.
___. *Women of the Reformation in Spain to Scandinavia.* Minneapolis: Augsburg, 1977.
Bartchy, S. Scott. «Power, Submission, and Sexual Identity among the Early Christians». In *Essays on New Testament Christianity*, edited by C. Robert Wetzel. Cincinnati: Standard Publishing, 1978.
Beaver, R. Pierce. *American Protestant Women in World Mission: A History of the First Feminist Movement in North America.* Grand Rapids: Eerdmans, 1980.
Bilezikian, Gilbert. *Beyond Sex Roles.* Grand Rapids: Baker, 1985.
Boldney, Richard, and Boldney, Joyce. *Chauvinist or Feminist? Paul's View of Women.* Grand Rapids: Baker, 1976.
Booth, Catherine. *Female Ministry: Or, Woman's Right to Preach the Gospel.* New York: Salvation Army, 1975.
Boulding, Elise. *The Underside of History: A View of Women through Time.* Boulder: Westview Press, 1976.
Boyd, Lois A., and Douglas H. Brakenridge. *Presbyterian Women in America: Two Centuries of a Quest for Status.* London: Greenwood, 1983.
Brown, Earl Kent. *Women in Mr. Wesley's Methodism.* New York: Mellen, 1983.
Bruce, Michael, and G. E. Duffield. *Why Not? Priesthood and the Ministry of Women.* Appleford, Abingdon: Mareham Books, 1976.
Brunner, Peter. *The Ministry and the Ministry of Women.* St. Louis: Concordia, 1971.
Carroll, Jackson W., Barbara Hargrove and Adair Lummls. *Women of the Cloth: A New Opportunity for the Churches.* San Francisco: Harper & Row, 1982.
Clark, Stephen B. *Man and Woman in Christ: An Examination of the Roles of Men & Women in Light of Scripture and Social Sciences.* Ann Arbor: Servant Books, 1980.
Culver, Elsie Thomas. *Women in the World of Religion.* Garden City, N.Y.: Doubleday, 1967.
Dayton, Donald. *Discovering an Evangelical Heritage.* New York: Harper & Row, 1976.

Dayton, Donald W., ed. *Holiness Tracts Defending the Ministry of Women.* New York: Garland, 1985.
Doohan, Helen. *Leadership in Paul.* Wilmington: Michael Glazier, 1984.
Elliot, Elisabeth. *Let Me Be a Woman.* Wheaton: Tyndale, 1976.
Evans, Mary J. *Women in the Bible.* Downers Grove: InterVarsity, 1983.
Fell, Margaret *Women's Speaking Justified.* Los Angeles: University of California Press, 1979.
Fiorenza, Elisabeth Schussler. *In Memory of Her.* New York: Crossroad, 1983.
Fitzwater, P.B. *Women: Her Mission, Position, and Ministry.* Grand Rapids: Eerdmans, 1949.
Foh, Susan T. *Women and the Word of God: A Response to Biblical Feminism.* Phillipsburg, N. J.: Presbyterian and Reformed, 1980.
Gardiner, Anne Marie, ed. *Women and Catholic Priesthood: An Expanded Vision.* New York: Paulist Press, 1976.
Gibson, Elsie. *When the Minister Is a Woman.* New York: Holt, Rinehart, and Winston, 1970.
Giles, Kevin. *Women and Their Ministry: A Case for Equal Ministries in the Church Today.* Victoria, Australia: Dove Communications, 1977.
Greaves, Richard L., ed. *Triumph over Silence: Women in Protestant History.* Westport, Conn.: Greenwood Press, 1985.
Gundry, Patricia. *Woman Be Free.* Grand Rapids: Zondervan, 1977.
___. *Heirs Together.* Grand Rapids: Zondervan, 1980.
___. *Neither Slave nor Free: Helping Women Answer the Call to Church Leadership.* San Francisco: Harper & Row, 1987.
Hamilton, Michael P., and Nancy S. Montgomery. *The Ordination of Women Pro and Con.* New York: Morehouse-Barlow, 1975.
Hardesty, Nancy. *Great Women of the Christian Faith.* Grand Rapids: Baker, 1980.
Harkness, Georgia. *Women in Church and Society: A Historical and Theological Inquiry.* Nashville: Abingdon, 1972.
Hartman, Mary S., and Lois Banner, eds. *Clio's Consciousness Raised: New Perspectives on the History of Women.* New York: Harper & Row, 1974.
Hassey, Janette. *No Time for Silence: Evangelical Women in Public Ministry Around the Turn of the Century.* Grand Rapids: Zondervan, 1986.
Hearn, Virginia. *Our Struggles to Serve: The Stories of 15 Evangelical Women.* Waco, Tex.: Word, 1979.
Hestenes, Roberta, ed. *Women and Men in Ministry.* Philadelphia: Westminster, 1984.
Hill, Patricia R. *The World Their Household: The American Woman's Foreign Mission Movement and Cultural Transformation, 1870-1920.* Ann Arbor: University of Michigan Press, 1985.
Howe, E. Margaret. *Women and Church Leadership.* Grand Rapids: Zondervan, 1982.
Hull, Eleanor. *Women Who Carried the Good News: The History of the Woman's American Baptist Home Mission Society.* Valley Forge: Judson, 1975.
Hull, Gretchen Gaebelein. *Equal to Serve: Women and Men in the Church and Home.* Old Tappan, N J.: Revell, 1987.

Hurley, James B. *Man and Woman in Biblical Perspective.* Grand Rapids: Zondervan, 1981.
Irwin, Joyce L. *Womanhood in Radical Protestantism, 1525-1625.* New York: Mellen, 1979.
Jewett, Paul K. *Man as Male and Female.* Grand Rapids: Eerdmans, 1975.
___. *The Ordination of Women.* Grand Rapids: Eerdmans, 1980.
Johnson, Dale A. *Women in English Religion, 1700-1925.* New York: Mellen, 1983.
Knight, George W., III. *The Role Relationship of Men and Women: New Testament Teaching:* Chicago: Moody, 1985.
La Haye, Beverly. *I Am a Woman by God's Design.* Old Tappan, N J.: Revell, 1982.
Larsson, Flora. *My Best Men Are Women.* London: Hodder and Stoughton, 1974.
Lees, Shirley, ed. *The Role of Women.* Leicester, England: Inter-Varsity Press, 1984.
Lehman, Edward C., Jr. *Women Clergy: Breaking through Gender Barriers.* New Brunswick: Transaction Books, 1985.
Lindskoog, Kathryn. *Up from Eden.* Elgin: Cook, 1976.
MacHaffie, Barbara J. *Her Story: Women in Christian Tradition.* Philadelphia: Fortress, 1986.
Malcolm, Kari Torjesen. *Women at the Crossroads: A Path beyond Feminism and Traditionalism.* Downers Grove: InterVarsity, 1982.
McBeth, Leon. *Women in Baptist Life.* Nashville: Broadman, 1979.
Mercadante, Linda. *From Hierarchy to Equality: A Comparison of Past and Present Interpretations of 1 Corinthians 11:2-16 in Relation to the Changing Status of Women in Society.* Vancouver, B.C.: G.M.H. Books, 1978.
Mickelsen, Alvera, ed. *Women, Authority and the Bible.* Downers Grove: InterVarsity, 1986.
Micks, Marianne H., and Charles P. Price, eds. *Toward a New Theology of Ordination: Essays on the Ordination of Women.* Somerville, Mass.: Greeno, Hadden, 1976.
Mollenkott, Virginia Ramey. *Women, Men and the Bible.* Nashville: Abingdon, 1977.
___. *The Divine Feminine.* New York: Crossroad, 1983.
Morris, Joan. *Against Nature and God.* London: Mowbrays, 1973.
___. *Pope John VIII-an English Woman alias Pope Joan.* London: Vrai, 1985.
Otwell, John H. *And Sarah Laughed: The Status of Women in the Old Testament.* Philadelphia: Westminster, 1975.
Penn-Lewis, Jessie. *The Magna Charta of Woman.* 1919. Reprint Minneapolis: Bethany House, 1975.
Porterfield, Amanda. *Feminine Spirituality in America: From Sarah Edwards to Martha Graham.* Philadelphia: Temple University Press, 1980.
Raming, Ida. *The Exclusion of Women from the Priesthood: Divine Law or Sex Discrimination?* Trans. Norman R. Adams. Metuchen, NJ.: Scarecrow Press, 1976.
Rice, John R. *Bobbed Hair, Bossy Wives, and Women Preachers.* Murfreesboro, Tenn.: Sword of the Lord Publishers, 1941.
Rich, Elaine S. *Mennonite Women: A Story of God's Faithfulness, 1683-1983.* Scottdale, Penn.: Herald, 1983.

Robbins, John W. *Scripture Twisting in the Seminaries, Part I: Feminism.* Jefferson, Md.: Trinity Foundation, 1985.
Ruether, Rosemary. *Womanguide: Readings toward a Feminist Theology.* Boston: Beacon, 1985.
Ruether, Rosemary, and Eleanor McLaughlin, eds. *Women of Spirit: Female Leadership in the Jewish and Christian Traditions.* New York: Simon and Schuster, 1979.
Ruether, Rosemary, and Rosemary Keller, eds. *Women and Religion in America: The Nineteenth Century.* Vol. 1. New York: Harper & Row, 1981.
___. *Women and Religion in America: The Colonial and Revolutionary Period.* Vol. 2. New York: Harper & Row, 1983.
___. *Women and Religion in America: 1900-1968.* Vol. 3. New York: Harper & Row, 1986.
Russell, Letty M., ed. *Feminist Interpretation of the Bible.* Philadelphia: Westminster, 1985.
Ryrie, Charles C. *The Place of Women in the Church.* New York: Macmillan, 1958.
Sannella, Lucia. *The Female Pentecost.* Port Washington, N.Y.: Ashley, 1976.
Sayers, Dorothy L. *Are Women Human?* Downers Grove: InterVarsity, 1975.
Scanzoni, Letha, and Nancy Hardesty. *All Were Meant to Be: Biblical Feminism for Today.* Waco, Tex.: Word, 1974.
Schmidt, Elisabeth. *When God Calls a Woman: The Struggle of a Woman Pastor in France and Algeria.* Translated by Allen Hacket. New York: Pilgrim, 1981.
Smith, John W. *Heralds of a Brighter Day: Biographical Sketches of Early Leaders in the Church of God Reformation Movement.* Anderson, Ind.: Gospel Trumpet, 1955.
Spencer, Aida Besançon. *Beyond the Curse: Women Called to Ministry.* Nashville: Thomas Nelson, 1985.
Stagg, Frank, and Evelyn Stagg. *Woman in the World of Jesus.* Philadelphia: Westminster, 1978.
Stendahl, Krister. *The Bible and the Role of Women: A Case Study in Hermeneutics.* Translated by Emilie T. Sander. Philadelphia: Fortress Press, 1966.
Storkey, Elaine. *What's Right with Feminism.* Grand Rapids: Eerdmans, 1986.
Stuard, Susan M., ed. *Women in Medieval Society.* Philadelphia: University of Pennsylvania Press, 1976.
Stuhlmueller, Carroll, ed. *Women and Priesthood: Future Directions.* Collegeville, Minn.: Liturgical Press, 1978.
Swartley, Willard M. *Slavery, Sabbath, War, and Women: Case Issues in Biblical Interpretation.* Scottdale, Penn.: Herald, 1983.
Swidler, Leonard. *Biblical Affirmations of Woman.* Philadelphia: Westminster, 1979.
Swidler, Leonard, and Arlene Swidler, eds. *Women Priests: A Catholic Commentary on the Vatican Declaration.* New York: Paulist Press, 1977.
Tetlow, Elizabeth. *Women and Ministry in the New Testament.* Ramsey, N.J.: Paulist, 1980.
Theology News and Notes: Women in Ministry (1985). Published for the Fuller Theological Seminary Alumni/ae.

Troutt, Margaret. *The General Was a Lady: The Story of Evangeline Booth.* Nashville: Holman, 1980.

Tucker, Ruth A. *From Jerusalem to Irian Jaya: A Biographical History of Christian Missions.* Grand Rapids: Zondeman, 1983.

Tucker, Ruth A, and Walter L. Liefeld. *Daughters of the Church: Women and Ministry from New Testament Times to the Present.* Grand Rapids: Zondervan, 1987.

Van der Meer, Haye. *Women Priests in the Catholic Church? A Theological-Historical Investigation.* Philadelphia: Temple University Press, 1973.

Verdesi, Elizabeth Howell. *In But Still Out: Women in the Church.* Philadelphia: Westminster, 1975.

Warkentin, Marjorie. *Ordination: A Biblical-Historical View.* Grand Rapids: Eerdmans, 1982.

Weidman, Judith, ed. *Women Ministers: How Women are Redefining Traditional Roles.* San Francisco: Harper & Row, 1985.

Willard, Frances. *Women in the Pulpit.* 1889. Reprint- Originally printed in Chicago by the Woman's Temperance Publication Association in 1889. Reprinted in Washington D.C.: Zenger Publishing Company, 1978.

Willard, Frances E., and Mary A. Livermore, eds. *A Woman of the Century: Fourteen Hundred-Seventy Biographical Sketches of Leading American Women.* Chicago: Moulton, 1893.

Williams, Don. *The Apostle Paul and Women in the Church.* Van Nuys, Calif.: BIM; 1977.

Wyker, Mossie A. *Church Women in the Scheme of Things.* St. Louis: Bethany, 1953.

Zerbst, Fritz. *The Office of Woman in the Church: A Study of Practical Theology.* Translated by Albert G. Merkens. St Louis: Concordia, 1955.

AUTORES

Bonnidell Clouse, estudió en Wheaton College y en la Universidad de Boston, y se doctoró en la Universidad de Indiana, donde ahora da clases de Psicología educacional y escolar. Ha publicado más de doscientos artículos en revistas como *Journal of Psychology and Theology*, *Christianity Today*, *The Reformed Journal* y *Journal of the American Scientific Affiliation*. Su obra más importante es *Moral Development: Perspectives in Psychology and Christian Belief* [Desarrollo moral: perspectivas en la Psicología y en la fe cristiana].

Robert G. Clouse es profesor de Historia en la Universidad de Indiana, y también es ministro en una iglesia de Hermanos. Estudió en Bryan College, Grace Theological Seminary, y se doctoró en la Universidad de Iowa. Como estudiante de la Historia del pensamiento cristiano escribió *The Meaning of the Millennium: Four Views* [El significado del Milenio: cuatro puntos de vista] y *The Cross and the Flag* [La cruz y la bandera]. Otras obras importantes que han salido de su pluma son *War: Four Christian Views* [La guerra: cuatro puntos de vista cristianos] y *The Church in the Age of Orthodoxy and the Enlightenment* [La Iglesia en la era de la ortodoxia y de la ilustración].

Robert D. Culver ha enseñado en Grace Theological Seminary, Wheaton College, Trinity Evangelical Divinity School y Northwestern College. También ha servido como ministro en iglesias de Hermanos y de la Federación de Iglesias Evangélicas Libres. Estudió en Heidelberg College y en Grace Theological Seminary. Ha publicado muchos artículos en libros y revistas especializadas, y también un importante comentario del libro de Daniel, y un libro sobre el cristiano y el Estado titulado *Toward a Biblical View of Civil Government* [Hacia una perspectiva bíblica sobre un gobierno civil].

Susan T. Foh estudió en Wellesley College y en Westminster Theological Seminary. Ha escrito artículos para muchas revistas especializadas, y escribió el capítulo «Abortion and Women's Lib» para el libro *Thou Shalt Not*

Kill: The Christian Case Against Abortion [No matarás: el cristianismo contra el aborto]. Es la autora del libro *Women and the Word of God: A Response to Biblical Feminism* [Las mujeres y la Palabra de Dios: una respuesta al feminismo bíblico].

Walter L. Liefeld estudió en Shelton College, en la Universidad de Columbia, donde ya se doctoró, en Union Theological Seminary y en la Universidad de Tübingen. Ha sido pastor de varias iglesias bautistas, obrero de InterVarsity (*gbu* en EE.UU.) y profesor en Shelton College. Ahora es profesor de Nuevo Testamento en Trinity Evangelical Divinity School. Además de numerosos artículos para revistas como *The Journal of the Evangelical Theological Society*, formó parte del equipo de traducción de la *Nueva Versión Internacional* de la Biblia, y escribió el comentario del Evangelio de Lucas de la serie *The Expositor's Bible Commentary*. Su obra más reciente es *Daughters of the Church: Women and Ministry from New Testament Times to the Present* [Hijas de la Iglesia: mujeres en el ministerio desde los tiempos del Nuevo Testamento hasta el presente], que ha escrito junto con Ruth Tucker.

Alvera Mickelsen estudió en Wheaton College y en Northwestern University. Ha sido profesora en Wheaton College y en Bethel College, y ha trabajado como editora para *Christian Life Magazine*, *The Conservative Baptist* y David C. Cook Publications. Además de inumerables artículos, ha publicado los libros siguientes: *Better Bible Study* [Mejor Estudio Bíblico], *Family Bible Encyclopedia* [Enciclopedia bíblica para la familia], *Understanding Scripture* [Entendiendo las Escrituras] y *Women, Authority and the Bible* [Las mujeres, la autoridad y la Biblia].

www.ingramcontent.com/pod-product-compliance
Lightning Source LLC
Chambersburg PA
CBHW070655100426
42735CB00039B/2134